Leere Hand

Kenei Mabuni
In Zusammenarbeit mit Masahiko Yokoyama

Leere Hand

Vom Wesen des Budō-Karate

Herausgegeben von Carlos Molina

Aus dem Japanischen
von Bernd Winter

Palisander

Zur Schreibweise der japanischen Personennamen: Auf dem Titelblatt wird der Name des Autors gemäß den Gepflogenheiten im deutschen Sprachraum in der Reihenfolge Vor- und Familienname geschrieben. Im Text folgt die Schreibung der japanischen Namen generell der in Japan üblichen Reihenfolge, nach der zuerst der Familienname und dann der Vorname geschrieben wird.

Der Verlag dankt Dr. Janett Wölfel und Norbert Wölfel vom Chemnitzer Karateverein für die fachliche Unterstützung bei der Redaktion und dem Übersetzer, Bernd Winter, Berlin, für die gute Zusammenarbeit. Des Weiteren dankt der Verlag Patrick McCarthy, Brisbane (Australien), für die Zurverfügungstellung des Fotos von Itosu Ankō.

Deutsche Erstausgabe
4. Auflage 2024
Titel der Originalausgabe:
武道空手への招待 (»Einladung zum Budō-Karate«)

Deutsch von Bernd Winter

Umschlaggestaltung: Anja Elstner, unter Verwendung einer Zeichnung von Matthias Stein sowie des Shitō-ryū-Wappens
Lektorat: Frank Elstner
Redaktion & Layout: Viola Rott und Frank Elstner
Druck- und Bindearbeiten: Shanghai KS Printing Co., Ltd.
Printed in China
ISBN 978-3-938305-05-8

www.palisander-verlag.de

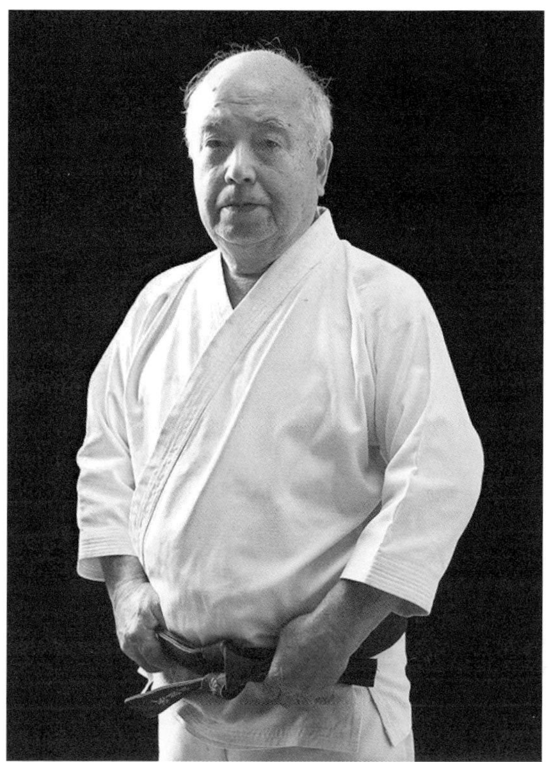

Sōke Mabuni Kenei (2001)

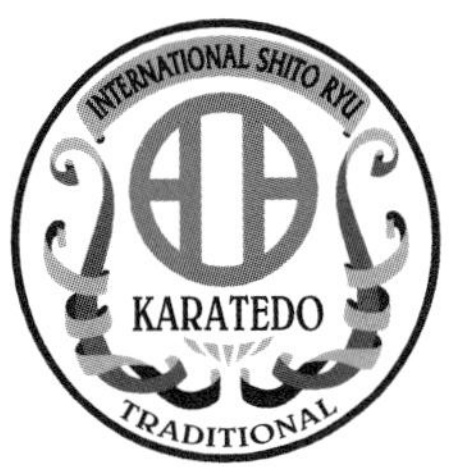

Union Shitō ryū Europe
Internet: www.shitoryu-europe.org

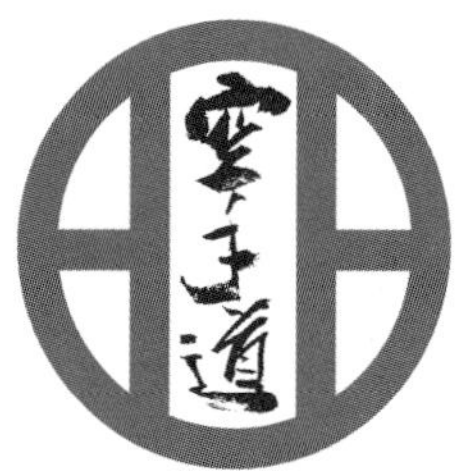

Der Autor

Mabuni Kenei, Träger des 10. Dan, wurde 1918 auf Okinawa, dem Ursprungsort des Karatedō, geboren. Als Sohn von Mabuni Kenwa, Gründer des Shitō ryū und einer der bedeutendsten Karateexperten in der Geschichte der Kampfkünste, kam er von Kindheit an mit dem Karate und einigen seiner größten Meister in Berührung. Im Alter von 34 Jahren übernahm er den Vorsitz des Shitō ryū. Bis ins hohe Alter leitete er regelmäßig Lehrgänge in verschiedenen Ländern, auf denen er authentisches Karatedō vermittelte. Er starb im Jahr 2015.

Der Herausgeber

Der Herausgeber, Carlos Molina, 8. Dan, geb. 1947 in Quetzaltenango, Guatemala, war einer der ersten Schüler von Mabuni Kenei in Lateinamerika, führte seit 1976 das Shitō-Karate in der BRD ein und repräsentiert es heute in Deutschland.

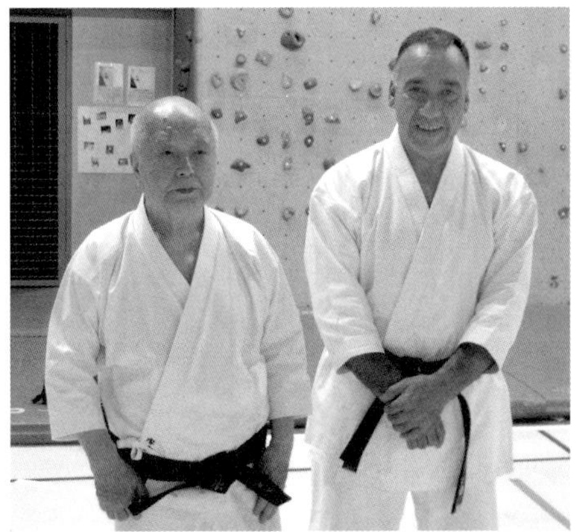

Sōke Mabuni Kenei und Shihan Carlos Molina (2007)

Danksagung

Der Herausgeber dankt seiner Schülerin, Frau Silvia Pellegrini, für ihre außerordentlichen Bemühungen zur Realisierung des Projektes.

Illustrationen

 Auf zahlreichen Fotos ist – teilweise gemeinsam mit dem Autor – Mizuguchi Hirofumi bei der Demonstration von Techniken zu sehen.

Vorwort des Herausgebers

Im November 1965 kam Sensei Mabuni Kenei zum ersten Mal in meine Heimatstadt Quetzaltenango, die zweitgrößte Stadt Guatemalas und bereits im Altertum eine Maya-Stadt. Ich war damals 18 Jahre alt und konnte Sensei Mabuni im Rahmen einer Vorführung durch verschiedene Karateka aus der Hauptstadt Guatemala City erleben. Sensei Mabuni weilte bereits seit 1964 in Zentralamerika. Zunächst war er auf Einladung von Sensei Murata Nobuyoshi nach Mexiko gereist und kam anschließend nach Guatemala, wo es in jener Zeit ca. tausend Shitō-ryū-Mitglieder gab. Ich selbst praktizierte damals noch kein Karate, war aber von den Vorführungen tief beeindruckt, wobei ich einen großen Unterschied zwischen den Bewegungen von Sensei Mabuni und denen der anderen Karateka, die ihre jeweiligen Schulen repräsentierten, empfand. So beschloss ich nach dieser Vorführung, Karate zu lernen und schrieb mich in meiner Heimatstadt in die Schule des Shitō ryū ein. Meine ersten Lehrer waren Jorge Sosa und Nobuyoshi Murata – letzterer führte mich sowohl in die Grundlagen des Shitō ryū als auch in die Geschichte der Familie Mabuni ein.

Im Jahre 1969, als ich den 1. Kyū erhalten hatte, bekam ich die Gelegenheit, an einer Unterrichtseinheit bei Sensei Mabuni, der damals in Guatemala City lebte, teilzunehmen, was mir eine große Ehre war. Etwa 20 Schüler, die allesamt den 1. Kyū besaßen, nahmen daran teil. Wir alle hatten bereits jahrelang verschiedene Karatetechniken trainiert, aber Sensei Mabuni übte mit uns ausschließlich Atemtechniken. Nach zwei Stunden solcher Übungen waren von den 20 Teilnehmern nur ein Freund von mir und ich bereit weiterzumachen. Alle anderen verließen den Unterricht, da sie die Spannungen, die bei diesen Atemübungen auftraten, nicht aushielten. Als wir beide allein dastanden, sagte Sensei Mabuni zu uns: »Jetzt könnt ihr anfangen, Karatedō zu lernen.«

Sensei Mabuni blieb noch ein ganzes Jahr in der Hauptstadt. In jener Zeit legten wir Woche für Woche die 200 Kilometer von Quetzaltenango nach Guatemala City zurück, um Unterricht bei unserem Lehrer zu nehmen. 1974 bereiste Sensei Mabuni zum letzten Mal Guatemala. Zu jener Zeit trug ich den 2. Dan. Ich beschloss, mich auf den Weg zu machen, um meinen Sensei in seiner japanischen Heimat zu besuchen. Zunächst jedoch gelangte ich 1976 auf dem Weg dorthin nach Europa, und zwar nach Berlin. Dort ergab es sich, dass viele Interessierte bei mir Karate lernen wollten, so dass ich in Berlin blieb. Erst 1984 traf ich Sensei Mabuni zum ersten Mal nach langer Zeit wieder – auf Korsika. Sensei Nakahashi Hidetoshi, der in Frankreich lebt, hatte ihn eingeladen. Zunächst wurde dieser auch zu meinem Lehrer, bis Sensei Mabuni höchstpersönlich mich als seinen *uchi deshi*[1] anerkannte. Seitdem widme ich mich der Vertiefung meines Wissens über das Shitō ryū unter der Leitung von Sensei Mabuni und unterstützt durch Sensei Nakahashi und Sensei Hatano. Durch Sensei Mabuni habe ich erfahren, was Budō-Karate ist. All die Jahre betonte er, dass Karate kein Sport, sondern eine Lebenskunst sei, die einem in jeder Lebenslage behilflich sein könne.

Ich bin sehr froh darüber, dass sich Sensei Mabuni entschlossen hat, dieses Buch zu verfassen, da es nicht nur eine Quelle des Shitō ryū ist, sondern auch die Geschichte der Ursprünge des Karate als Kampf- und Lebenskunst darstellt. Blicke ich zurück auf meine Anfänge im Karatedō und betrachte meinen heutigen Entwicklungsstand, erkenne ich große Unterschiede. Wenn ich dieses Buch lese, finde ich einen Teil meiner Entwicklung in den Worten von Sensei Mabuni wieder, und erst jetzt begreife ich langsam, was er seit damals unaufhörlich gelehrt hat. Sensei Mabuni betonte stets die Werte der Höflichkeit, der Nächstenliebe, des Respekts und der Gnade, und er hat uns immer vor der Gefahr des Misstrauens, der Faulheit, des Neides und des Stolzes gewarnt. Obwohl es mir nicht zu jeder Zeit gelingt, dies in meinem eigenen Leben zu verwirklichen, beginne ich zu verstehen, dass diese Werte die Grundlagen des sozialen und menschlichen Zusammenseins bilden. Ein Motto, an das er uns stets erinnert, hat in meinem Herzen einen festen Platz gefunden: »Heute ein besserer Mensch sein als gestern, und morgen ein besserer Mensch werden als heute.«

An dieser Stelle möchte ich Sensei Mabuni herzlich dafür danken, dass er dieses Buch geschrieben hat. Es ist eine Schatzkammer, der wir viel Wertvolles entnehmen können!

Shihan Carlos Molina, Korsika, 1. August 2007

[1] *Uchi deshi*: (jpn.) Innerer Schüler, das heißt, ein Schüler, dem sein Meister die authentischen Lehren seiner Schule uneingeschränkt vermittelt. – Anm. d. Lekt.

Einleitung

Eine Kampfkunst für jedermann

Ich wurde im Jahre 1918 geboren und hatte das Glück, mein ganzes Leben mit Karate verbringen zu können. Mein Vater, Mabuni Kenwa (1889-1952), der das Shitō-Karate gründete, vertrat den Standpunkt: »Alte und Junge, Männer und Frauen, jeder kann Karate üben.« Karate kann Menschen für verschiedenartigste Zwecke dienlich sein. Es kräftigt die Gesundheit und erhält das gute Aussehen. Zudem kann Karate zur Selbstverteidigung oder im realen Kampf genutzt werden. Aber Karate vermag noch mehr. Vor allem das Budō-Karate[2] ist nicht nur ein System von Körpertechniken (*taijutsu*), sondern es ist auch reich an psychischen Techniken (*shinjutsu*). Einmal habe ich während der Katavorführung eines erfahrenen Karateka gehört, wie ein Zuschauer beeindruckt bemerkte: »Schon wegen dieser geistigen Energie ist Karate etwas sehr Kostbares.«

Andere lieben Karate als Mittel des künstlerischen Ausdrucks. So erregte die österreichische Mannschaft im Synchronschwimmen während der Olympischen Spiele 2000 in Sydney einiges Aufsehen, weil sie eine Karate-Kata, die *Heian yondan*, in ihre Darbietung integriert hatte. Als im August 2001 im Nihon Budōkan das 3. Welttreffen des Shitō-Karate eröffnet wurde, begrüßte mich ein bekannter japanischer Tänzer mit der Bemerkung: »Ich erkenne im Karate einen Bezug zum Tanz.«

Man kann sich Karate als ein gigantisches Bergmassiv vorstellen, das einem immer anders erscheint, je nachdem, wo man sich befindet oder welche Jahreszeit gerade herrscht. Weder die Ziele noch die Wege sind festgelegt. Manche werden langsam emporsteigen und in den Bergen wandern, um ihre physische Kraft zu stärken. Andere wiederum, ehrgeizige Bergsteiger, werden um jeden Preis versuchen, die höchsten und steilsten Gipfel zu erklimmen.

---

[2] Budō: (jpn.) »Weg des Kampfes« oder »Weg des Kriegers«. Zusammengesetzt aus *bu*, kriegerisch und *dō*, Weg. Gesamtheit der japanischen Kampfkünste, die als ethischer Weg (*dō* oder *michi*) praktiziert werden, als Weg zur Vervollkommnung des Menschen auf der Suche nach sich selbst. – Habersetzer, R. u. G.: Enzyklopädie der Kampfkünste des Fernen Ostens. Chemnitz: Palisander Verlag 2019.

Karate für physische, kämpferische und geistige Entwicklung

Karate wirkt auf Körper und Geist des Menschen. Es verhilft dem Praktizierenden zu einer besseren Gesundheit und sichert ein langes und gesundes Leben. Durch seine Praxis bilden sich Kampffähigkeiten aus. Darüber hinaus kann Karate die Vitalität und die psychische Energie entwickeln und festigen. All diese Aspekte lassen sich jedoch kaum voneinander trennen, sie bedingen und fördern einander. Welche dieser Funktionen in den Vordergrund tritt, hängt von den Motiven und Zielen des Praktizierenden ab.

Hinsichtlich der Ausbildung kämpferischer Fähigkeiten gibt es häufig Missverständnisse. Mancher bekommt sicher etwas Angst, wenn er Begriffe hört wie »Realkampf-Karate« oder »Straßenkampf-Karate«. In Situationen realen Kampfes gerät man im normalen Alltagsleben allerdings relativ selten, es sei denn, man provoziert oder sucht sie. Dennoch, die Gewalttätigkeit hat in jüngerer Vergangenheit wieder zugenommen. Selbst in Japan, einer der sichersten und diszipliniertesten Gesellschaften der Welt, kam es in den letzten Jahren zunehmend in öffentlichen Verkehrsmitteln oder auf Straßen zu völlig unprovozierten Angriffen oder zur Eskalation von Konflikten. Man sollte sich demzufolge darauf einstellen, dass man selbst in gewaltsame Auseinandersetzungen einbezogen oder zum Kämpfen gezwungen wird, um Familienmitglieder oder Freunde zu schützen. Der beste Weg, mit solchen Situationen fertig zu werden, war schon immer, dem Angriff des Gegners auszuweichen und ihn daraufhin an empfindlichen Stellen zu treffen, um damit Zeit zu gewinnen und weglaufen zu können.

Normale Leute werden heutzutage mit realem Kampf nur dann konfrontiert, wenn sie sich verteidigen müssen. Für die Samurai in den Zeiten der Feudalkriege oder für die Soldaten in den Weltkriegen bedeutete realer Kampf hingegen, sich gegenseitig zu töten. An dieser Stelle muss ich einräumen, dass Meister des Karate, wie ich selbst einer bin, sich Tag für Tag in einem Bujutsu-Karate[3] schulen, das die Grenzen der Selbstverteidigung

[3] Bujutsu: (jpn.) »Kampftechniken« oder »Techniken des Kriegers«. Gesamtheit der Techniken, deren sich die Krieger des alten Japan bedienten, um den Feind auf dem Schlachtfeld zu besiegen. – Habersetzer, R. u. G.: Enzyklopädie der Kampfkünste des Fernen Ostens. Chemnitz: Palisander Verlag 2019.

überschreitet. Und Kampftechniken, die die Grenzen der Selbstverteidigung überschreiten sind, geradeheraus gesagt, Techniken zum Töten von Menschen (*satsuhō*). Es mag gewagt klingen, das zu sagen, aber genau dies ist der Ausgangspunkt des Karate als Budō, als Weg des Kampfes oder des Kriegers. Aber man möge dabei bedenken, dass man, wenn man solche Techniken übt, grundsätzlich nichts anderes tut als Soldaten, die sich Tötungstechniken zur Verteidigung ihres Vaterlandes, des Landes ihrer Vorfahren, aneignen.

Die Techniken zur »minimalen« Selbstverteidigung, also jene Techniken, die nicht den Tod des Gegners bezwecken, wurden demzufolge aus Techniken zum Töten von Menschen entwickelt.

Die Herausbildung des modernen Karate

Der Mann, den man später den »Ahnherren der Erneuerung des Karate« nannte, war Itosu Ankō (1830-1916), auch Yasutsune genannt. Er war der größte Meister des Shuri-te, das die ursprünglichen okinawanischen Kampftechniken mit der bloßen Hand, die *te,* repräsentiert.[4] Meister Itosu reorganisierte das Karate, als es in der Meiji-Zeit offiziell Eingang in die reguläre Mittelschulbildung fand.

Meister Itosu wählte traditionelle Techniken aus und gestaltete sie um. Orientiert an den Idealen der modernen Körpererziehung wurden lebensgefährliche Techniken ersetzt durch technische Abläufe, die bewegungsreich und hinsichtlich der Körpererziehung effektiv waren. So war die Sequenz vom Querfeger (*yoko barai*) zum Tritt (*keri*) in der Kata *Passai dai* ursprünglich eine Bewegungsfolge von einem Stich in die Augen mit den Fingern der offenen Hand (*kaishu metsubishi*) zu einem Tritt in die Genitalien (*kinteki*). Von Itosu Ankō stammt beispielsweise die Gruppe der fünf Kata *Heian*, die noch heute sehr beliebt sind. Entsprechend der Bedeutung des Begriffs *Heian* (Frieden und Ruhe) enthalten diese Kata keine Angriffe auf sogenannte »goldene Ziele«, das heißt auf Genitalien oder auf andere Vitalpunkte, oder gefährliche Techniken wie den »Augenzerquetscher« (*metsubishi*).

---

[4] Auf Okinawa, wo das Karate entstand, nannte man es nur »Hand« (*ti*, jpn.: *te*, oder – an die davorstehende Silbe angepasst – *de*). – Anm. d. Übers.

Auf ähnliche Weise ist Kanō Jigorō (1860-1938) vorgegangen, als er aus dem überlieferten Jūjutsu alle Würfe (*nage waza*) und Schläge (*atemi*) eliminierte, mit denen man töten konnte, und so das Kōdōkan-Jūdō entwickelte. Dies waren Ergebnisse, wie sie die Bewegung zur kulturellen Reform (*bunmei kaika*) im Prozess der Modernisierung Japans angestrebt hatte.

Allerdings blieben im Shitō-Karate viele alte Kata erhalten. Und auch in den von Meister Itosu reformierten Kata waren etliche Techniken verborgen, die nur mündlich als Geheimwissen überliefert worden waren, darunter einige recht grausame Tötungstechniken. Einer meiner engagiertesten Schüler, Terada, leitete manchmal das Training im Schul-Karateverein, dem auch sein Sohn angehörte. Er erzählte mir einmal lachend, dass sein Sohn sich beschwert habe: »Papa, dein Karate ist immer gegen die Regeln!« Das berührt die Frage, ob man solche gefährlichen Techniken wirklich lernen muss, ob also eine kampftechnische Ausbildung sinnvoll ist, die die Grenzen der Selbstverteidigung überschreitet. Wie bereits erwähnt, gehört der Angriff im Rahmen der Verteidigung zum Wesen des Karate. Tatsächlich gibt es einen Grenzbereich beim Studium des Karate, in dem es darum geht, Kampftechniken beherrschen zu lernen, mit denen man auf sehr effektive Weise töten kann. Damit begibt man sich in die Welt des Budō. Dieses Problem ist der wichtigste Gegenstand dieses Buches. Zunächst möchte ich mich aber zu heutigen Werten und zur allgemeinen Funktion des Karate äußern.

Die gesundheitsfördernde Wirkung des Karate

Bereits vor meiner Geburt hatte mein Vater sein Leben der Entwicklung des Karate als Methode der Körpererziehung verschrieben. In der Öffentlichkeit nannte man ihn »Mabuni, der Techniker«. Als Erbe der authentischen okinawanischen Techniken des Kampfes mit der bloßen Hand (*te*) galt er allgemein als außerordentlicher Experte. Sein Ziel bestand darin, Karate als Methode der Gesundheitsförderung zu verbreiten und damit zur Verbesserung der gesundheitlichen Situation der breiten Bevölkerung beizutragen.

Im Unterschied zu anderen Kampfkünsten kann man im Karate seine körperlichen Fähigkeiten auf der Basis von Kata trainieren. Insgesamt gibt es etwa 50 klassische Kata. So viele muss man natürlich nicht lernen, es sei denn, man will selbst Karate lehren. Kata bestehen aus Folgen von Angriffs- und Abwehrbewegungen mit Bezug auf einen imaginären Gegner. Um sie auszuführen, braucht man keinerlei Gerätschaften. Außerdem kann man Kata leicht üben, auch in großen Gruppen und verbunden mit viel Freude. Manche Anfänger haben Angst vor Kataübungen mit einem realen Gegenüber, das heißt vor dem Training mit Partner (*kumite*). Aber wenn man Karate nur betreibt, um seine Gesundheit zu fördern, ist es gar nicht erforderlich, sich mit dem *kumite* auseinanderzusetzen. Man benötigt auch nicht viel Platz, um eine Kata auszuführen. Eine Fläche von 3½ bis 4 *Tatami*-Matten, das heißt etwa 7-8 m^2, ist ausreichend.

Das von meinem Vater entwickelte Shitō-Karate enthält die traditionellen Kata des Shuri-te und des Naha-te, der beiden wichtigsten Stilrichtungen der okinawanischen Kampfkünste mit der bloßen Hand. Was die einzelnen Techniken angeht, so sind die Unterschiede zwischen beiden nicht allzu groß. Es ist jedoch für die Kata des Shuri-te charakteristisch, dass sie viele effektive und schnelle Angriffs- und Abwehrbewegungen für einen Kampf auf lange Distanz enthalten. Typisch für das Naha-te sind dagegen der Nahkampf mit »schweren« Bewegungen und spezielle Atemtechniken, die aus dem chinesischen Fukien-Kempō[5] stammen. Diese große Spannweite ermöglicht es, dass man ohne weiteres für jedes Alter, jeden Körperbau und jeden physischen Zustand geeignete Kata finden kann. Das ist der große Vorzug des Shitō-Karate.

Lange Kata enthalten etwa 70 Techniken, kurze Kata etwa 20. Eine kurze Kata dauert nicht länger als eine Minute. Es gibt keinen Teil des Körpers, der beim Üben von Kata nicht bewegt wird, und die Resultate lassen sich schon sehr bald erkennen. Männer bekommen einen ausgewogenen, starken Körper, und für Frauen ist es ein ideales Schönheitstraining. Da man weder einen besonderen Raum noch Gerätschaften oder spezielle Kleidung braucht, gibt es keine einfachere Methode, einen guten Gesundheitszustand zu schaffen. Selbst sehr beschäftigte Leute sollten die wenigen Minuten erübrigen können, die nötig sind, um sich mit dieser Methode

[5] Fukien-Kempō (chin. Fujian-Quanfa): Fukien ist die jpn. Bezeichnung für eine Provinz im Südosten Chinas, auf Chin. Fujian. Kempō ist der jpn. Ausdruck für Quanfa, »chinesisches Boxen« (siehe auch Anm. 18 auf S. 25). – Anm. d. Lekt.

fit zu halten. Manch einer mag nun einwenden, dass er hierfür zu alt sei. Tatsächlich jedoch kann man prinzipiell in jedem Alter mit dem Training beginnen. Ein paar Minuten Katatraining jeden Tag können ein langes Dasein garantieren. Nahezu alle Karate-Meister, ob aus Okinawa oder von den japanischen Hauptinseln, erfreuten sich eines langen Lebens.

Die Wirkung des Karate-Trainings auf den Körper

Mich selbst könnte man als lebendiges Beispiel nehmen. Ich bin jetzt 83 und war niemals ernsthaft krank. Mehrmals im Jahr fahre ich als Trainingsleiter ins Ausland. Die Zeitverschiebung spüre ich nie und trainiere immer gleich am folgenden Tag zusammen mit den jungen Leuten.[6]

1938 publizierte mein Vater das Buch »*Einführung in die Angriffs- und Abwehrtechniken im Karate*«.[7] Das Werk enthält verschiedene Aussagen über die Auswirkungen des Trainings, wie zum Beispiel: »Durch das Karate bereiten auch alle anderen Aktivitäten mehr Freude«, »Physisch schwache Personen können zu Hause trainieren und dadurch stark werden«, »Kranke und dicke Personen bekommen kräftige Muskeln und werden gesund«, »Man trinkt abends immer weniger Alkohol und arbeitet tagsüber effektiver« und »Nervenschmerzen und Nervenschwäche werden kuriert«.

Es lag meinem Vater am Herzen, Karate als hervorragende Methode der Gesundheitsförderung zu propagieren. In Zusammenarbeit mit einer medizinischen Universität gelang es ihm, die positiven medizinischen Wirkungen nachzuweisen, unter anderem anhand von Blut- und Urintests. Sein Buch enthält auch Auszüge aus einem Forschungsbericht von Marineärzten, die die physiologischen Wirkungen des Karate beschrieben. Diesem zufolge fördert Karate den Stoffwechsel und die Nervenreflexe. Gleichgewichtswahrnehmung und Muskelkraft werden verbessert, und es kommt zu einer Harmonisierung des gesamten körperlichen Zustands. Damit war der positive Einfluss des Karatetrainings auf den Körper hinreichend belegt.[8]

---

[6] Mabuni Kenei hat das vorliegende Buch im Jahre 2001 verfasst. Noch bis ins Jahr 2010 reiste er regelmäßig nach Korsika zum Shitō-ryū-Sommerlehrgang. – Anm. d. Lekt.

[7] *Kōbō Kempō karate dō nyūmon*. Mabuni Kenwa hat das Buch gemeinsam mit Nakasone Genwa (1895-1978) verfasst. – Anm. d. Lekt.

Das Buch erschien, nachdem mein Vater zehn Jahre auf der japanischen Hauptinsel gelebt und dort für die Verbreitung des Karate gewirkt hatte. Das Karate, das mein Vater von Okinawa mitgebracht hatte, war sehr spirituell und religiös. Leider ist das heutige Karate in diesem Punkt weit von dem entfernt, was mein Vater damals verbreiten wollte. Die spirituell-seelische Erziehung sollte der auf Selbstverteidigung orientierten kampftechnischen Ausbildung nutzen. Am Ende des Buches schrieb er: »Wenn Sie wirklich einmal in eine Situation kommen, in der dies nötig ist, dann werden Sie handeln können.«

Karate in gefährlichen Situationen

Ich machte in meinem Leben mehrfach die Erfahrung einer spontanen Reaktion des Körpers auf eine plötzliche Gefahr. Als ich 16 oder 17 war, fuhr ich mit einem Freund an den Shirahama-Strand in der Präfektur Wakayama. Wir wollten die Aussicht von Senjōjiki genießen. Ich stand mit dem Rücken zum Meer und war gerade dabei, den Gürtel meiner

---

[8] Man kann eine Karate-Kata mit einem Sutra vergleichen (ein auch als Gebetsformel fungierender, mehr oder weniger komplexer, heiliger hinduistischer oder buddhistischer Rechts- und Glaubenssatz, Anm. d. Übers.). Je besser man das versteht, desto mehr wird man den Wert des Karate für die physische Entwicklung schätzen lernen. Ein Sutra besteht aus Worten, die man sehr oft wiederholt und die dennoch immer in besonderer Weise hilfreich sind, weil die emotionale Wirkung sich unterscheidet nach Alter oder seelischer Situation der Person, die das Sutra liest. Eine Karate-Kata gleicht einem ungeschriebenen Sutra. Man kann sie nicht behalten, indem man sie mit den Augen »liest«. Man muss sie mit dem Körper »lesen« und sie auch mit ganzem Herzen »vortragen«. Wie das Lesen eines geschriebenen Sutra die spirituelle Energie nährt und entwickelt, so fördert das »Vortragen« einer Kata als ungeschriebenem Sutra die körperlichen Kräfte und Fähigkeiten. Manche denken, es sei schon genug, wenn man die Kata einfach so lernt, dass man sie nicht vergisst. Wenn man sich die Kata nur mit dem Kopf einprägt, wird aber die physische Energie nicht genährt und trainiert. Das erreicht man nur, wenn man die Kata ausführt. Einige üben ihr ganzes Leben lang nur zehn Kata. Das Körpergefühl beim Üben und der Einfluss der Kata auf den Menschen sind aber jeden Tag anders, unterscheiden sich nach Alter oder körperlicher Situation. Und dieser Einfluss ist enorm, ganz gleich, ob und wie man ihn wahrnimmt. Regelmäßiges Katatraining steigert die Aktivität jedes Teils des Körpers, stärkt die bisherigen Schwachstellen und reguliert die Körperfunktionen. Deshalb dient es der Gesunderhaltung, garantiert langes Leben und fördert zudem die Fähigkeit, auf plötzliche Gefahren spontan zu reagieren. – Anm. d. Autors.

Badebekleidung straffzuziehen, als plötzlich eine riesige Woge über mich hereinbrach und mich gegen einen Felsen schleuderte. Mein Freund, der die Welle kommen gesehen hatte, war weggerannt. In dem Moment, als ich begriff, dass eine Welle mich verschlungen hatte und mein Körper ein Spielball des Wassers geworden war, krallte ich mich instinktiv an den Felsen, gegen den die Brandung mich geworfen hatte. Hätte mich die Welle wieder ins Meer gesogen, wäre ich wohl nicht mehr lebend herausgekommen. Nicht wenige haben auf diese Weise ihr Leben verloren.

Später, gegen Ende des Großen Ostasiatischen Krieges[9] war ich auf der philippinischen Insel Cebu stationiert. Die amerikanischen Truppen waren bereits mit großer Angriffswucht gelandet. Deshalb mussten wir zusammen mit den hier lebenden Japanern ins zentrale Hochland der Insel flüchten. Wir konnten nur nachts marschieren, denn tagsüber kreisten amerikanische Hubschrauber über der Gegend. Wir marschierten also in absoluter Dunkelheit, eine Hand am Gürtel oder auf der Schulter des Vordermannes. Plötzlich rutschte ich ab und stürzte einen Abhang hinunter. Als ich wieder zu mir kam, saß ich vier oder fünf Meter tiefer und hielt meinen Tornister umklammert. Ich war erstaunlicherweise unverletzt. Ich sagte zu mir selbst: »Ist vielleicht nicht so gut, zurückzubleiben«, kletterte den Hang schnell wieder hinauf und schloss mich den anderen an. Auch damals dachte ich, wie gut es doch sei, Karate zu trainieren. Denn auch diesmal hatte mein Körper offensichtlich spontan auf die plötzliche Gefahr reagiert und es vollbracht, dass ich den tiefen Sturz unbeschadet überstand.

Auch in vielen anderen weniger dramatischen Situationen wurde mir zutiefst bewusst, dass ich ohne Karate vielleicht mein Leben verloren hätte oder zumindest schwer verletzt worden wäre. Vielleicht wird manch einer einwenden, dass ich das gewiss nur mit einem speziellen Training erreicht habe. Das stimmt aber nicht. Jeder, der Karate ernsthaft und kontinuierlich trainiert, kann das erreichen.

---

[9] Der Große Ostasiatische Krieg (*Dai tōa sensō*) dauerte von 1937 bis 1945. 1937 hatte der Zweite Japanisch-Chinesische Krieg begonnen. Im Dezember 1941 erreichte der Krieg mit dem japanischen Angriff auf Pearl Harbor und dem unmittelbar darauffolgenden Kriegseintritt der USA eine neue Qualität. Daher wird manchmal 1941 als Jahr des Kriegsausbruchs angegeben. Häufig wird auch die Bezeichnung Pazifikkrieg verwendet. – Anm. d. Lekt.

Karate als spirituelle Kampfkunst

Da Karate immer mehr als Wettkampfsport betrieben wird, hat die Zahl der Frauen, die Karate vor allem zur Selbstverteidigung trainieren wollen, stark abgenommen. Aber neben der Gesundheitsförderung ist die Selbstverteidigung das ursprüngliche Ziel und nach wie vor eine wichtige Funktion des Karate.

Als mein Vater an der Meijō-Mädchenschule Karate unterrichtete, entwickelte er eigens zwei Kata für die Selbstverteidigung von Mädchen, die *Meijō*, »heller Stern«, benannt nach der Schule, und die *Aoyagi*, »grüne Weide«, Ausdruck von Eleganz und Sanftheit. Diese Kata sind sehr auf den realen Kampf ausgerichtet. Sie enthalten Techniken gegen typische Angriffe, wie zum Beispiel plötzliche Umklammerung von vorn oder hinten, oder auch Techniken, die die Energie des gegnerischen Angriffs nutzen. Aber solche kurzen, kampforientierten Kata sind für Wettkämpfe nicht besonders geeignet und deshalb heute leider nicht mehr so beliebt.

Vor kurzem las ich einen Artikel in der Zeitung *Asahi Shimbun*, in dem darüber berichtet wurde, dass ein Mittelschüler in Ōsaka, der in seinem Haus von einem Einbrecher mit einem Messer angegriffen wurde, dem Angriff auswich und so die Chance bekam, wegzurennen. Dem Reporter sagte er danach: »Als ich das Messer sah, reagierte mein Körper ganz spontan. Ohne mein Karate-Training wäre ich sicher vor Angst erstarrt.«

Um Karate zur Selbstverteidigung zu nutzen, reicht es nicht, die einzelnen Techniken zu erlernen. Man muss auch eine bestimmte seelische Energie, *ki*,[10] entwickeln, um seine Fähigkeiten genau in dem Moment zu mobilisieren, in dem sie gebraucht werden, nämlich, wenn man einer plötzlichen Gefahr begegnet. Ohne diese Energie kann man die Techniken nicht einsetzen, wie oft man sie auch geübt haben mag. Deshalb ist die psychische Entwicklung so wichtig.

Unter den Kampfkünsten wird gerade das Karate als Kampfkunst der Seele *(ki no Budō)* bezeichnet. Natürlich ist das *ki* nicht nur im Karate wichtig. Auch im Jūdō, Kendō oder Iaidō wird die seelische Energie ent-

[10] *Ki* (chin. *Qi*): (jpn.) Die Seele als energetisch wahrnehmbarer Zustand, Lebensenergie. – Anm. d. Übers.

wickelt. Denn damit bereinigt man jede Art seelischer Unruhe und erlangt die Fähigkeit, die gesamte psychische Kraft auf einen Punkt zu konzentrieren. Da Karate darauf zielt, seinen eigenen Körper mit leeren Händen zu verteidigen, ist flexible seelische Energie, mit der man auf plötzliche Gefahren spontan reagieren kann, das wichtigste.

Selbstverständlich hat auch die physische Kraft Einfluss auf die Entwicklung. Grundsätzlich kann man sagen, dass Menschen, denen es an körperlichem Selbstvertrauen fehlt, anfällig sind für psychische Schwäche. Karate-Training beansprucht den ganzen Körper. Deshalb können auch Menschen, die anfangs physisch schwach sind, rasch körperliches Selbstvertrauen gewinnen.

Die Atemtechniken im Karate

Wie schüchtern und körperlich schwach man auch gewesen sein mag: Wer Karate ernsthaft betreibt, regelmäßig übt, auch wenn es immer nur ein bisschen ist, wird schnell wahrnehmen, wie sich der Körper mit Energie füllt, wie sich vom Bauchgrund her ein Gefühl des Selbstbewusstseins entwickelt und wie auf natürliche Weise Ruhe im gesamten Körper einkehrt. Das ist das Besondere am Karate.

Besonders die Atemtechniken des Naha-te (*kisoku hō*) zeigen, wie das Karate die seelische Einheit fördert.[11] Die Atmung ist für alle Kampfkünste wichtig. Aber das bewusste Training der Atmung ist spezifisch für das Karate. Das Atmen, vor allem das Einatmen (*iki o suru*) ist aufs engste verbunden mit dem Leben. Das japanische Wort für »leben« (*iki-ru*) soll sogar abgeleitet sein von dem Wort für Einatmen. Menschen können einen Monat ohne Essen überleben. Aber ohne zu atmen lebt man bekanntlich nicht allzu lange.

Wird man in einer gewalttätigen Auseinandersetzung nervös, hat man schon verloren. Solch eine Nervosität kommt von Puls- und Blutdruckstörungen, die wiederum von Störungen der Atmung hervorgerufen werden. Aus diesem Grund sind manche Menschen auch aufgeregt, wenn sie vor

---

[11] Siehe S. 224.

einer Menschenmenge stehen. Laufen die Dinge nicht so, wie man es sich vorgestellt hat, fühlt man sich meist niedergeschlagen, deprimiert. Ohne dass man es merkt, wird auch die Atmung kurz und flach und geht kaum tiefer als bis zum Hals. Im schlimmsten Fall atmet man sozusagen nur noch mit der Nasenspitze. Wird solch eine Atmung zur Gewohnheit, braucht man nicht zu erwarten, mit einem langen Leben gesegnet zu werden.

Um die Seele zu harmonisieren, muss man die Atmung harmonisieren. Durch eine Atmung, die tief in den Bauch hineingeht, ordnen sich die Energien im Unterbauch. Wenn dort alles »ruhig sitzt«, kann man sich Hoffnung auf ein langes Leben machen. Die Wirkung richtigen Atmens erhöht sich natürlich, je besser die Atemregeln verstanden und bewusst befolgt werden. Bekanntlich gibt es mehrere Atemlehren, wie zum Beispiel im Yoga oder im Qi Gong, die ich auch studiert habe. In diesen Lehren gilt das Anhalten des Atems (*taisoku*) als schädlich. Nach der Atemlehre des Karate ist es aber sehr sinnvoll. Es stärkt das Herz und fördert die Flexibilität der Atmung. Ich bin schon über 80, habe aber keinerlei Probleme beim Treppensteigen und komme nie in Atemnot.

Der Zustand der vollkommenen inneren Ruhe

Beim Karate-Training entwickelt man sich physisch, kampftechnisch und psychisch. Da diese drei Aspekte der Ausbildung in den Kata miteinander verknüpft sind, entwickelt man sich mit dem Katatraining selbstverständlich auch in dieser dreifachen Hinsicht. Solch eine Entwicklung ist ein Vergnügen, und zwar eines, das niemals enden muss.

In der Edo-Zeit (17.-19. Jahrhundert) wurden die Samurai des Fürstentums Nabeshima im heutigen Saga auf der Insel Kyūshū auf der Grundlage des *Hagakure*[12] ausgebildet, eines berühmt gewordenen Moral- oder Verhaltenscodex. Das erste, was ein Samurai zu beherzigen hatte, bezog sich auf seine Einstellung zum Älterwerden. Diese erste Lehre besagte, dass das Üben niemals endet. Wie gut man auch sein mag, es gibt keinen Grund zum Dünkel. Wie hoch man auch in der Hierarchie steigen mag, das Ler-

[12] Yamamoto, Tsunetomo: Hagakure. Die Weisheiten des Samurai. Erftstadt: Area 2006.

nen hat kein Ende. Ein wirklicher Meister folgt seinem Weg ohne Ende und versucht Tag für Tag, sein ganzes Leben lang, sich zu verbessern.[13]

Wer nur übt, um gegen andere zu gewinnen oder besser zu sein als andere, der übt sozusagen auch für andere. Das ist nicht der wahre Weg. Wenn man jedoch Freude daran empfindet, Karate *für sich selbst* zu meistern, wenn man gar nicht mehr damit aufhören kann, was auch immer die anderen dazu sagen mögen, dann kann man Karate als Weg ohne Ende erleben.

Über einen solchen Zustand der Versenkung, der vollkommenen Konzentration und inneren Ruhe, *zanmai*,[14] hat mein Vater einmal folgende Zeile geschrieben: »Ich genieße es, wenn der Geist sich leert beim Rudern zur Insel des *bu*«.[15]

Im Japanischen gibt es das Wort *gunshū*, das in etwa bedeutet: »Lernen durch Geruch annehmen«. Dem liegt der Gedanke zugrunde, dass sich

---

[13] Es gibt eine Regel für den Lebenszyklus des Lernens. Anfänger haben meist das Gefühl, dass sie wenig vorankommen, obwohl sie sich sehr anstrengen. Sie halten ihre eigenen Fähigkeiten für gering und werden auch von anderen so eingeschätzt. Sie finden ihre Bemühungen ziemlich nutzlos. Im mittleren Entwicklungsstadium erscheinen die Resultate immer noch unbefriedigend, aber man sieht seine eigenen Schwächen und kann auch die der anderen beurteilen. Auf dem oberen Niveau hat man wirklich schon etwas erreicht. Man fühlt Stolz, freut sich, wenn man bewundert wird, und neigt dazu, sich über die Schwächen anderer kritisch zu äußern. Man benimmt sich so, als könne man sich keine weiteren Entwicklungsstadien vorstellen und wird von anderen als stark und fähig angesehen. Die meisten Leute können dieses Niveau erreichen. Noch einen Schritt und man scheint am Ende des Weges zu sein. Geht man jedoch über diesen Punkt hinaus, stellt man plötzlich fest, dass es kein Ende gibt und dass die Dinge nicht so sind, wie man vorher geglaubt hat. Man versteht, dass man selbst noch Schwächen hat und bemüht sich, vorwärts zu kommen, nun aber ohne Stolz und ohne Minderwertigkeitsgefühle. Wie Meister Yagyū sagte, muss man lernen, »wie man sich selbst besiegt, nicht wie man andere besiegt«. Jeden Tag muss man ein bisschen besser werden, ohne Ende, ein Leben lang. – Anm. d. Autors.

[14] *Zanmai* (gesprochen: *zammai*): jpn. für den Sanskrit-Begriff *Samadhi*: Zustand der Sammlung, der durch Beruhigung des Geistes eintritt; dieser Zustand ist eine notwendige Voraussetzung für echte Meditation (*Dhyana*). Teilschritt des mystischen Prozesses, der zur Weisheit führen soll (*Pjrajna*). – Habersetzer, R. u. G.: Enzyklopädie der Kampfkünste des Fernen Ostens. Chemnitz: Palisander Verlag 2019.

[15] *Nanigoto mo uchi wasuretari hitasura ni bu no shima kogu ga tanoshiki.* – Das Schriftzeichen für *bu* bedeutet »kriegerische oder kämpferische Fähigkeit« und erscheint zum Beispiel in dem bekannten Wort für Samurai »*bu*-shi«. Der Laut *bu* repräsentiert aber auch ein anderes Zeichen, mit der im Buddhismus zentralen Bedeutung der »Leere« oder des »Nichts«. – Anm. d. Übers.

der Geruch eines Gegenstands auf die Person überträgt, die ständig mit ihm umgeht. Wenn man regelmäßig mit Holz arbeitet, nimmt man nach und nach dessen Geruch an. Was jemand immerfort tut und denkt, wird schließlich Teil von ihm selbst, prägt seinen Charakter und im übertragenen Sinne seinen »Geruch«. Wenn mein Vater als Polizist auf Okinawa die hier und da zurückgezogen lebenden Karate-Meister besuchte, oder wenn er an der Fischereischule Karate unterrichtete oder zu Karatevorführungen ging, nahm er mich immer mit und ließ mich auf seinem Schoß sitzen. Auf diese Weise habe ich zweifelsohne seinen »Geruch« angenommen.

Immer wieder sehe ich in der Erinnerung meinen Vater vor Augen, wie er mit seinen Kameraden im Licht einer nackten Glühbirne mit freiem Oberkörper trainierte, und wie sie einander dabei anfeuerten und die Welt ringsum vergaßen. Nachdem er nach Ōsaka gezogen war, wusste er nie, was der nächste Tag bringen würde. Trotzdem widmete er sich weiter ganz dem Studium des Karate, immer in Gemeinschaft mit einigen Freunden, denen er häufig auch Essen und Unterkunft bot. Seine Sorge galt auch der Pflege der *tatami*-Matten, die im Training schnell verschlissen. Kehrte einer seiner Schüler unversehrt aus dem Krieg zurück, war er darüber genauso glücklich, wie er es bei meiner Heimkehr aus dem Kriege war. Dieser Art ist der Geruch meines Vaters, der sich unauslöschlich an meinen Körper geheftet hat und den ich nie verlieren werde. Auch ich werde wie mein Vater den Weg des Karate gehen, der kein Ende kennt. Ich werde mein Leben lang üben, solange, wie mein Körper sich bewegt, Schritt für Schritt, Stufe für Stufe. Ich weiß nicht, wie weit ich dabei komme, ich weiß nur, dass ich gehen werde, solange ich kann. Tag für Tag besser zu werden, immer weiter voranzukommen, nur das hat Sinn und bringt Freude. Das ist es, wodurch sich das Budō-Karate auszeichnet, welches ich verbreiten möchte und das der Gegenstand dieses Buches ist.

I

Das Budō-Karate

1 Entstehung und Entwicklung des Karate

1.1 Karate als Kampftechnik

Formen des waffenlosen Kampfes in alter Zeit

Von allen Völkern sind Formen des waffenlosen Kampfes überliefert, so dass man davon ausgehen kann, dass es sich hierbei um ein gemeinsames Erbe der Menschheit handelt. In der ältesten japanischen Schrift, dem *Kojiki*[16] wird von einem Kräftemessen der Götter Takemigazuchi no kami und Takeminakata no kami am Inasa-Strand von Izumo berichtet. Die Annalen des *Nihonshoki* erwähnen einen Kampf zwischen Nomi no Sukune und Taima no Kehaya. Dieser Kampf zwischen Sukune und Kehaya gilt als Geburtsstunde des Sumō.[17] Anders als im heutigen Sumō muss es ein Wettkampf auf Leben und Tod gewesen sein, der zwar waffenlos, aber ansonsten ohne Verbote geführt wurde. Denn Sukune brach Kehaya mit Tritten die Hüfte und trat ihn dann zu Tode.

Solche Techniken des waffenlosen Kampfes gab es seit alter Zeit überall auf der Welt. Selbst aus dem alten Indien wird berichtet, dass Buddha mit seinem jüngeren Bruder gekämpft haben soll, um als Sieger ein schönes Mädchen zur Frau nehmen zu können. Ich selbst habe in Indien Kämpfe gesehen, die dem Sumō ähneln. Auch in China gab es von alters her Kempō-Faustkampftechniken.[18] In der Zeit der Frühlings- und Herbstan-

---

[16] *Kojiki*: (jpn.) »Chronik der Alten Dinge«. Dreibändige Annalen über die Frühgeschichte Japans. Es stellt zusammen mit dem *Nihonshoki* die erste schriftliche Quelle dar, in denen Geschichten und Legenden, vermischt mit der Beschreibung der ersten Gottheiten und Herrscher des Landes, geschildert werden. Das Werk wurde 711/712 durch Ōno Yasumarō auf Wunsch von Kaiserin Gemmei zusammengestellt. Es handelt sich um eine Sammlung von mythologischen Geschichten, die der höfische Traditionsmeister Hieda no Are dem Autor erzählte, und über Berichte über alte Traditionen aus verschiedenen Quellen. – Habersetzer, R. u. G.: Enzyklopädie der Kampfkünste des Fernen Ostens. Chemnitz: Palisander Verlag 2019.

[17] Dieser Kampf soll der Überlieferung zufolge am 7. Tag des 7. Monats des Jahres 23 v. Chr. auf Befehl von Kaiser Suinin stattgefunden haben. – Anm. d. Lekt.

[18] *Kempō* (auch *kenpō*): (jpn.) »Weg der Faust«. Okinawanischer und japanischer Gattungsbegriff für alle Stile des Kampfes mit bloßen Händen, die auf Chinesische Ursprünge zurückgehen. Die *kanji* für *ken* und *pō* werden auf Chinesisch als Quanfa gelesen, »chinesisches Boxen«. – Habersetzer: Enzyklopädie der Kampfkünste. Chemnitz: Palisander Verlag 2019.

nalen (722-481 v. Chr.) hießen sie »Tapfere Faust« (*kenyū*) oder »Kampfkunst« (*bugei*), in der Zeit der Streitenden Reiche (475-221 v. Chr.) »Schlagtechnik« (*gigeki*) und in der Han-Zeit (206 v. Chr. bis 220 n. Chr.) einfach »Technik« (*gikō*) oder »Rundschlagen« (*shubaku*).

Der Shaolin-Faustkampf als Kampftechnik der Mönche

Das Shaolin-Kempō entstand im chinesischen Shaolinkloster, das im Jahr 495 (späte Wei-Zeit) von Kaiser Xiào Wén (471-499) für den aus Indien kommenden Zen-Meister Ba Tuo errichtet wurde. Es liegt in der Provinz Henan südlich vom Gelben Fluss (Huanghe) am Fuße des Songshan-Gebirges (japanisch: Sūzan) und wird deshalb auch Kloster Songshan Shaolin genannt. Das Shaolinkloster wurde berühmt durch den Aufenthalt von Bodhidharma[19] (jpn. *Daruma*), der zum Begründer des Zen-Buddhismus in China wurde und die *zazen*-Meditation[20] einführte. Er wurde deshalb auch – wahrscheinlich fälschlicherweise – als Gründer des Shaolintempels oder Ahnherr des Kempō bezeichnet.

In den chinesischen Klöstern gab es viele Kunstschätze und anderes Vermögen. Die Notwendigkeit, diese in dem ständig von Unruhen geplagten Land verteidigen zu müssen, hat dazu geführt, dass sich die Kampftechniken in China vorrangig in den Klöstern entwickelten. Unter dem Begriff Shaolin-Kempō sind Techniken zusammengefasst, die aus dem Shaolinkloster bzw. aus der Region, in der es sich befand, stammen. Einige davon sind im Laufe der Zeit verlorengegangen, wie zum Beispiel die Techniken »Durchschlagende Faust« (*tsūhai ken*), »Beseelte Faust« (*shin i ken*) oder »Kosmische Faust« (*rikugō ken*).

Im Shaolinkloster unterschied man zwischen Gebetsmönchen, die sich auf die religiösen Studien spezialisierten, und Kampfmönchen, die vor allem die Kriegskünste studierten. Die Kampfmönche wurden gleich bei ihrem Eintritt ins Kloster kahlgeschoren und als Mönche gekleidet. Ihre

[19] Bodhidharma soll von 460-534 gelebt haben. – Anm d. Lekt.

[20] *Zazen*: Zenmeditation im Sitzen, zumeist aufrecht im Lotussitz, mitunter aber auch in anderen Sitzformen praktiziert. – Anm. d. Lekt.

Zeit verbrachten sie in der Folge eher mit dem Training der Kampfkünste als mit dem Studium des Buddhismus. Als religiöse Übung praktiziertes japanisches Shaolin-Kempō gibt es erst seit der Zeit nach dem Zweiten Weltkrieg. Es wurde von Meister Sō Dōshin (1911-1980) begründet.

Seit der Ming-Zeit war das Shaolinkloster im übrigen weniger für seine Fausttechniken, als vielmehr für seine Stocktechniken, Kompō[21] bzw. Bōjutsu, bekannt. Andererseits wurde auch ein Fukien-Kempō überliefert, das sich in den südchinesischen Provinzen Fukien und Kanton herausgebildet hat. Auch das Fukien-Kempō soll aus einem Shaolinkloster stammen. Dabei handelt es sich aber wohl nicht um das ursprüngliche Songshan-Shaolinkloster, sondern um ein später in der Provinz Fukien errichtetes Tochterkloster.

Das Shaolinkloster von Fukien existiert heute nicht mehr. Es ist auch nicht mehr genau feststellbar, wo es sich befand. Überreste, die auf ein solches Kloster hindeuten könnten, hat man an verschiedenen Stellen gefunden. Da das Songshan-Shaolinkloster nördlich des Yangtse-Flusses lag und sich das Fukien-Shaolinkloster südlich davon befand, spricht man auch von einem Nord-Shaolin und einem Süd-Shaolin bzw. von einem nördlichen und einem südlichen Kempō.

Wie auch in anderen Ländern gab es Zeiten, in denen die Staatsmacht bestimmte Religionen förderte und Zeiten, in denen sie sie unterdrückte. Das Shaolinkloster war davon nicht ausgenommen. Es erlebte sowohl Förderung und Prosperität, als auch Unterdrückung und Brandschatzung. Sicher gab es auch Mönche, die in beiden Klöstern praktizierten und andere, die in Zeiten der Verfolgung in anderen Klöstern Zuflucht fanden und ihr Wissen über die Kampftechniken weitergaben. Es ist auch anzunehmen, dass sie die Verbreitung und das Niveau von Kampftechniken im einfachen Volk beeinflussten. In China unterscheidet man zwischen dem Kempō der Mönche, dem »zum Haus gehörenden« oder Klosterkempō, und dem »nicht zum Haus gehörenden« oder Volkskempō. Repräsentativ für letzteres ist das Taijiquan.

So entstand das heutige chinesische Kempō aus verschiedenen Formen und Stilen des waffenlosen Kampfes, die einen langen Entwicklungsprozess durchliefen und sich gegenseitig beeinflussten. Aber zweifellos waren

[21] Auch die Schreibweise »*konpō*« ist gebräuchlich. – Anm. d. Übers.

es die beiden Shaolinklöster, die in ganz China den Heldenmut entfachten. Wie im japanischen Hieizan-Kloster im ausgehenden Mittelalter bewaffneten sich die Mönche und griffen in das weltliche Geschehen ein.

Ähnlich verhielt es sich in Japan mit Minamoto no Yoshitsune und Musashi Bō Benkei zum Ende der Heian-Zeit (794-1185). Yoshitsune, als Kind Ushiwaka-maru genannt, lebte im Kurama-Kloster im Norden der japanischen Hauptstadt. Er praktizierte dort buddhistische Geheimlehren (*Mikkyō*)[22], begann aber vor allem auch, sich mit Kampftechniken zu beschäftigen. Der Überlieferung nach wurde er vom großen langnasigen Berggeist (*Dai Tengu*)[23] von Kurama in den Kriegskünsten unterrichtet. Um sich abzuhärten, ging Yoshitsune jeden Tag den Weg aus den Kurama-Bergen ins Zentrum der Hauptstadt zu Fuß. Dabei traf er einmal auf der Brücke von Gojō auf Benkei und besiegte ihn.[24] Diese Geschichte ist in Japan vor allem durch ein *Kabuki*-Stück[25] gut bekannt.

Der Einfluss des chinesischen Kempō auf die japanischen und okinawanischen Kampftechniken

Nach alten Aufzeichnungen soll in der Edo-Zeit der Chinese Chin Gempin[26] als erster das Kempō nach Japan gebracht haben. Es heißt, er habe Kempō im Songshan-Shaolinkloster gelernt und sei ein genialer Mensch

---

[22] *Mikkyō*: (jpn.) »geheime Lehren«, bezeichnet einen Komplex esoterischer Lehren aus Indien (Tantra) und dem chinesischen Buddhismus (Mizong), der zur Erlangung okkulter Fähigkeiten führen soll. Die Wurzeln reichen bis in den Tendai-Buddhismus, der im 9. Jh. durch den Bonzen Saicho gegründet wurde, sowie bis in die Shingon-Schule, die zur gleichen Zeit durch den Bonzen Kukai gegründet wurde. Das *Mikkyō* wurde durch asketische Bergmönche (Yamabushi) übernommen und fand auf diese Weise Eingang in die Geheimlehren der Ninja. – Habersetzer, R. u. G.: Enzyklopädie der Kampfkünste des Fernen Ostens. Chemnitz: Palisander Verlag 2019. Siehe auch Fußnote 172 auf S. 206.

[23] Siehe Fußnote 174 auf S. 207.

[24] Siehe auch Habersetzer, R.: Die Krieger des alten Japan – Berühmte Samurai, Rōnin und Ninja. Chemnitz: Palisander Verlag, Neuausgabe 2020.

[25] *Kabuki*: (jpn.) Epischer Theaterstil, der im 17. Jh. entstanden ist. In den *Kabuki*-Theaterstücken werden Geschichten über die Taten der historischen Helden Japans in farbenprächtiger und realitätsnaher Darstellung aufgeführt. – Habersetzer, R. u. G.: Enzyklopädie der Kampfkünste des Fernen Ostens. Chemnitz: Palisander Verlag 2019.

gewesen, der im gesamten Wissen seiner Zeit bewandert war, das heißt, nicht nur im Konfuzianismus, im Buddhismus und im Taoismus, sondern auch in der Kalligraphie und der Tuschemalerei, der Poesie, der Herstellung von Keramik, Süßigkeiten und Kräutermedizin und darüber hinaus auf dem Gebiet der Akupunktur und Moxibustion[27]. Nach seiner Ankunft in Nagasaki reiste er auf der Hauptinsel bis in die Region um das heutige Nagoya. Er soll dreimal vom Regenten Tokugawa Iemitsu empfangen worden sein und viele Fürsten getroffen haben, denen er seine Künste vermittelte. Der Kitō-Stil des japanischen Jūjutsu wurde von Fukuno Masakatsu Shichiroemon und Ibaragi Sensai entwickelt, nachdem sie von Chin Gempin unterrichtet worden waren.

Andere Stile hatten ebenfalls ihren Ursprung in China, so zum Beispiel der bekannte Yōshin-Stil, der zu Beginn der Edo-Zeit in Nagasaki von dem Arzt Akiyama Shirōbei geschaffen wurde. Dieser beruhte auf Kempō-Studien, die der Mediziner während einer Chinareise betrieben hatte. Aus dem Tenshin-Shinyō-Stil, der aus dem Yōshin-Stil hervorgegangen war, sowie aus dem Kitō-Stil, entwickelte Kanō Jigorō später das Jūdō.

Daraus lässt sich allerdings nicht schließen, dass die ursprünglichen Stile des Jūjutsu direkt aus dem chinesischen Kempō stammen. Auch in Japan gab es seit alter Zeit Techniken des waffenlosen Kampfes. Der Takenouchi-Stil, der als der älteste im japanischen Jūjutsu gilt, hatte seinen Ursprung in Kurzschwerttechniken, die Takenouchi Hisamori angeblich in der Folge eines langen Gebets, in dem er den Geist des Berges Atago gebeten hatte, ihn zu einem Meister in den Kampfkünsten zu machen, von einem weißhaarigen Bergmönch vermittelt bekam. Dies ereignete sich einhundert Jahre vor dem Eintreffen von Chin Gempin (1587-1670), zu Beginn der Zeit der Feudalkriege im 16. Jahrhundert.

Selbstverständlich hat das chinesische Kempō das japanische Jūjutsu stark beeinflusst. Es war wohl nicht sein Ursprung, aber es nährte und förderte

---

[26] Sein chinesischer Name lautete Chen Yuan-ping. Er lehrte seit 1659 in Japan chinesische Kampftechniken. – Habersetzer, R. u. G.: Enzyklopädie der Kampfkünste des Fernen Ostens. Chemnitz: Palisander Verlag 2019.

[27] Moxibustion: Stimulierung von Akupunkturpunkten durch Hitzeeinwirkung, realisiert durch das Verbrennen kleiner Mengen Kräuter auf oder über Akupunkturpunkten. – Anm. d. Lekt.

seine Entwicklung. Im Jūjutsu werden zum Beispiel *atemi*, das heißt gegen bestimmte Körperteile gerichtete, lebensgefährliche K.-o.-Schläge, nicht eingesetzt und demzufolge auch kaum trainiert. Hingegen sind Würfe und Hebeltechniken sehr wichtig. Vor allem sollte das Jūjutsu den Kampf mit der Waffe unterstützen. Seit dem 12. Jahrhundert, der Kamakura-Zeit, als die Ära der Samurai begann, erlebte Japan eine Blütezeit der Schwerttechniken, so dass waffenlose Techniken nur eine sekundäre Rolle spielten.

Auch vom Karate wird oft behauptet, dass es seinen Ursprung im chinesischen Kempō habe. Wegen der technischen Ähnlichkeiten und der Bezeichnungen für die Kata ist das auch durchaus naheliegend. Aber es existieren darüber keine schriftlichen Aufzeichnungen. Also kann man diese Hypothese auch nicht als bewiesen betrachten. Auf Okinawa gab es seit alter Zeit eine Form des Kempō, die man einfach »Hand« (jpn. *te* bzw. *de*) nannte. Dagegen bezeichnet man das chinesische Kempō als »Chinesische Hand«, *Tōde*.

Seit Mitte des 14. Jahrhunderts war das Königreich Ryūkyū der Ming-Dynastie in China gegenüber tributpflichtig. Die Beziehungen zwischen den Ryūkyū-Inseln und China wurden in der Folge enger als die zwischen Japan und China. Bewohner der Ryūkyū-Inseln, die zu Studienzwecken oder als Gesandte China bereisten, wurden nicht nur durch die chinesische Kultur beeinflusst, sondern brachten auch Kenntnisse über die Kampfkünste in ihre Heimat. Natürlich kamen auch viele Chinesen vom Festland nach Okinawa und vermittelten den Insulanern ihr Wissen. Dabei spielten wahrscheinlich die Leibgarden der chinesischen Beamten, die als Gesandte – oder, um es mit einem modernen Wort auszudrücken, als Botschafter – nach Okinawa reisten, eine wichtige Rolle. In der Geschichte der Ryūkyū-Inseln gab es 23 solcher chinesischer Missionen, denen neben den Gesandten auch Wach- und anderes Begleitpersonal angehörte. Insgesamt waren es ca. 500 Chinesen, die auf diese Weise die Inseln bereisten. Schon wegen der Bedrohung durch Seeräuber mussten die Leibwächter zu der in den Kampfkünsten besonders geschulten militärischen Elite gehören. Während der Begrüßungsfeierlichkeiten für die Gesandtschaften aus China führten Leibwächter offenbar auch chinesische Kempō-Kata, sogenannte *Tao*, vor. Die Kata *Wanshū* und *Kōsōkun* des Shuri-te beispielsweise sollen nach den Leibwächtern benannt sein, durch die sie überliefert wurden.

Es gibt auch die Meinung, die Bezeichnung »Hand« (*te*) für die Ryūkyū-Techniken entspräche dem in Japan üblichen Sammelbegriff von den »18 Kampfkünsten« (*Bugei jū happan*).[28] Denn ebenso wie die Samurai in Japan trainierten auch die Bushi[29] auf den Ryūkyū-Inseln verschiedene spezielle Kampftechniken.

Die Herausbildung des originären okinawanischen Karate erfolgte insbesondere unter dem Einfluss von zwei Perioden des Waffenverbots auf der Insel. Nachdem es Fürst Oho (Shō) Hashi (1372-1439) gelungen war, das Land zu vereinigen, ließ König Oho (Shō) Shin (1465-1526) die lokale Oberschicht entwaffnen und zwang sie zur Ansiedlung in der Burgstadt Shuri. Er verbot das Tragen von Waffen, schuf eine Zentralgewalt und eine allgemeine Rechtsordnung.

Im Jahre 1609, nahezu anderthalb Jahrhunderte nach dem ersten Waffenverbot, eroberte der japanische Shimazu-Klan die Ryūkyū-Inseln. Diese Samurai hatten ihren Hauptsitz im Süden von Kyūshū, in der Region Satsuma. Erneut wurde allen Okinawanern das Tragen und der Besitz von Waffen verboten. Unter diesen Bedingungen musste man sich bei der Entwicklung der *te* genannten Kampftechniken zwangsläufig auf den waffenlosen Kampf orientieren. So entstand unter dem Einfluss des chinesischen Kempō das Ryūkyū-Kempō, die Urform des heutigen Karate.

Wäre auch in Japan der Waffenbesitz verboten gewesen, hätten sich wahrscheinlich hier ebenfalls dem Karate ähnliche Formen des waffenlosen Kampfes entwickelt. Wären andererseits auf den Ryūkyū-Inseln Waffen er-

---

[28] Diese 18 Kampfkünste sind folgende: 1. *Kyū jutsu* – Bogenschießen, 2. *Ba jutsu* – Reiten, 3. *Yari jutsu* – Techniken mit der Lanze, 4. *Ken jutsu* – Schwertkampftechniken, 5. *Suiei jutsu* – Kunst des Schwimmens (Kampfschwimmen), 6. *Battō jutsu* – Kunst des Schwertziehens, 7. *Tantō jutsu* – Kurzschwerttechniken, 8. *Jitte jutsu*, auch *jutte jutsu* – Techniken mit eisernem gabelförmigen Stock (ähnlich einem Sai mit nur einer Gabel) zur Abwehr von Schwertangriffen und als Schlagwaffe, 9. *Shuri ken jutsu* – Techniken mit Wurfsternen, 10. *Fukumi bari jutsu* – Blasrohrtechniken, 11. *Naginata jutsu* – Techniken für die Lanze mit gekrümmter Schwertklinge (japanische Hellebarde), 12. *Hō jutsu* – Feuerwaffen, 13. *Torite jutsu* – Festhaltetechniken, 14. *Jūjutsu* – waffenlose Fall-, Würge-, Hebel- und Schlagtechniken, 15. *Bō jutsu* – Stocktechniken, 16. *Kusarikama jutsu* – Techniken für Sichel mit Kette, 17. *Mojiri jutsu* – Hakenmessertechniken, 18. *Shinobi jutsu* – Tarnen und Verbergen. – Anm. d. Übers.

[29] Bushi: (jpn.) Krieger. – Anm. d. Lekt.

laubt gewesen, hätten sich vermutlich dem japanischen Jūjutsu ähnliche Begleittechniken zum Schwertkampf herausgebildet. So aber entstand auf Okinawa eine einzigartig reine Form des waffenlosen Kampfes, über die mein Vater im Vorwort zu seinem 1934 erschienenen Buch »*Angriffs- und Abwehrtechniken zur Selbstverteidigung im Karate Kempō*«[30] folgendes schrieb:

> *Am Südwestzipfel Japans gibt es eine Inselkette, die sich wie ein Tau (jpn. nawa) durchs offene Meer (jpn. oki) zieht. Deshalb heißt sie auch ›Tau im offenen Meer‹, also Okinawa. Seit alter Zeit sind diese Inseln berühmt als bewaffnetes Land ohne Waffen. Denn seine Waffen sind allein die Karate-Kampftechniken.*

Karate als Grundlage aller Budō-Kampftechniken

Mein Vater pflegte zu sagen: »Karate ist der legitime Erbe der Bujutsu-Kampfkünste«.[31] Ich denke, Karate ist tatsächlich die Grundlage aller Budō-Kampftechniken. Dafür gibt es zwei Gründe. Der erste besteht darin, dass der Kampf mit nichts als den eigenen Händen die primitivste, ursprünglichste Form des Kampfes darstellt. Darüber hinaus ist es gerechtfertigt zu sagen, dass die Waffen vom Stock über Schwert, Pfeil und Bogen und Gewehr, bis hin zur Rakete letztendlich nichts anderes sind als Verlängerungen der Hand.

Hat man keine Waffen oder verzichtet man auf ihren Einsatz, bleibt einem nichts, als mit den leeren Händen zu kämpfen. Wurde ein Samurai von einem Unbewaffneten zum Kampf herausgefordert, legte er ohne zu zögern seine Waffen zur Seite und stellte sich dem waffenlosen Kampf. Die Turniere der Heian- und Kamakura- Zeit begannen immer mit dem Bogenschießen. Danach folgten in kürzer werdenden Abständen Speer- und Schwertwettkämpfe. Wurden die Zweikämpfe zu hitzig, kam das Kommando: »Achtung! Auseinander!« Daraufhin wurden die Waffen abgelegt, und es begann der Kampf mit bloßen Händen.

Um den Kampf mit bloßen Händen zu unterstützen, nutzte man im übrigen grundsätzlich alle gerade verfügbaren geeigneten Dinge. Daraus

---

30 *Kōbō jizai goshinjutsu karate Kempō.*

31 *Karate wa bujutsu no chakuryū nari.*

entwickelten sich die verschiedenen Techniken zum Kampf mit Waffen. Im Unterschied zum Jūjutsu, welches ein technisches System zur Unterstützung von Schwert- und anderen Waffentechniken ist, hat das Karate zu seiner Unterstützung Waffentechniken integriert. So wurden auf den Ryūkyū-Inseln schon in alter Zeit verschiedene Alltagsgegenstände der Bauern und Fischer, unter anderem der Stock (*bō*), der Dreizack (*sai*), der Stock mit seitlichem Griff (*tonfa*) und der mehrgliedrige Stock (*nunchaku*) als Karate-Hilfsmittel eingesetzt.[32]

Der zweite Grund, Karate als Grundlage aller Budō-Kampftechniken zu bezeichnen, besteht darin, dass es im Karate keine verbotenen Schläge gibt. Schließlich besteht das Ziel ja darin, den Gegner tödlich zu verletzen und zwar nicht mit einer Waffe, sondern mit den bloßen Händen. Aus diesem Grund wird der gesamte Körper aufs äußerste für den Kampf vorbereitet, all seine Bestandteile und Funktionen werden dabei einbezogen. Während des Waffenverbots unter der Shimazu-Herrschaft wurde das aus alter Zeit stammende Wissen darüber, wie man ohne Waffen auf Leben und Tod kämpft, genau überliefert. Allerdings wurde das Wissen ausschließlich mündlich weitergegeben. Die Techniken waren in den Kata enthalten. Da man diese für sich allein übte, war es nicht notwendig, irgendwelche Schläge oder Tritte wegen ihrer Gefährlichkeit zu verbieten. Auf diese Weise ist Karate zu einer weltweit einzigartigen Kampfkunst geworden.

Dazu schrieb mein Vater im Jahre 1938 folgendes:

> *Wenn es Leute gibt, die glauben, man müsse, um mit der Zeit zu gehen, die Kata und das* kumite *des Karate in Sport verwandeln, sie unter dem Vorwand der Körperertüchtigung von ihrem Wesen als Bujutsu, als Kampfkunst ablösen, so muss man diesen Leuten sagen, dass sie offenbar nicht erkennen, dass sie damit den ersten Schritt machen zu einem unglaublich schwerwiegenden Fehler, nämlich zur Auflösung der Werte des Karate als Bujutsu, als Kampfkunst. Sicher muss man auch beim Kata- und* kumite-*Training die Bewegungen der Arme und Beine bis ins kleinste streng bewerten und korrigieren, aber vom Standpunkt der Kampfkunst aus gesehen. Physiologisch-rationale*

[32] Die Waffentechniken des okinawanischen Karate werden i. allg. als (okinawanisches) Kobudō bezeichnet. – Anm. d. Lekt.

vorbereitende und unterstützende Übungen, die dazu dienen, die Funktionen des Bewegungsapparates und der inneren Organe zu optimieren, können in das Training einbezogen werden. Man darf aber nicht glauben, man könne den Kampfkunstgehalt des Kata- und des kumite-*Trainings vervollkommnen, indem man beides in Sport oder Vergnügung verwandelt.*

Mein Vater sah damit in gewisser Weise die heutige Form des Karate voraus und warnte vor dieser Entwicklung. Die Verwandlung des Karate in einen Wettkampfsport ist auch eines der großen Themen dieses Buches. Bevor ich mich dazu konkreter äußere, möchte ich noch etwas über die Geschichte des Karate sagen.

1.2 Das Karate von Okinawa

Das ursprüngliche Okinawa-te

Auf Okinawa entwickelten sich drei spezielle Stile des Karate, und zwar in Shuri, Naha und Tomari.[33] Der Begriff Karate wurde in den Jahren 1911/1912 eingeführt, als das »Okinawa-Boxen« bzw. die »Okinawa-Hand« (Okinawa-te) zum Pflichtfach an den japanischen Mittelschulen wurde.

Man schrieb Karate zunächst mit den Zeichen für »Tang-China« (China in der Tang-Zeit) und »Hand«. Wie bereits erwähnt wurde, bezeichnete man die überlieferte heimische Kampfkunst auf Okinawa nur als »Hand« (*te*), das chinesische Kempō wurde hingegen *tō-de* genannt, also »tang-chinesische Hand«. Die lokalen Stile hießen entsprechend Shuri-, Naha- und Tomari-Stil bzw. Shuri-te, Naha-te und Tomari-te. Shuri-te ist die älteste dieser Stilrichtungen. Die aus Shuri stammende Kampfkunst ist die ursprüngliche okinawanische Technik des Kampfes mit der bloßen Hand, ein System von Kampftechniken, das sich, beeinflusst vom chinesischen Kempō, eigenständig entwickelt hat. Unter den alten Karatelehrern auf Okinawa war der stolze Spruch verbreitet: »Die einzig wahre Hand (*te*)

---

[33] Alle drei Orte befinden sich innerhalb des Gebiets der heutigen Hauptstadt Naha. – Anm. d. Übers.

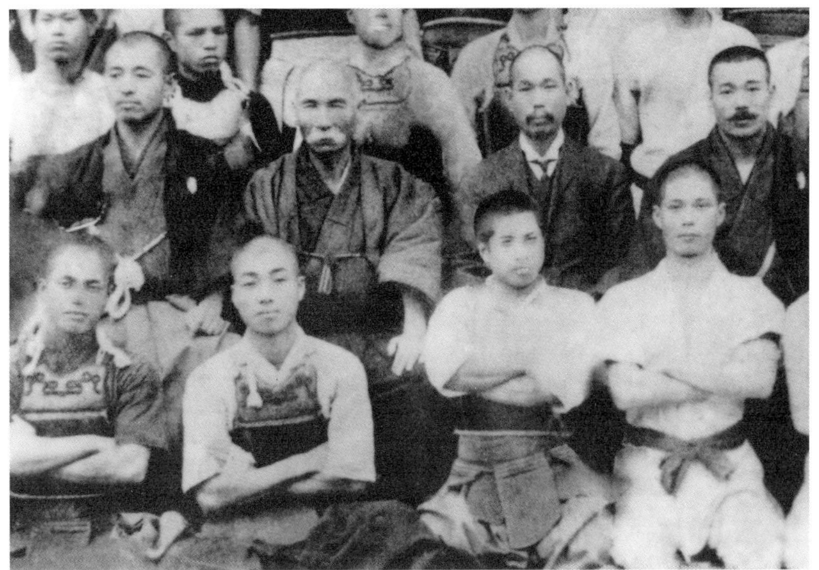

Fotos 1: Itosu Ankō (1831-1915), in der zweiten Reihe der zweite von links (mit weißem Schnurrbart). Dieses erst 2006 im Archiv von Kinjo Hiroshi (geb. 1919, 9. Dan, Präsident der Internationalen Ryūkyū Karatejutsu Forschungsgesellschaft) entdeckte Foto ist das erste bekannt gewordene Foto von Meister Itosu. Es entstand 1909 oder 1910, als Itosu Ankō seinen Unterricht an der Mittelschule der Präfektur Okinawa in Shuri aufgenommen hatte. Auf dem Gruppenbild sind außerdem der Schulleiter und weitere Lehrer sowie Kendō- und Jūdō-Studenten zu sehen.

ist das Shuri-te.«[34] Der jüngste Stil ist das Naha-te. In diesem Stil sind die Formen des chinesischen Kempō am deutlichsten erhalten. Tomari-te liegt sowohl geographisch als auch technisch dazwischen.

Mein Vater erhielt im Alter von 13 Jahren durch Vermittlung eines Bekannten die Erlaubnis, in eine der großen Kampfkunstschulen einzutreten. Der Leiter dieser Schule war Itosu Ankō. Aus dem Kreis der Schüler von Meister Itosu stammen viele der bekannten Persönlichkeiten, die zur Herausbildung des modernen Karate beigetragen haben. Von Itosu wird berichtet, er habe entsprechend seiner allmorgendlichen Tagesplanung jeden Tag mehrere hundert Mal gegen um Holzpflöcke gewickelte feste Strohbündel (*makiwara*), die man auch als Bogenziele verwendet, eingeschlagen. Seine

[34] *Hontō no te wa Shuri-te dake da.*

Fäuste waren so abgehärtet, dass sie schwarzen Steinen geglichen haben sollen. Meister Itosu soll einen sehr muskulösen Körper gehabt haben. Darüber gibt es verschiedene Anekdoten. Schlug man beispielsweise mit einem Rundholz gegen seine dicken Oberarme, dann prallte der Knüttel zurück, ohne dass Itosus Arme auch nur zuckten. Ein dickes Bambusrohr konnte er ohne Mühe mit einer Hand zerquetschen, und er war so stark, dass er sich an den Deckenbalken durch den Raum hangeln konnte.

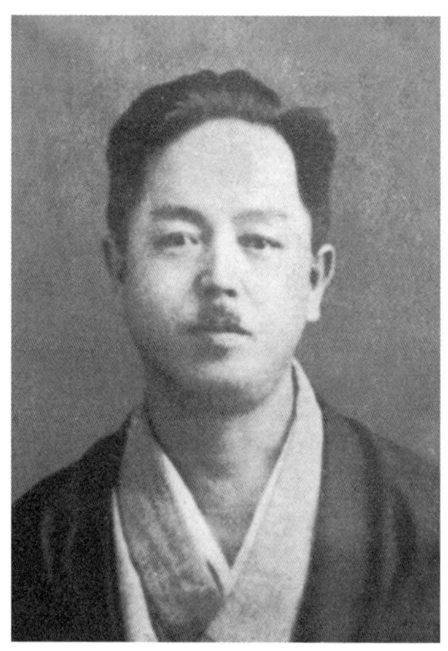

Foto 2: Mabuni Kenwa (1889-1952).

Zu jener Zeit war Karate noch nicht so verbreitet wie heute, und die Trainingsräume (*dōjō*) waren meist recht einfach. Häufig wurde der eigene Garten zum *dōjō*, und es war üblich, im Freien zu trainieren. Als Kind sah ich meinem Vater oft beim Training zu. Im Garten, unter dem Licht einer nackten Glühbirne, schlug er mit freiem Oberkörper auf ein *makiwara* ein. Seine Muskeln stählte er mit Hilfe von Steingewichten.

Meister Itosus *dōjō* stand nicht jedem offen. Nur ein ausgewählter Kreis von Schülern wurde von ihm unterrichtet. Als mein Vater 19 war, erhielt er von Meister Itosu die Erlaubnis, auch bei Higaonna Kanryō (1853-1916), einem Meister des Naha-te, Unterricht zu nehmen. Dieser war als junger Mann in der chinesischen Provinz Fukien gewesen und hatte das dortige Kempō studiert. Nach seiner Heimkehr entwickelte er auf dieser Grundlage den Naha-Stil. Miyagi Chōjun, der spätere Begründer des Gōjū ryū, führte meinen Vater bei Higaonna Kanryō ein. Beide wurden Meisterschüler von Higaonna. Man nannte sie »Drachen und Tiger«, und beide sollte eine lebenslange Freundschaft verbinden.

Außer dem Shuri-te und dem Naha-te studierte mein Vater auch den Tomari-te und andere Techniken des alten Ryūkyū-Budō. Von Meister Aragaki Seichō (1840-1920) lernte er Techniken mit dem *bō*, von Tawa-

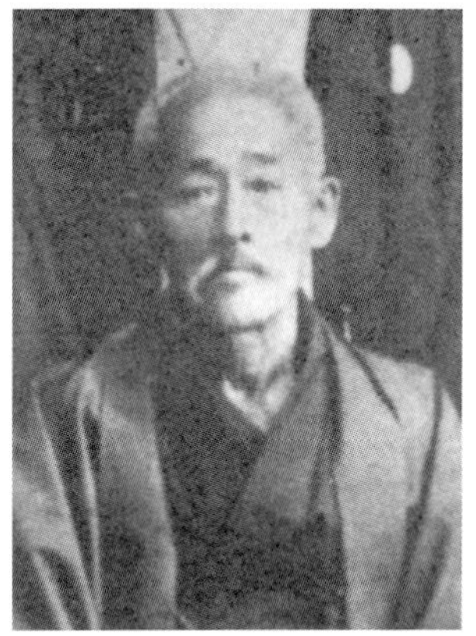

Foto 3

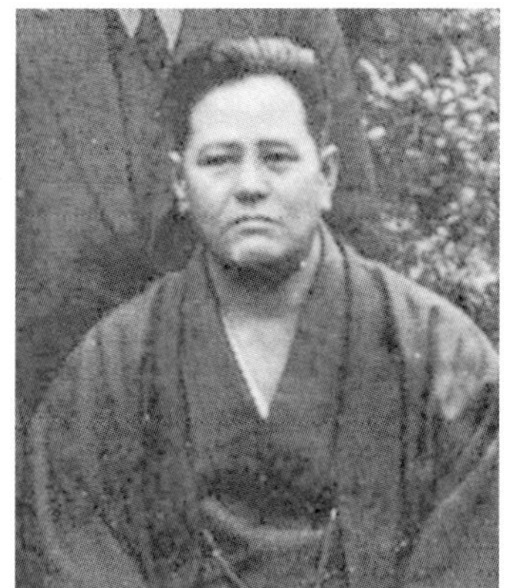

Foto 4

Foto 3: Higaonna (Higashionna) Kanryō (1853-1916). Er war der bedeutendste Vertreter des Naha-te.

Foto 4: Miyagi Chōjun (1888-1953). Schüler und Nachfolger Higaonnas, Gründer des Gōjū ryū.

da Shinkatsu (1851-1920) Messertechniken und von Meister Soeishi Yoshiyuki spezielle Stocktechniken.

Die Kata des Shuri-te

Karate ist eine Selbstverteidigungstechnik, die auf Okinawa seit dem 17. Jahrhundert, dem Anfang der Tokugawa-Ära, entwickelt und geheim überliefert wurde. Es diente dazu, sich mit bloßen Händen gegen mit Schwertern bewaffnete Gegner behaupten zu können. Das war, wie bereits erläutert wurde, vor allem während der Herrschaft der Satsuma-Fürsten wichtig, die den Okinawanern den Besitz von Waffen verboten hatten und jeden Widerstand unterdrückten. Die einzigen Waffen, die im Ryūkyū-Budō verwendet wurden, waren Ackergeräte.

Anders als bei den Schwerttechniken und beim Jūjutsu, welche von der Regierung in Edo und den Fürsten gefördert wurden, gab es zum Karate keine schriftliche Überlieferung. Die Meister des Karate formten die Techniken und Ideen, die auf ihren in gefährlichen Situationen erworbenen Erfahrungen beruhten, zu Kata, das heißt zu bestimmten Bewegungsabläufen, die sich allerdings von den Bewegungsmodellen anderer Kampfkünste unterschieden. Sie ähnelten den »Fausttanz« (*genkotsu odori*) genannten okinawanischen Tänzen. Während man sich den Gegner im Geiste vorstellte, führte man Schläge, Blöcke und Tritte als Abfolge von Angriffs- und Abwehrbewegungen aus. Das diente wahrscheinlich auch dazu, gegenüber den Behörden den wahren Charakter der Übungen zu verschleiern. Diese Kata sind die einzige Überlieferung des okinawanischen Karate. Indem der Schüler die Kata übt, eignet er sich Techniken und Geist des Karate an. Deshalb bedeutete früher die Aussage, dass jemand die »Hand«, *te*, erlernte, nichts anderes, als dass er die Kata übte. Die Kata wurden von den Lehrern entsprechend ihren eigenen Erfahrungen und ihren persönlichen Eigenheiten und Auffassungen arrangiert. Die *Ishimine no Passai* beispielsweise ist besonders für den Kampf mit kleinen Personen geeignet. Also kann man vermuten, dass Meister Ishimine selbst nicht klein war. Allein von der Kata *Passai* gibt es fünf Varianten, benannt nach Itosu, Matsumura, Matsumora, Tomari und Ishimine.

Im Gegensatz zu den großen Meistern Itosu und Higaonna vermittelten die meisten anderen Lehrer ihren Schülern oft nur eine einzige Kata. Unter den heute üblichen Kata des Itosu-Stils sind viele nach den Lehrmeistern oder den Herkunftsorten benannt, so zum Beispiel die Kata *Chatan Yara no Kōsōkun*, *Tomari no Passai*, *Matsumura no Passai* oder *Ishimine no Passai*. Tomari ist ein Ortsname,[35] Matsumura und Ishimine waren Lehrer. *Chatan Yara no Kōsōkun* bedeutet die Kata *Kōsōkun* (*Kushanku*), welche von Meister Yara aus dem Dorf Chatan stammt. Diese neuerdings auch in Wettkämpfen gern vorgetragene Kata ist im übrigen *die* repräsentative Kata des Shuri-te. In der von Yara überlieferten Form ist allerdings auch eine für das Naha-te sehr typische Technik, ein kreisförmiger Block (*mawashi uke*), enthalten. Als Wettkampfkata wurde sie jedoch erheblich umgestaltet. Die authentischen Kata des Shuri-te sind die Kata in der Form, wie Meister Itosu sie überliefert hat.

[35] Tomari ist der Hafen von Naha. – Anm. d. Übers.

Die Jigen-Schwerttechnik und das Shuri-te

In jüngster Zeit gibt es Forschungen, die den Grundtypus der Karate-Kata in den *Tao* des chinesischen Kempō suchen. Sicher ist es möglich, hier Spuren zu finden, aber das Karate ist sowohl geistig als auch technisch etwas grundsätzlich anderes als das chinesische Kempō. Dies soll auf den folgenden Seiten erläutert werden.

Wie bereits erwähnt, entstammen die okinawanischen Techniken des Kampfes mit der bloßen Hand im wesentlichen zwei Hauptströmungen, dem Shuri-te und dem Naha-te. Das Shuri-te wurde als Geheimlehre innerhalb des Adels von Shuri weitergegeben und schließlich durch Matsumura Sōkon (1800-1896), dem unvergleichlichen Meister der Faust, vervollkommnet. Sein Lehrer war Sakugawa Shungo (1733-1815). Dieser war in Shuri als großer Könner auf dem Gebiet der Kampfkünste bekannt. Er hatte das chinesische Kempō, das Tōde, in China studiert und dem Adel in Shuri vermittelt. Deshalb nannte man ihn auch Tōde-Sakugawa. Er hatte sich den nördlichen Stil aus Peking angeeignet, der für manche auch als Urtyp des Shuri-te gilt. Matsumura wurde im Alter von 20 Jahren auf Befehl des Ryūkyū-Hofes nach Satsuma geschickt. Hier studierte er die Jigen-Schwerttechnik und erlangte darin den höchsten Meistergrad, den man als *unyō* (»Flammenwolke«) bezeichnete. Mit 27 Jahren kehrte er auf Okinawa zurück, aber schon bald hatte er Gelegenheit, Meister Sakugawa auf einer Reise mit dem Tributschiff nach China zu begleiten. So konnte er in Peking das nordchinesische Kempō studieren.

Im Jigen ryū gibt es keine obere, mittlere und untere Schwertposition. Es gibt nur eine einzige, *hassō* genannte Stellung. Die Arme werden dabei hochgehoben, als wolle man in den Himmel stechen. Dann schnellt man mit einem bis ins Mark gehenden *kiai*[36] einen Schritt nach vorn oder

[36] *Kiai*: (jpn.) Kampfschrei, der in der entscheidenden Phase einer Technik ausgestoßen wird und der die Einheit von Willen und Handlung zum Ausdruck bringt. Mit dem *kiai* richtet man seine Energie (*ki*) gegen den Gegner. Ein *kiai* kann auch lautlos sein (*kensei*). In der Regel handelt es sich jedoch um einen im Bauch (*hara*) gebildeten Laut. Der *kiai* ist sowohl eine Geisteshaltung (*shin*) als auch eine Technik (*gi*) der Stimme. Er ist die Kunst, all seine physische und mentale Energie mit unerschütterlicher Entschlossenheit auf ein Objekt zu fokussieren. – Habersetzer,: Enzyklopädie der Kampfkünste. Chemnitz: Palisander Verlag 2019.

man geht nach unten und lässt das *tachi*-Schwert heruntersausen.

Die Philosophie der Jigen-Schwerttechnik besteht darin, immer das kommende Geschehen zu beherrschen und die innere Einstellung anzustreben, stets mit dem ersten Schlag zu siegen. Kondō Isamu von der *shinsen gumi*[37] erinnerte sich, dass man nichts mehr fürchtete als diese Technik und dass die Soldaten immer wieder ermahnt wurden, jenem ersten Hieb der Satsuma-Leute auszuweichen. Im Feldzug zum Sturz der Tokugawa-Regierung im Jahre 1868, aber auch während der Samurai-Rebellion von 1877 verschafften sich die Satsuma-Samurai mit diesem gefürchteten ersten Schwerthieb wirkungsvoll Respekt. Die Leichen ihrer Gegner waren für gewöhnlich mit einem »Schärpenhieb« von der Schulter bis zum Bauchnabel durchtrennt. Bei einigen war sogar das Stichblatt des eigenen Schwertes in die Mitte der Stirn gedrückt. Sie hatten ihr Schwert zur Abwehr gehoben, aber die Wucht und die Schnelligkeit des niedersausenden Satsuma-Schwertes weit unterschätzt, so dass das abwehrende Schwert in den eigenen Schädel geschlagen wurde.

Die Jigen-Schwerttechnik zielte auf eine besonders hohe Geschwindigkeit des Schwerteinschlags beim Gegner ab. Über die höchste Vollendung dieser Technik, die »Flammenwolke«, hieß es im »Handbuch über die soldatischen Techniken des Jigen ryū« wie folgt: »Ein Achtel einer Minute ist ein *byō*. Ein Zehntel von einem *byō* ist ein *shi*. Ein Zehntel von einem *shi* ist ein *kotsu*. Ein Zehntel von einem *kotsu* ist ein *kō*. Ein Zehntel von einem *kō* ist ein *rin*. Wenn man bis zu einem *rin* gekommen ist, dann hat man die Flammenwolke (*unyō*) erreicht.«

Von den Meistern des Jigen-Stils hieß es, sie hätten einen Regenwasserschwall, der vom Dach strömt, dreimal durchtrennt, bevor er auf der Erde auftraf. Um die Konzentration zu trainieren, die ein solcher Hochgeschwindigkeits-Schlag erforderte, gab es im Jigen-Stil eine spezielle Trainingsmethode, die man »einen stehenden Baum schlagen« (*tachi ki uchi*) nannte. Partnerübungen wie in anderen Schulen gab es nicht. Man schnitt einfach ein *yusu* genanntes Holz auf die richtige Länge, ergriff es wie ein Schwert und schlug dann mit einem lauten *kiai* diagonal von links nach rechts auf einen großen Holzklotz ein. Angeregt durch diese Methode,

[37] 1863 gegründete Sonderschutztruppe der Tokugawa-Regierung. – Anm. d. Übers.

dachte sich Meister Matsumura die im traditionellen Karate übliche Trainingsmethode des Einschlagens auf mit Stroh umwickeltes Holz (*makiwara zuk*i) aus, wie sie dann beispielsweise durch seinen Schüler Itosu Ankō praktiziert wurde.[38]

Von Meister Nakayama Hiromichi (1869-1958), den man auch den »Musashi (Musashi Bō Benkei oder nur Benkei) der Shōwa-Zeit« oder den »letzten Heiligen des Schwertes« nannte, stammen die folgenden Worte: »Karate macht die bloße Hand zum Schwert. Und das ist mehr als nur eine Metapher. Die Karate-Faust ist ein Schwert.«

In historischen Dramen sieht man die Kämpfer meist munter aufeinander einschlagen. Japaner nennen dies *chanbara*.[39] Aber ein solcher Schlagabtausch ist nur möglich, wenn, wie beim Kendō, zwei mit Kopf- und Körperschutz bekleidete Trainingspartner, immer auf die richtige Distanz achtend, die Schläge aufeinander einprasseln lassen. Im Kampf mit dem wirklichen Schwert entscheidet der Moment des Schwertziehens über Sieg oder Niederlage, und der erste Schlag entscheidet über Leben oder Tod. Einen zweiten gibt es nicht. Auch wenn der erste Schlag nicht mit der Wucht der Jigen-Technik geführt wird, ist er tödlich.

Die Tatsache, dass Meister Matsumura die Jigen-Schwerttechnik, den »Hausstil« der Samurai aus Satsuma, perfekt beherrschte, sollte einen entscheidenden Einfluss auf die Gestaltung des Shuri-te ausüben. Jene Samurai, die Okinawa seit 1609 besetzt hielten, waren es schließlich, die jedem, der auf Okinawa die Kampfkunst mit bloßer Hand lernte, beim Training als Gegner »vorschwebten«. Ohne Zweifel war es Matsumura Sōkon, der Vollender des Shuri-te, der Karate nach dem Grundsatz gestaltete, den Gegner mit dem ersten Schlag oder Tritt zu töten.

Das Shuri-te hat diese Idee des »tödlichen ersten Schlags« uneingeschränkt übernommen. Im chinesischen Kempō dagegen gibt es diese Idee nicht. Hier gilt die Regel »Hände und Beine suchen« (*tanshu tantai*). Der

---

[38] Es gibt aber auch die Theorie, dass das *makiwara* bereits lange vor Matsumura auf Okinawa zu Trainingszwecken eingesetzt wurde, und dass das Trainingsgerät möglicherweise chinesischen Ursprungs sei. – Habersetzer, R. u. G.: Enzyklopädie der Kampfkünste des Fernen Ostens. Chemnitz: Palisander Verlag 2019.

[39] *Chanbara* ist die Abkürzung für *chanchan barabara*, was wörtlich übersetzt peng-peng-klack-klack bedeutet. – Anm. d. Übers.

Kampf beginnt damit, dass die Gegner sich gegenseitig auf ihre technischen Fähigkeiten hin »abtasten«, einander studieren. Man beginnt mit hohen *kamae* (Haltungen), verringert schrittweise die Distanz und geht über zu niedrigen *kamae*, und nach einem Schlagabtausch zieht man sich wieder zurück. Dann nähert man sich einander wieder, und es kommt zu einem erneuten Schlagabtausch. So entwickelt sich ein relativ spektakulärer oder theatralischer Kampf. Das ist aber nur deshalb möglich, weil hier die bloße Hand nicht zum Schwert geworden ist.

Karate hingegen ist eine Kampfkunst, die entwickelt wurde, um sich gegen einen Gegner zu verteidigen, von dem man annehmen musste, dass er, im Jigen-Stil geschult, den ersten Schlag wie eine »Flammenwolke« ausführen konnte. Also wurde es zur lebensentscheidenden Frage, den ersten Schwerthieb des Gegners richtig zu beurteilen und mit der eigenen Faust tödlich treffen zu können. Aus diesen Gründen ist es gerechtfertigt zu sagen, dass die Meister Matsumura und Itosu das Shuri-te unter dem Einfluss der japanischen Schwertkunst, vor allem der Jigen-Schwerttechnik, zur Vollendung gebracht haben.

Mit einer geraden Linie einen Kreis beschreiben

Im chinesischen Kempō ist die Grundlage der Bewegung der Kreis. Auch im Boxen und Kickboxen werden die Schläge und Tritte mit kreisförmigen Bewegungen ausgeführt. Im Karate der Nachkriegszeit sind unter dem starkem Einfluss dieser Techniken die Bewegungen ebenfalls kreisförmig geworden.

Vor einiger Zeit zeigte mir ein Schüler ein Buch von Aragaki Kiyoshi mit dem Titel »Die Essenz des okinawanischen Budō-Karate«. Der Autor hatte zuvor in der Monatszeitschrift *Karatedō* im Rahmen der Artikelserie *Karate sankoku shi* Schriften aus dem Nachlaß meines Vaters herausgegeben. Sein Buch war für mich sehr lehrreich. Er schreibt: »Die Essenz des japanischen Budō liegt darin, mit einer geraden Linie einen Kreis zu beschreiben.« Dieser Satz hat mich sehr bewegt. Was ich mit dem ganzen Körper wahrnehme, hat er sehr treffend in Worte gefasst. Im Iaidō[40] kann man sehr gut erkennen, dass die Arme sich geradlinig nach vorn bewegen, während das

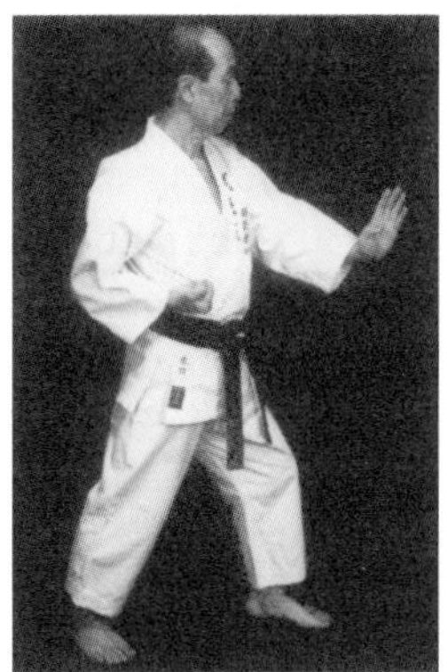
Foto 5

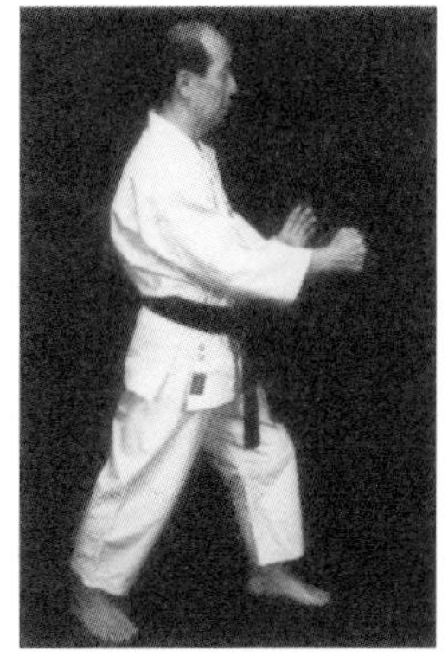
Foto 6

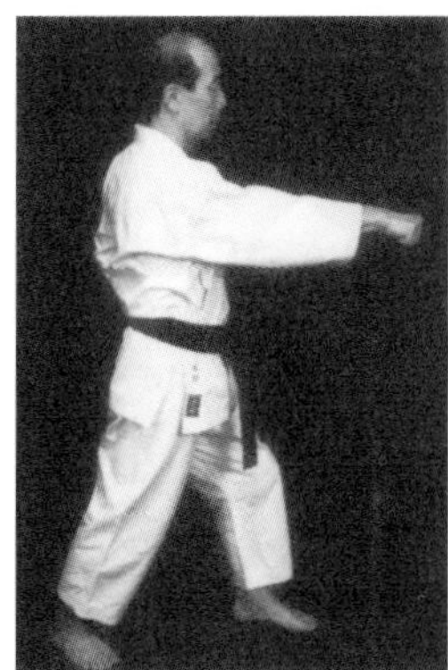
Foto 7

Fotos 5-7: Das Ausführen des Fauststoßes. Die Faust ist neben die Hüfte eingezogen (5). Sie dreht sich aus dieser eingezogenen Position heraus (6), und es erfolgt ein Stoß in gerader Linie (7).

Schwert aus der oberen Position mit einer kreisförmigen Bewegung nach unten schneidet. Eine gerade Linie beschreibt also einen Kreis. Auch die Geschwindigkeit, mit der das Schwert im Jigen ryū als »Flammenwolke« aufschlägt, kann mit einer kreisförmigen Bewegung allein nicht erreicht werden. Nach Meister Aragaki wird die aus der kreisförmigen Bewegung gewonnene maximale Energie mit der geraden Linie über die kürzestmögliche Distanz übertragen. Diese Technik des japanischen Budō repräsentiert das höchste Niveau der Körperbeherrschung.

Nicht das Abhärten der Fäuste, ihre Verwandlung in Waffen, macht den Unterschied zum chinesischen Kempō aus, sondern die Körperbeherrschung im Moment des Stoßens oder Tretens. Alle Techniken schließen den ganzen Körper ein. Betrachten wir die Stoßbewegung der Faust im Karate, so wird anders als beim geraden Schlag im Boxen der Schlag in einer vollständig geraden Linie geführt, indem sich die Faust aus der zurückgezogenen Position (*hikite*) herausdreht (Fotos 5-7). Auch die Tritte

[40] Iaidō ist der »Weg des Schwertziehens«, eine Kampfkunstart, die aus den Kampftechniken des Iai-jutsu hervorgegangen ist und besonders die spirituelle Komponente der klassischen Budō-Künste betont. – Habersetzer, R. u. G.: Enzyklopädie der Kampfkünste des Fernen Ostens. Chemnitz: Palisander Verlag 2019.

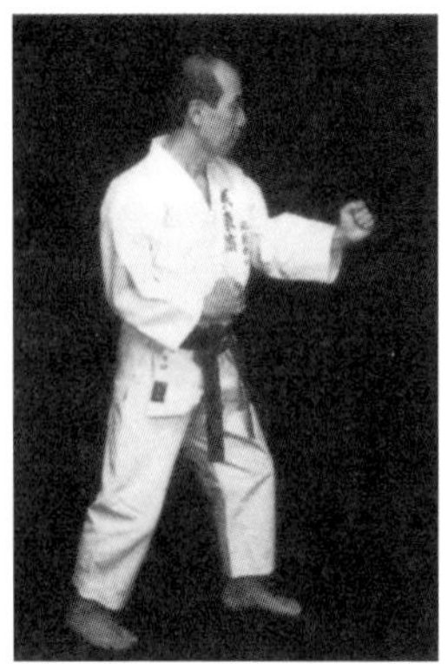

Foto 8

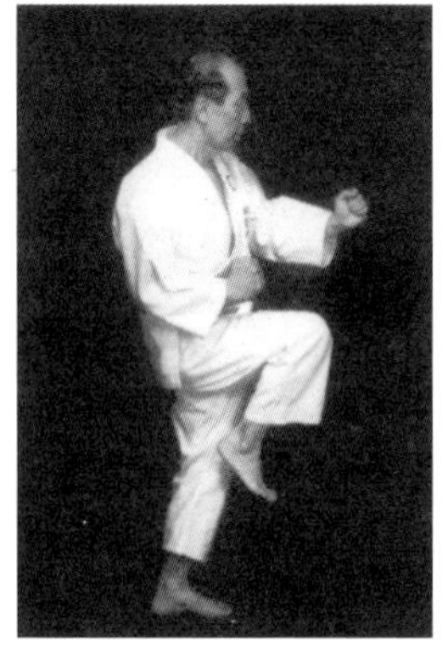

Foto 9

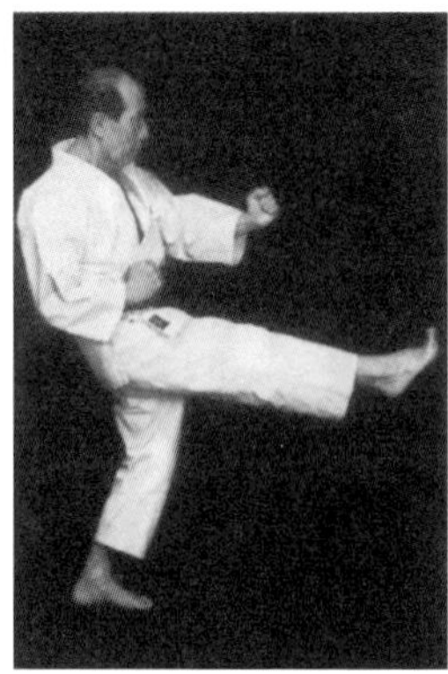

Foto 10

Fotos 8-10: Ausführung eines Fußtritts. Einnehmen der Grundstellung oder Bereitschaftshaltung (*kamae*) (8). Das Bein wird angewinkelt nach oben geschwungen (9). Der Tritt oder Fußstoß erfolgt in gerader Linie (10).

des Karate beschreiben im Gegensatz zum chinesischen Kempō oder zum Kickboxen keine großen Kreise. Der Tritt geht gerade ins Ziel. Dazu wird das Bein nach innen eingewinkelt nach oben geschwungen und auf diese Weise Energie aus der Kreisbewegung gewonnen. Dann wird ein geradliniger Stoß mit dem Fuß ausgeführt (siehe Fotos 8-10).

In den traditionellen Karate-Kata gibt es keine Halbkreisfußtritte (*mawashi geri*). Es gibt auch keine Tritte in der oberen Ebene (*jōdan geri).* Allerdings gibt es Sprungtritte *(tobi geri)*, die jedoch nur als finale Fall- oder Selbstopferungstechnik (*sutemi*) zum Einsatz kommen. Tritte, die eine große Ellipse beschreiben, beeinträchtigen die Stabilität und legen die eigenen Schwachstellen bloß. Zudem sind sie für den Kampf mit einem Schwert-Gegner nicht schnell genug, und sie sind nicht für einen tödlichen ersten Tritt geeignet. Außerdem kann man Tritte häufig nicht wirksam gegen einen physisch stärkeren Gegner einsetzen.

Es gibt eine für das japanische Budō spezielle Übung, die man »Fallender Baum« (*tōboku hō*) oder »zu Boden fallen« (*tōchi hō*) nennt. In dem oben erwähnten Buch »Die Essenz des okinawanischen Budō-Karate« von Meister Aragaki ist ein Foto abgebildet, das mich als Kind bei einer solchen Übung zeigt. Es stammt aus dem Buch meines Vaters von 1938 »*Einführung in die Angriffs- und Abwehrtechniken im Karate*«. Es zeigt, wie

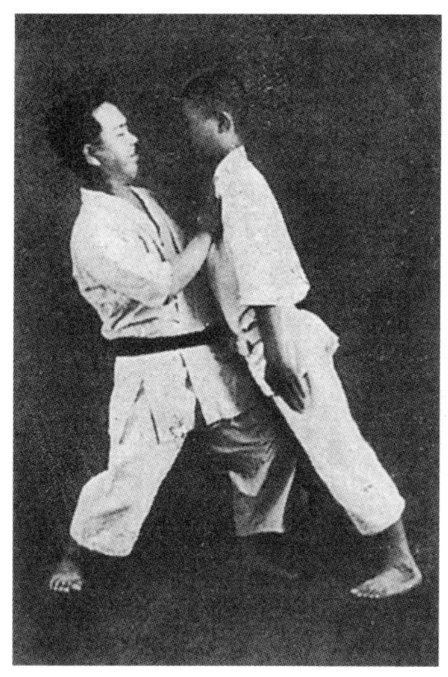

Foto 11

Foto 11: Mabuni Kenwa und sein Sohn Kenei bei der Übung des »Fallenden Baumes« (*tōboku hō*).

mein Vater mich stützt bzw. auffängt. Bei dieser Übung gewinnt der Körper seine Geschwindigkeit gleich einem fallenden Baum. Man bringt der Schwerkraft dabei keinerlei Widerstand entgegen. Dieses dem japanischen Budō eigentümliche Prinzip bezeichnet Aragaki als Gipfel menschlicher Körperbeherrschung. Mir persönlich gefällt die Formulierung, unter der die Technik im Itosu-Stil bekannt ist, am besten, auch wenn sie vielleicht nicht sehr wissenschaftlich ist. Man nennt sie hier »Kraft von der Erde leihen«.

Alle Anfänger im Itosu ryū beginnen ihre Studien mit den Kata des Shuri-te. Die Technik »Kraft von der Erde leihen« gehört zu den Übungen des ursprünglichen *Okinawa-te*, also zu den Grundlagen des Shuri-te. Der natürliche Fall wird durch die Kraft der Erde bewirkt. Ob man stößt oder tritt, immer wirkt diese Kraft, und man kann sie sich dabei zunutze machen. In allen Kata des Shuri-te wird das Prinzip des fallenden Baumes angewendet. Ob dieses Prinzip auch im heutigen Karate genutzt wird, ist eine Frage, zu der ich mich an anderer Stelle äußern möchte, wenn es um die Entwicklung des Karate zum Wettkampfsport geht.

Die Entwicklung des Naha-te

Das Naha-te soll seinen Ursprung im Dorf Kume haben. Kume wurde von Chinesen gegründet, die 1393, während der Ming-Dynastie, aus der chinesischen Provinz Fukien auf die Ryūkyū-Inseln gekommen waren.[41] Unter ihren Nachkommen waren viele im Handel mit China tätig. Sie brachten Kempō-Kenntnisse aus ihrer chinesischen Heimat mit, die sie offenbar auch den Adligen von Kume vermittelten. Wahrscheinlich handelte es sich aber schon nicht mehr um reines chinesisches Kempō, sondern um eine vom Shuri-te beeinflusste und den auf Ryūkyū herrschenden Verhältnissen angepasste Kampfkunst. Aragaki Seishō (1840-1920) aus Kume, der den Namen »Aragaki, die Katze« erhalten hatte, war ein großer Meister der Kampfkünste. Sowohl mein Vater, als auch Funakoshi Gichin und Miyagi Chōjun hatten bei ihm Unterricht. Er praktizierte nicht nur Karate, sondern auch *bō*-Techniken.

Higaonna Kanryō (1853-1916) hat ebenfalls bei Meister Aragaki Karate gelernt. Higaonna stammte aus einer Familie von Feuerholzhändlern aus Naha. Er muss sich durch besonderes Talent zum Kämpfen ausgezeichnet haben, da Aragaki ihn trotz seiner einfachen Herkunft Kempō lehrte, das eigentlich den Adligen aus Kume vorbehalten war. Er begab sich danach für 15 Jahre nach Fukien, studierte das dortige Kempō und entwickelte nach seiner Rückkehr das Naha-te. Deshalb ist das Naha-te jünger als das Shuri-te und der chinesische Einfluss noch stärker. Mein Vater sagte über das Karate von Higaonna: »Meister Higaonna war in China und hat dort das Fukien-Kempō studiert. Sein Unterricht ist anders als der heute sonst allgemein übliche.«

Während für das Shuri-te der Kampf auf Distanz charakteristisch ist, da man von einem Gegner mit Schwert ausgeht, ist das auf dem südchinesischen Kempō beruhende Naha-te auf den Nahkampf orientiert.

Es gibt keine Stöße und Tritte wie im Distanzkampf. Natürlich ist auch das Naha-te nicht reines chinesisches Kempō, sondern vom Shuri-te beeinflusst und weitgehend an die Bedingungen Okinawas angepasst, aber

---

[41] Kume, auch Kumemura genannt. Ein Dorf in der Umgebung von Naha. Hier hielten sich auch die chinesischen Gesandtschaften auf. – Anm. d. Übers.

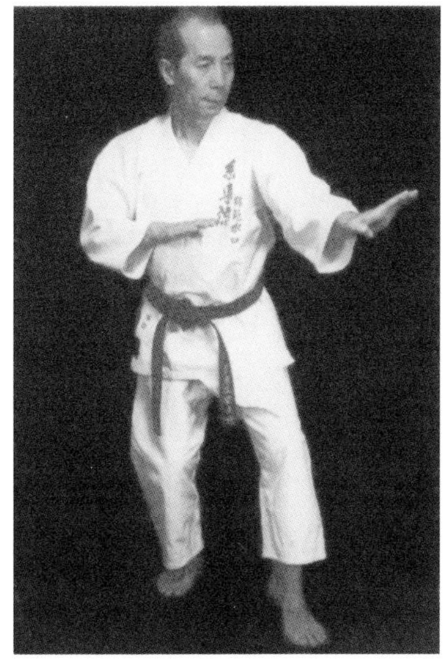

Foto 12

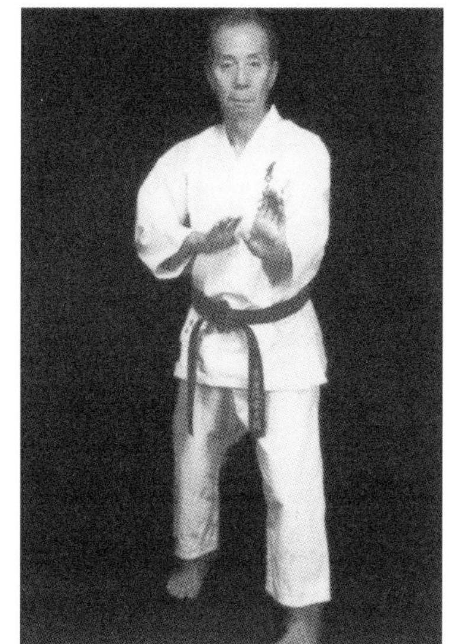

Foto 13

Fotos 12 und 13: Die hängende, auf- oder angelegte Hand (*kake-te*). Foto 12 zeigt die Technik des *kake-te*, wie sie im Shuri-te eingesetzt wurde, und Foto 13 zeigt dieselbe Technik bei ihrem Einsatz im Naha-te. – Siehe folgende Seite.

seine Besonderheit sind die im chinesischen Kempō »Explosivkraft« *(hakkei)* oder »Kraft des Moments« (*sunkei)* genannten Techniken. Im Naha-te werden sie zuerst anhand der Basis-Kata *Sanchin* (»drei Phasen«) und *Tenshō* (»Handfläche drehen«) trainiert.

Im Naha-te gibt es eine Übung, die im Shuri-te nicht existiert. Bei dieser kontrahiert man mit einer besonderen Atemtechnik die gesamte Muskulatur des Körpers. Anfänger üben, indem sie langsam ein- und langsam ausatmen, dabei langsam die Faust in die Hüfte ziehen (*hikite*) und langsam nach vorn den Stoß ausführen. In Kampfsituationen erfolgen Stöße und Blöcke natürlich schneller.

Der oben genannte Ausdruck »Kraft des Augenblicks« (*sunkei*), das heißt explosive Kraft, bezeichnet die Harmonie von Atmung und Aktion, um die inneren Energien zu akkumulieren, die gesamte Körpermuskulatur in einem Augenblick zu kontrahieren und dann explosionsartig loszulassen. Gewöhnlich spricht man dabei von *ki* oder *omoi*.

Foto 14: Analyse des *kake te* im Shuri-te: Die Hand blockt und greift.

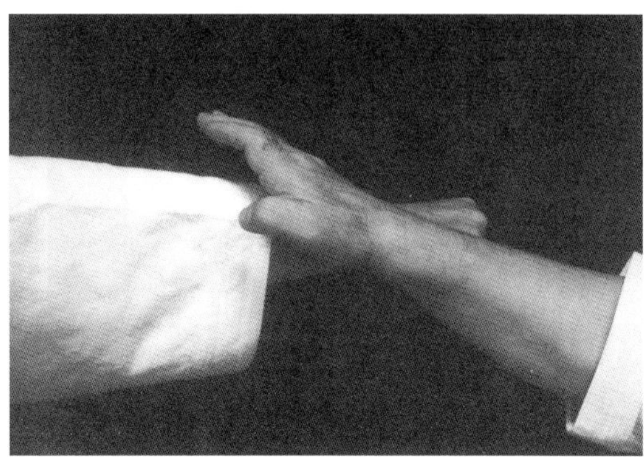

Foto 14

In den modernen Kata lassen sich die Unterschiede zwischen dem Shuri-te und dem Naha-te kaum noch erkennen. Die ursprünglichen Stile unterscheiden sich aber deutlich voneinander. Das betrifft nicht nur die Prinzipien der Stöße und Tritte, sondern auch die konkreten Techniken. Als Beispiel soll hier die Blocktechnik der aufgelegten Hand, *kake-te*, dienen (siehe Fotos 12-15). Diese Technik existiert sowohl im Shuri-te als auch im Naha-te, aber die Anwendung unterscheidet sich. Im Shuri-te als Distanzkampf wird der vorstoßende Arm des Gegners auf Distanz abgefangen, und das Auflegen erfolgt mit einer greifenden und ziehenden Bewegung (Fotos 12 und 14). Im nahkampforientierten Naha-te dagegen ist die Distanz zum Gegner reduziert, und sein Angriff wird mit der hochgestellten Hand abgelenkt (Fotos 13 und 15).

Der Ursprung des Tomari-te

Das früheste Tomari-te wurde nach der mündlichen Überlieferung »von einem Pilger, den man Anan[42] nannte, von der chinesischen Provinz Shandong auf die Ryūkyū-Inseln gebracht«. Mehr weiß man darüber nicht.

[42] Manchen Quellen zufolge soll Anan identisch mit Meister Shionja sein und aus Fuzhou in der chin. Provinz Fujian (Fukien) stammen. Shionja gilt auch als direkter Lehrer Matsumoras. – Habersetzer: Enzyklopädie der Kampfkünste. Chemnitz: Palisander Verlag 2019.

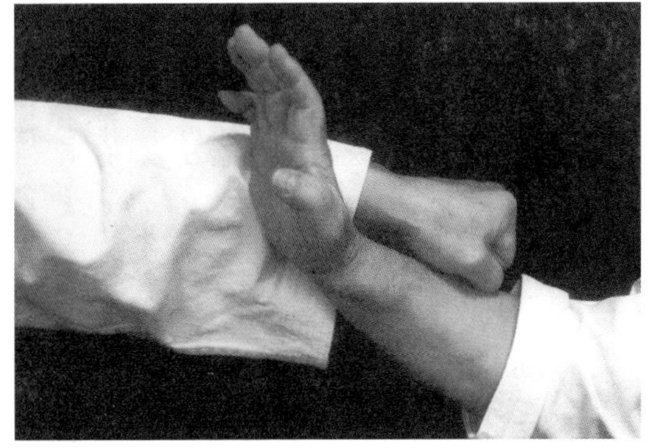

Foto 15

Foto 15: Analyse des *kake te* im Naha-te: Die Hand blockt und leitet den Angriff ab.

Als Ahnherr des neuzeitlichen Tomari-te gilt Matsumora Kōsaku (1829-1898). Er soll unter den Lehrern Teruya Kise (1804-1868) und Uku Karyū (1800-1850) gelernt haben, die ihrerseits Schüler des oben genannten Anan waren. Im Itosu-Karate gibt es viele Kata aus dem Tomari-te, die nach Matsumora benannt sind. Mehrheitlich sind diese dem Shuri-te nahe, gelegentlich aber auch dem Naha-te.

Shitō-Karate als Erbe des Okinawa-te

Das moderne Karate auf den japanischen Hauptinseln umfasst vier große Strömungen: Shōtōkan ryū, Gōjū ryū, Wadō ryū und Shitō ryū. Der Shōtōkan-Stil beinhaltet einen Teil des Shuri-te. Der Gōjū-Stil beruht ausschließlich auf dem Naha-te. Der Wadō-Stil enthält darüber hinaus auch einen Teil des Shuri-te, allerdings als Jūjutsu arrangiert. Die einzige Richtung, die alle Stile des Okinawa-te enthält, ist das Shitō-Karate.

Auf Okinawa gibt es heute hingegen drei Hauptströmungen: Shōrin ryū, hervorgegangen aus dem Shuri-te, Gōjū ryū, entstanden auf Grundlage des Naha-te, und Uechi ryū, ein Stil, der das südchinesische Kempō repräsentiert. In letzterem sind die Grundmuster des chinesischen Kempō noch stärker präsent als im Naha-te. Meister Uechi Kanbun (1877-1948) entwickelte den nach ihm benannten Stil nach seiner Heimkehr von einem Studienaufenthalt in der Provinz Fukien. Meister Uechi ging Anfang der

1920er Jahre auf die Hauptinseln und eröffnete in der Präfektur Wakayama einen Verein, in dem sein Stil trainiert wurde. Als mein Vater ebenfalls auf die Hauptinseln und in dieselbe Präfektur zog, kam es zu einem regen Austausch mit Uechi Kanbun, dem er freundschaftlich verbunden war. So wurden auch einige der Kata des Uechi-Stils in das Repertoire des Shitō ryū aufgenommen. Auf der Grundlage von Techniken, die Uechi Kanbun meinem Vater in Wakayama zeigte, entwickelte dieser die Kata *Shimpā*. Da diese Kata unvollständig geblieben war, habe ich sie nach dem Tod meines Vaters vervollständigt.

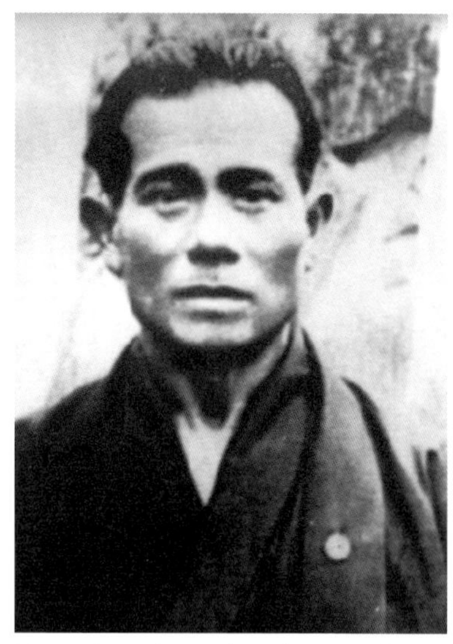

Foto 16: Uechi Kanbun (1877-1948).

Uechi Kanbuns Sohn und Nachfolger, Meister Uechi Kanei (1911-1991), wohnte in Ōsaka, in der Nähe des Bezirks Nishinari. Ich erinnere mich, dass ich kurz nach meiner Ankunft in Ōsaka einen Okinawa-Heimatverein in Nishinari besuchte, in dessen Räumlichkeiten regelmäßig unter seiner Leitung trainiert wurde.

2 Shitō-Karate – die Lehren des Mabuni Kenwa

2.1 »Gefangen« in der Welt des Budō

Das Streben nach einem gesunden Körper

Vor einiger Zeit weilte ich als Trainingsleiter in Indien. Eines Tages kam einer meiner dortigen Studenten zu mir und berichtete voller Freude, sein Sohn, der schon seit dem sechsten Lebensjahr trainiere, habe nun den schwarzen Gürtel bekommen. Ich freute mich auch darüber und wir kamen ins Gespräch. Dabei fragte er mich, wann ich denn mit dem Karate begonnen hätte. Ich antwortete lachend, ich hätte wohl schon im Mutterleib treten geübt. Und das war genaugenommen mehr als nur ein Scherz. Denn dort, wo ich im Mutterleib war, war auch immer mein Vater irgendwo in unmittelbarer Nähe und trainierte mit wilder Energie sein Karate. Das hat mich wohl schon vor der Geburt erzogen. Ich wurde buchstäblich in eine Karate-Welt hineingeboren und wuchs in ihr auf. Nachdem mein Vater im Jahre 1952 mit nur 63 Jahren verstorben war, trainierte ich vier Stunden täglich ohne Unterbrechung, und auch heute ist Karate eigentlich alles, woran ich denken und worüber ich nachdenken kann.

Mein Vater wurde 1889 in der Stadt Shuri in der Präfektur Okinawa geboren. Einer seiner Vorfahren war Ōshiro Kenyū, ein Feudalherr (*daimyō*) im alten Ryūkyū-Königreich, der wegen seiner Tapferkeit berühmt war und »Ōshiro der Dämon« genannt wurde. Er gehörte zum Sippenverband der *Ka* (*Ka Uji*). Auf Okinawa hat jeder ein Zeichen in seinem Namen, das die Sippenzugehörigkeit signalisiert. Für die Mitglieder der *Ka*-Sippe ist es das Zeichen mit der Bedeutung »klug« und der Lesung »*ken*«. Die Familie Mabuni ist die Hauptfamilie des Verbandes, dessen legitimer Erbe in der 18. Generation ich bin. Da ich als Familienvorstand in Ōsaka lebe, haben die Familien der *Ka*-Sippe einen Verein gebildet, der sich um die Pflege des Sippenschreins kümmert.

Mein Vater war in seiner Kindheit extrem schwach. Die Familie machte sich deshalb große Sorgen. Bei jeder Gelegenheit erzählten sie ihm deshalb die Geschichten von seinem tapferen Vorfahren. Offenbar haben diese Erzählungen meinen Vater damals sehr beeindruckt, denn schon als kleines

Kind soll er den Entschluss gefasst haben, nach einem gesunden und starken Körper zu streben.

Ein Leben frei von Habsucht

Nach Abschluss der Mittelschule absolvierte mein Vater seinen Wehrdienst. Danach wurde er Polizist. Aber mehr als jeder andere engagierte er sich für sein geliebtes Karate-Training. Oft erzählte mein Vater, wie sehr ihm das Karate bei der Arbeit, bei der Festnahme von Verbrechern oder in anderen Situationen geholfen habe.

Um von seinem Karatelehrer angenommen zu werden, musste er einflussreiche Bürgen vorweisen und nach mehrfacher Prüfung seines Entschlusses vor dem buddhistischen Altar Räucherstäbchen entzünden, lange starr davor sitzen und einen Schwur leisten, seine Fähigkeiten in den Kampfkünsten nie zu missbrauchen. Damals konnte man noch nicht frei seinen Lehrer wählen und einfach in einen Karateverein eintreten. Man könnte sagen, dass zu jener Zeit gewissermaßen das Karate sich die Leute aussuchte, von denen es studiert werden wollte.

Da mein Vater als Polizist viel herumkam, boten sich ihm auch häufig Gelegenheiten, andere Arten des Budō kennenzulernen. So konnte er von Experten, die irgendwo in den Dörfern lebten, nicht nur Shuri-te oder Naha-te, sondern auch andere, lokale Karatearten und alte Kata lernen.

Mein Vater war ein charaktervoller Mann. Er war großzügig, kam gut mit den Leuten zurecht und war allgemein beliebt. Er war ohne Habgier und selbstlos. Oft half er Leuten, die in Schwierigkeiten waren, und hin und wieder geriet er deshalb später selbst in Not. Seine Großzügigkeit scheint er von seinem eigenen Vater geerbt zu haben. Nach der Abschaffung der feudalen Domänen und der Einführung der Präfekturverwaltung zu Beginn der Meiji-Ära, Anfang der 70er Jahre des 19. Jahrhunderts, wurde die Familie Mabuni in ihrem Adelsstand in der neuen Ordnung bestätigt. Mein Großvater erhielt von der Regierung eine finanzielle Entschädigung, mit der er ein Süßwarengeschäft gründete. Aber dieser Laden ging bald bankrott, weil, wie man scherzhaft sagte, mein Großvater die Süßigkeiten allzu großherzig an all seine Freunde verschenkt hatte.

Mein Vater hatte keine besonderen Talente. Auch mochte er weder das Go- noch das Schachspiel, und er interessierte sich nicht für Wetten. Seit seinen mittleren Lebensjahren trank er keinen Alkohol mehr. Aber er mochte Zigaretten. Seine Lieblingsmarke war Golden Bat.[43] Da kurz nach dem Krieg alles rationiert war, waren auch Genussmittel knapp, und man bekam natürlich kaum Zigaretten. Wenn mein Vater gelegentlich welche bekam, teilte er sie mit seinen Schülern und reichte seine Schachtel herum, selbst wenn für ihn am Ende keine mehr übrig blieb. Auf Geld und Dinge war mein Vater wirklich nicht begierig.

Das einzige wonach er gierig war, war Budō. Wahrscheinlich trieb ihn auch die unbewusste Sorge, dass unter dem Ansturm der Wellen der Modernisierung auch das Okinawa-te verschwinden könnte. Überall auf Okinawa studierte er die überlieferten Techniken. Mittlerweile gibt es viele Persönlichkeiten, die den Beitrag meines Vaters zur Bewahrung des traditionellen okinawanischen Kulturgutes anerkennen und hochschätzen. Es ist sehr bedauerlich, dass heute bereits 70 Prozent der Kata, die mein Vater studiert hatte, sogar auf Okinawa verlorengegangen sind.

Kanō Jigorōs Lob

Die Leidenschaft meines Vaters für das Karate ließ nicht einen Tag nach. 1918, im Jahre meiner Geburt, gründete er in seiner Wohnung eine »Karate-Studiengesellschaft«. Mein Vater war damals 29. Den ganzen Tag lang herrschte in unserem Haus ein Kommen und Gehen von Leuten, die etwas mit Karate zu tun hatten. Schon als kleines Kind, seit ich einigermaßen verstehen konnte, worum es ging, saß ich immer an der Seite und sah dem Unterricht meines Vaters zu. Ich erinnere mich noch gut daran,

[43] Die Zigarettenmarke Golden Bat (»Goldende Fledermaus«) kam am 1. September 1906, unmittelbar nach Gründung des japanischen Tabakmonopols, auf den Markt, und es gibt sie noch heute. Sie wurde aus Blattbruch und Tabak von vielen kleinen heimischen Erzeugern hergestellt und galt als absolute Billigzigarette. – Anm. d. Übers.

dass mich oft Besucher Kata nachahmen ließen und ich als Belohnung von ihnen Süßigkeiten bekam. Wenn mein Vater an Schulen unterrichtete oder zu Budō-Vorführungen ging, nahm er mich meistens mit. Wie der »Novize vor dem Tempeltor« die heiligen Bücher kennenlernt, ohne sie studiert zu haben, so lernte ich Karate, ohne es zu trainieren.

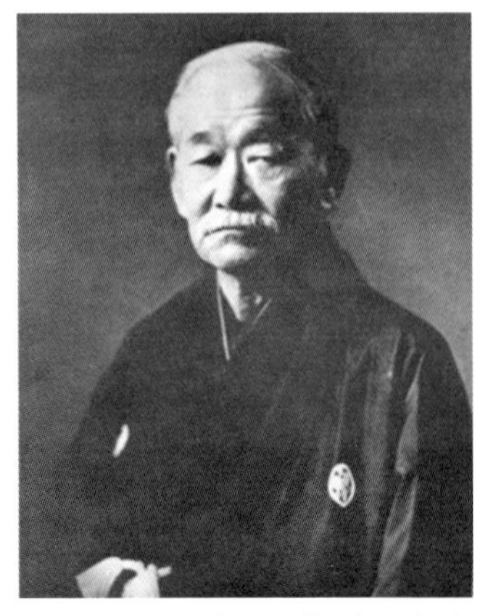

Foto 17: Kanō Jigorō (1860-1938).

Mein Vater schied schließlich aus dem Polizeidienst aus und wurde 1924 Karate-Lehrer an der Fischereischule von Okinawa, am Lehrerseminar und an der Polizeischule. Im darauffolgenden Jahr gründete er den »Okinawa Karate Studienclub«, und er eröffnete sein erstes *dōjō* und begann mit der Ausbildung von eigenen Schülern. Das *dōjō* lag gleich hinter unserem Haus und war aufs beste mit allen für Okinawa typischen Trainings-Gerätschaften ausgestattet. Außer meinem Vater unterrichteten hier unter anderem Miyagi Chōjun, Kyoda Jūhatsu, Motobu Chōyū, Hanashiro Chōmo, Ōshiro Chōjo, Chibana Chōshin und Go Kenki, der ein Meister des chinesischen Kempō war. Hier war wirklich die Elite des modernen Karate versammelt.

Im Jahre 1921 besuchten die Prinzen Kuninomiya und Kachōnomiya Okinawa und im Jahre 1925 Prinz Chichibunomiya. Sie gaben meinem Vater und seinen Kollegen die Ehre, sich deren Karatevorführungen anzusehen. Eines Tages im Jahre 1927, mein Vater und andere Lehrer waren gerade dabei, den Trainingsplan zu besprechen, erschien Kanō Jigorō (1860-1938), der Begründer des Jūdō, um zur Eröffnungsfeier des »Vereins der okinawanischen Jūdō-Danträger« einzuladen. Bei dieser Gelegenheit führten Miyagi Chōjun und mein Vater Karate vor und gaben einige Erläuterungen dazu. Meister Kanō war davon sehr beeindruckt und sagte: »Eine universale Kampfkunst, geeignet für Angriff und Verteidigung. Ein so ideales Budō muss im ganzen Land verbreitet werden.«

Funakoshi Gichin lernte Kata von meinem Vater

Bereits fünf Jahre zuvor, 1922, hatte Kanō während des Besuchs der in Tokio vom Kultusministerium veranstalteten »1. Ausstellung über die Ausbildung in den alten Kampfkünsten« eine Karatevorführung gesehen und hegte seitdem ein sehr starkes Interesse für Karate. Diese Vorführung hatte Meister Funakoshi Gichin (1869-1957) gemacht, der später als der »Vater des modernen Karate« bezeichnet wurde und dessen Kampfkunst damals auf den japanischen Hauptinseln als repräsentativ für das okinawanische Karate galt. Er blieb später in Tokio und begann, an der Verbreitung des Karate zu wirken. Dies geschah in einem Umfeld, das durch starke Vorbehalte geprägt war. Außerdem musste Funakoshi damals in sehr ärmlichen Verhältnissen leben. Was ihn trotz aller Widrigkeiten in Tokio hielt, war Meister Kanō. Dieser herausragende Kampfkunstexperte besaß den Weitblick und das Gespür dafür, dass im Karate das Potential steckte, über seine lokale Bedeutung als Okinawa-Budō hinauszuwachsen und zu einer allgemeinen Kampfkunst zu werden.

Nachdem nun fünf Jahre später Meister Kanō durch die Vorführungen Meister Miyagis und meines Vaters auf Okinawa, im Zentrum der Kultur des Karate mit dessen Hauptströmung in Berührung gekommen war, war er natürlich noch tiefer beeindruckt. Das lag nicht zuletzt daran, dass Meister Funakoshi zu jener Zeit nur einige der Kata des Shuri-te gekannt hatte.

Um seine Kenntnisse zu erweitern, entsandte Funakoshi Gichin seinen Sohn Gigō[44] nach Okinawa zu meinem Vater, damit er weitere Kata bei diesem erlernte. Meister Funakoshi Gigō war Karatelehrer an den Universitäten Takushoku und Waseda. Mein Vater hatte zwar schon einen bedeutenden Namen in der Welt des Budō, war aber um die 20 Jahre jünger als Meister Funakoshi. Deshalb fühlte er sich offenbar sehr geehrt und dankbar, dass dieser – über seinen Sohn – von ihm Unterricht ange-

[44] Funakoshi Gigō (1906-1945), auch Funakoshi Yoshitaka genannt, spielte eine entscheidende Rolle bei der Herausbildung des modernen Shōtōkan-Karate. Siehe auch Habersetzer, R.: Koshiki Kata – Die klassischen Kata des Karatedō. 5. Aufl. Chemnitz: Palisander Verlag 2020, S. 115 f. – Anm. d. Lekt.

nommen hatte. Später war er auch immer sehr streng gegen Schüler, die an den Kata des Shōtōkan-Stils von Meister Funakoshi herumkritisierten. Über den Besuch von Meister Funakoshi Gigō hat mein Vater mir nie etwas erzählt. Erst nach seinem Tode erfuhr ich davon aus dem Munde meiner Mutter.

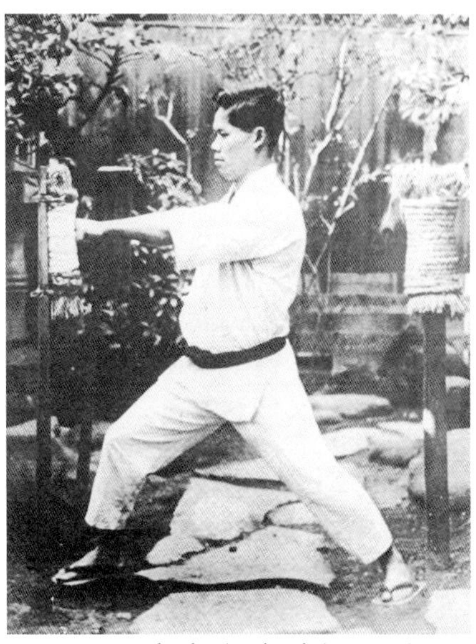

Foto 18: Funakoshi (Yoshitaka) Gigō (1906-1945) beim Training am *makiwara*.

Auf Drängen von Meister Kanō trat mein Vater von seinen verschiedenen Lehrämtern zurück und reiste allein auf die japanischen Hauptinseln. Das war im Jahre 1929, und er war zu jener Zeit 41 Jahre alt. Nachdem er eine Zeitlang bei Landsleuten in der Präfektur Wakayama gewohnt hatte, ließ er sich im südwestlichen Stadtteil Nishinari von Ōsaka nieder. Dass er Ōsaka und nicht Tokio wählte, hing sicher mit seinem Respekt und seiner Rücksichtnahme gegenüber seinem Landsmann und älteren Kollegen, Meister Funakoshi, zusammen, der das Karate in der Kantō-Region zu verbreiten suchte. In Ōsaka verstand man damals noch gar nichts vom Karate. Wenn die Leute Katavorführungen sahen, dachten sie, das seien irgendwelche »Kampftänze«. Erst als man anfing, Ziegel und Bretterstapel zu zertrümmern, verstanden die Leute, welche Kraft in den Karate-Fäusten steckte. Eine der damals üblichen Vorführungen war auch das Zerschlagen von Bierflaschen. Das konnte man zwar nicht den Assistenten überlassen und man brauchte etwas Geschick, aber es war eine relativ leichte Übung. Man durfte die Flasche nur nicht zu sehr fixieren. Wenn man sie halb mit Wasser füllte, flog der Flaschenhals in dem Moment effektvoll ab, in welchem die Handkante auftraf.

In der Öffentlichkeit gab es damals viele kritische Äußerungen zum Karate, denn man befürchtete, dass Leute, die Karate trainierten, ihre Fä-

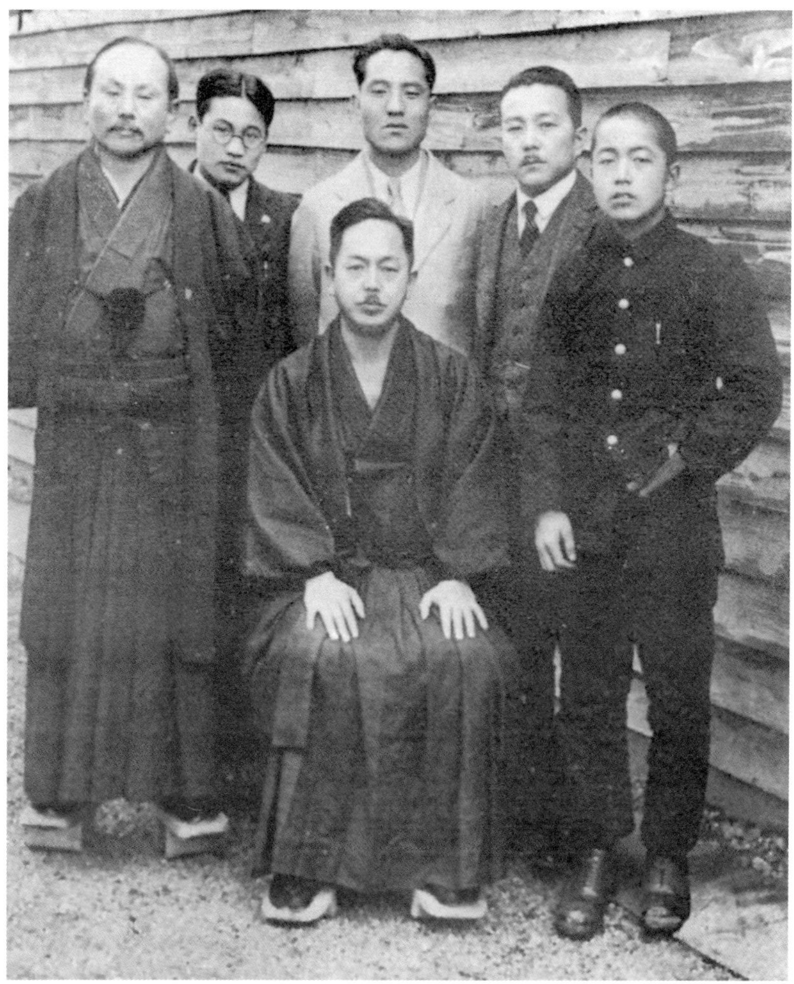

Foto 19: Sitzend in der Mitte Mabuni Kenwa. Stehend von links nach rechts: Funakoshi Gichin (1869-1957), Nakasone Genwa (1895-1978) Koautor des 1938 entstandenen Buches von Mabuni Kenwa), unbekannt, Konishi Yasuhiro (1893-1983), Mabuni Kenei. Die Fotografie stammt aus dem Jahr 1930.

higkeiten für Schlägereien missbrauchen und andere verletzen könnten. Außerdem gab es Stimmen, die davor warnten, Polizisten im Karate zu unterrichten, da sie zum Beispiel bei Verhaftungen von Straftätern Karate einsetzen und zu unangemessener Gewaltanwendung verleitet werden könnten. In dieser Atmosphäre war es schwer, Karate zu verbreiten. In gewisser Weise war es eine Vorbereitungsphase dafür, die sich allerdings recht lange hinzog.

Ich war gerade in den Sommerferien nach der 6. Klasse der Grundschule, als endlich der Ruf unseres Vaters aus Ōsaka kam: »Kommt alle hierher!« Später, als ich ins wehrdienstfähige Alter gekommen war, entschied sich die ganzen Familie für die behördliche Registrierung am neuen Wohnort. Denn wäre ich weiterhin auf Okinawa gemeldet gewesen, wäre ich unbequemerweise nach Kyūshū einberufen worden.

In Ōsaka fing ich auch an, aus eigenem Willen Karate zu trainieren. Damals war ich 13, genau so alt wie mein Vater, als er unter Meister Itosu mit dem Training begonnen hatte. Und ich muss betonen, dass mein Vater mich nicht ein einziges Mal auch nur im mindesten zum Karate gezwungen hat.

Die Entstehung des Shitō ryū

Nachdem mein Vater in Ōsaka ein *dōjō* eröffnet und das Schild mit der Aufschrift Yōshūkan[45] angebracht hatte, kam zunächst erst einmal niemand, und das Leben war ziemlich hart. Der erste Schüler kam vom Jūdō-Verein der Kansai-Universität. Er hieß Sawayama Masaru (1907-1977) und wurde später der Begründer des japanischen Kempō (Nihon-Kempō).

In dem sechs *tatami*[46] großen Raum wurde Tag und Nacht trainiert, und bald waren die *tatami* kaputt und wurden notdürftig mit Schilfmatten abgedeckt. Der Fußboden wurde zwar bald mit Holzbrettern ausgelegt, aber noch immer war man wenig bekannt, und so kamen nur zwei bis drei Leute regelmäßig, halb Schüler, halb Nutznießer. Schließlich kamen doch einige Schüler, Studenten der Kansai-Universität, ein Rechtsanwalt und der Inhaber des Reisladens aus der Nachbarschaft, der stets etwas Reis mitbrachte. – So konnte man einigermaßen überleben.

Das damalige Training unterschied sich vom heutigen allerdings erheb-

---

[45] Yōshūkan: (jpn.) Haus des Über-sich-selbst-Hinauswachsens. – Anm. d. Lekt.

[46] Knapp 10 m^2. – Anm. d. Übers.

lich. Tagein, tagaus übte man die gleiche Kata, bis der Meister sagte: »Gut so!« (*yoshi*). Die Kata wurden nicht wie heute bis in alle Einzelheiten erklärt. Wenn ein Schüler bei einer Technik um Hilfe bat, sagte der Meister nur: »Na los, greif an!« und ließ ihn frei stoßen oder treten und blockte dann oder wich aus. Dazu hieß es dann nur: »Na, hast du nun verstanden?!« Techniken, die nur Sekundenbruchteile dauerten, übte man nicht nur ein, zwei Mal, man wiederholte die körperliche Erfahrung so oft, bis man die Technik auf körperlicher Ebene wirklich begriffen hatte und sie in Fleisch und Blut übergegangen war.

Nachdem mein Vater auf die Hauptinsel gezogen war, hatte er auch regelmäßigen Kontakt mit erstrangigen Meistern der Kampfkünste jener Zeit wie Konishi Yasuhiro (1893-1983, Begründer des Karate Shindō Shizen ryū, siehe Foto auf S. 57), Ōtsuka Hironori (1892-1982, Begründer des Wadō ryū) oder Fujita Seiko (1899-1966, 14. Großmeister des Kōga-Ninjutsu). Sie gaben sich dabei gegenseitig viele Anregungen zur Entwicklung ihrer Stile und brachten vorbehaltlos ihre eigenen Kata als Studienmaterial ein.

Nachdem ich die Mittelschule verlassen hatte, schickte mein Vater mich für ein Jahr nach Tokio zu Meister Konishi Yasuhiro. Während ich dort beim Karatetraining assistierte, lernte ich Jūdō-Einrenktechniken[47]. Denn mein Vater machte sich Sorgen, dass ich womöglich vom Karate allein nicht leben könnte.

In Japan galt Karate im Vergleich zu Kendō oder Jūdō anfangs als relativ barbarische und minderwertige Kampftechnik. Der »Tempel« des Budō war damals der *Dai Nihon Butoku Kai* (Großjapanischer Verband für Kampfkünste). Dass Karate in diesem Verein gleich dem Jūdō eine eigenständige Stellung gewann, war vor allem den Meistern Kanō und Konishi zu verdanken. Letzterer setzte die Bemühungen von Meister Kanō mit großem Engagement fort. So kam es 1938 zur ersten Karatevorführung bei einer *Butoku-Kai*-Veranstaltung. 1939 wurde der von meinem Vater geschaffene Shitō-Stil offiziell bei der *Butoku-Kai*-Zentrale registriert. Im selben Jahr verlieh der *Butoku Kai* meinem Vater auch den Titel eines Karate-Großmeisters (*karate jutsu renshi).* Das Shitō-Karate bildete von nun

[47] Dies entspricht einer Ausbildung zum Chiropraktiker. – Anm. d. Übers.

an unter der Bezeichnung *Shitō Ryū Kempō Karatedō* eine eigene offizielle Strömung des Karate. Außerdem wurde der *Dai Nihon Karate Kai* (Großjapanischer Karateverband) gegründet. Nun konnte sich das Karate in klar bestimmten Bahnen entwickeln.

Auf den Spuren meines Vaters

Nachdem ich ein halbes Leben an der Seite meines Vaters mit Karate verbracht hatte, wurde ich im Januar 1940 zum 8. Ōsaka-Regiment einberufen. Einige Zeit diente ich im Stab in Ōsaka, dann auf Taiwan und schließlich auf der philippinischen Insel Cebu, wo ich das Kriegsende erwartete. Dort kam ich in ein Kriegsgefangenenlager und kehrte im Dezember 1945 wieder nach Japan zurück.

In jenen Jahren leitete mein Vater die Karateausbildung an der Kansai-Universität, an der Kansai-Gakuin-Universität und an der Tōyō-Universität. Die jungen Leute, mit denen er dort seinen Schweiß vergoss, halfen nach dem Krieg wesentlich mit beim Aufbau und bei der Entwicklung der Japanischen Karateföderation. Als ich heimkehrte, unterrichtete mein Vater an fast allen Universitäten der Region. Ich unterstützte ihn als Ausbilder und kam so an seiner Seite viel herum. Neben den genannten Bildungseinrichtungen lehrte ich auch an der staatlichen Ōsaka-Universität, der Städtischen, der Technischen und der Wirtschaftswissenschaftlichen Universität von Ōsaka, außerdem an der Universität Kōbe sowie an der Kōbe-Fremdsprachenuniversität.

In den folgenden sieben Jahren, vom Kriegsende bis zum Tod meines Vaters im Jahre 1952, trainierte ich Karate in größter Nähe zu meinem Vater. Ich lernte von ihm viele Techniken und viele psychologische Dinge, die ich genau genommen erst später allmählich begriff. Das soll nicht bedeuten, dass ich damals nur durch Nachahmung gelernt habe. Manches braucht eben einfach seine Zeit.

Oft wird gefragt, worin denn das Wesen des Karate liege, das die früheren Generationen gelehrt haben. Als meinem Vater einst die Frage gestellt wurde, ob es so etwas wie einen Wesenskern des Karate gebe, antwortete er vor seinen Schülern ohne Zögern, dass es so etwas nicht gebe. Und er fügte hinzu: »In gewisser Weise kann man sagen, das alles zu seinem Wesenskern wird.« Und er sagte auch: »Die Techniken sind unendlich!«[48] Dieser Satz ist wahrscheinlich der Kern seiner Lehre.

Nachdem ich die Rolle meines Vaters als Oberhaupt des Shitō-Karate übernommen habe, habe ich viel studiert und einige Techniken verändert und manchmal auch die Frage gehört, ob das »nicht ganz anders als früher« sei. Dem ist jedoch nicht so. Auch das Karate meines Vaters änderte sich in den verschiedenen Phasen seines Lebens, von der Vorkriegszeit über die Nachkriegszeit bis in seine späten Lebensjahre. Die Menschen entwickeln sich nun einmal während ihres Lebens. Und das gleiche trifft auf das Karate zu.

Die Ziele meines Vaters

Ich habe bereits ausgeführt, dass es auf Okinawa den Begriff Karate nicht gab und dass die verschiedenen Kampftechniken dort Hand (*ti*, jpn. *te*) genannt wurden. Auch habe ich schon darauf verwiesen, dass aufgrund der Herrschaft der Satsuma-Samurai über die Ryūkyū-Inseln keine Aufzeichnungen über die verschiedenen Techniken und psychologischen Mittel der Schwertabwehr überliefert wurden. Unter dem Begriff Karate wurden die *te,* die verschiedenen lokalen okinawanischen Techniken des Kampfes mit der bloßen Hand, zusammengefasst. Die entsprechenden physischen und mentalen Techniken wurden geordnet, in ein dem Kendō und Jūdō vergleichbares System gebracht und zu einem großen Ideal vereint. Jedoch blieben Meister Funakoshi und auch mein Vater die Antwort auf die Frage nach dem eigentlichen Wesen des Karate schuldig, da sie ihr gemeinsames großes Ziel noch nicht erreicht hatten, als sie von uns gingen.

Meister Funakoshi hatte aus den Zeilen des Sutra *Hannya Shingyō* »Die Farbe ist die Leere, die Leere ist die Farbe« das Schriftzeichen für die Silben *kara* entnommen und so das Wort *kara-te* festgelegt.[49] Welche konkrete Bedeutung er diesem Wort damit gegeben hat, ist aber bis heute unklar. Mein Vater hatte für die Benennung seines Stils Shitō die Anfangszeichen

[48] *Waza wa mugen.*

[49] Siehe auch S. 214.

der Namen seiner beiden wichtigsten Lehrer, Itosu und Higaonna, den Meistern des Shuri-te und des Naha-te, verwendet und damit auch den Charakter seines Stils inhaltlich klar definiert. Das Shitō ryū sollte eine authentische Überlieferung der Kata dieser beiden Stilrichtungen, der Hauptquellen des Karate, gewährleisten. Mein Vater hat die beiden Richtungen tatsächlich aufs gründlichste studiert. Das machte ihn auch so einzigartig. Er, der den Ehrennamen »Mabuni, der Techniker« trug, war unter den Kampfkunstexperten seiner Zeit als *die* Koryphäe auf dem Gebiet der Beherrschung der Kata anerkannt.

Meister Funakoshi hatte, wie an anderer Stelle bereits erwähnt, vermittelt durch seinen Sohn, Meister Gigō, etliche Kata von meinem Vater gelernt. Meister Funakoshi pflegte zu sagen: »Wenn es um Kata geht, fragt Mabuni.« Auch Meister Ōtsuka, der Begründer des Wadō ryū, und Meister Konishi, der Begründer des Shindō Shizen ryū, hatten Kata bei meinem Vater gelernt. Im Nachwort zum oben erwähnten Buch meines Vaters[50] hat sich Meister Funakoshi zu den Leistungen meines Vaters deutlich geäußert:

Erinnerung an die Zeit vor zehn Jahren. Von Funakoshi Gichin.

Mabuni Kenwa und ich sind engste Freunde. Mabuni ist ein für unsere Zeit außergewöhnlicher Erforscher des Karate und er ist auf diesem Gebiet einer der besten zeitgenössischen Experten. Als wir noch auf Okinawa lebten, versammelten wir Gleichgesinnte um uns, Mabuni in Shuri und ich in Naha. Überall gründeten wir Vereine, förderten gegenseitig unsere Schüler und waren dabei so rastlos, dass wir zu essen und zu schlafen vergaßen. Wir stärkten unsere Körper zu jener Zeit buchstäblich mehr durch das Training des Karate als durch Essen und Schlafen.

Unser Ruf verbreitete sich auf der Insel, und immer mehr Leute wollten sich uns anschließen. Tag und Nacht ging man bei uns ein und aus, um etwas mitzuteilen oder zu fragen.

Mabuni erwies sich als warmherziger und charakterfester Kamerad. Die früheren Richtungskämpfe kümmerten ihn nicht mehr im geringsten. Auch die Altershierarchie war ihm nicht wichtig. Wenn er etwas nicht wusste, bat er auch Jüngere um Erklärung. Wenn er etwas Neues gelernt hatte, behielt er sein Wissen nicht für sich. Bei der nächsten Gelegenheit zeigte er es anderen und brachte es ein in das gemeinsame Studium.

---

[50] *»Angriffs- und Abwehrtechniken zur Selbstverteidigung im Karate Kempō«.*

Er ist für Offenheit und hat sich von der früher auf diesem Gebiet üblichen Geheimniskrämerei völlig gelöst. Über lange Zeit hat er sehr viel Material gesammelt, und er kennt sich in allen heutigen Arten des Faustkampfes aus. Es gibt sicher niemanden, der ihm in dieser Hinsicht gleichkommt. Es ist nicht übertrieben zu sagen, dass er in diesem Punkt der Größte ist.

Er initiierte gemeinsame Treffen von Praktikern des Shuri-te und des Naha-te, stellte sich dabei auch der öffentlichen Kritik, verbesserte, was zu bemängeln war, und trat für gemeinsames Lernen und gemeinsame Entwicklung ein. Das brachte ihm von allen Seiten Bewunderung und Wertschätzung ein. Es gab niemanden, der irgend etwas zu kritisieren hatte.

Wie ich vor kurzem erfahren habe, ist er ist nach Ōsaka gezogen und hat dort Beziehungen geknüpft, so zum Beispiel zur Kansai-Universität. Er leitet viele junge Menschen an und zeigt seine Entschlossenheit, sich ganz in den Dienst der Sache, unseres Landes und unserer Gesellschaft zu stellen. Glücklicherweise hat sein Engagement in jüngster Zeit endlich gebührende Anerkennung gefunden. Jetzt ist er auch in der Kansai-Region bekannt und wird dort respektiert. Deshalb sollten wir künftig noch enger zusammenarbeiten und miteinander in Verbindung bleiben, um unsere Aufgaben zu verwirklichen und unsere Ziele zu erreichen.

Diese Erinnerungen habe ich zu Papier gebracht, weil mich Meister Mabuni für sein Buch um einige Gedanken gebeten hat.

Als mein Vater den Shitō-Stil schuf, bezweckte er damit sicher nicht eine Aufspaltung in sich voneinander entfernende Stilrichtungen. Wie Meister Funakoshi in Tokio feststellte, strebte mein Vater die Schaffung eines Karate als japanischen Weg des Kampfes (*Nihon Budō*) an und war sich darin mit ihm vollkommen einig.

Shitō-Karate ist Budō-Karate

Mein Vater wollte deutlich machen, dass die technische Substanz und die Ideen des Shitō ryū in der Familie Mabuni weitergegeben werden. Deshalb benutzte er als Symbol für den Shitō-Stil einfach das Familienwappen der Mabuni. Nach der Erklärung meines Vaters bedeutet der äußere Ring die Harmonie (*wa*). Die beiden vertikalen parallelen Linien im Inneren des Kreises und die von ihnen waagerecht nach außen abgehenden Linien stehen für das Shuri-te von Meister Itosu und das Naha-te von Meister Hi-

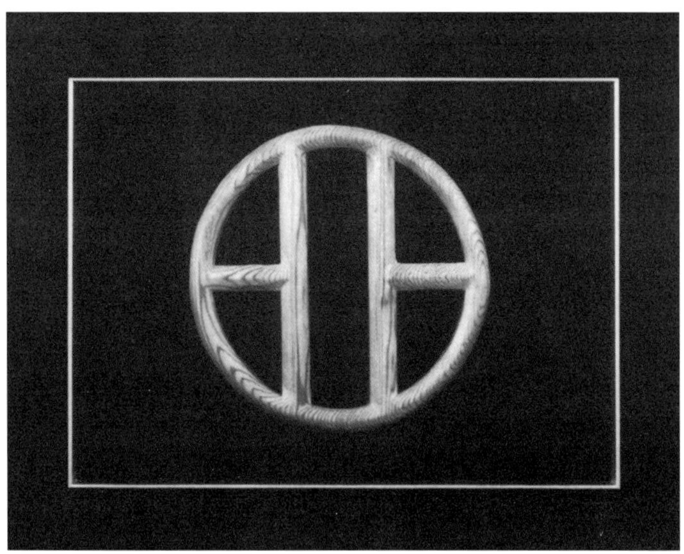

Foto 20: Das Wappen der Familie Mabuni.

gaonna. Das Wappen symbolisiert folglich die Harmonie zwischen beiden Richtungen.

Shuri-te und Naha-te standen natürlich stellvertretend für alle *te*, also für alle okinawanischen Techniken des Kampfes mit der bloßen Hand. Denn mein Vater strebte von Anfang an nach einem Karate, das alle diese Techniken vereinte. Indem er dem Familienwappen so einen neuen Sinn verlieh, schuf er ein Symbol für das von ihm angestrebte Karate. Dieses war nicht nur eine oberflächliche Vermischung, sondern eine tiefgehende Fusion der beiden Richtungen.

Im Ausland bin ich oft gefragt worden, welche geistige Bedeutung das Wappen habe. Ich habe daraufhin viel über die höhere Bedeutung des Shitō-ryū-Symbols nachgesonnen. In anderen Ländern haben Wappen und Symbole immer irgendeine höhere Bedeutung. In Europa findet man zum Beispiel oft Schwerter oder Löwen in den Wappen.[51] Meine Vater hat

[51] Der Löwe beispielsweise, als eines der am häufigsten vorkommenden Wappentiere, sollte als König der Tiere Macht, Tapferkeit und kriegerische Tugend symbolisieren. – Brockhaus Enzyklopädie in vierundzwanzig Bänden. Bd. 13. 19. Aufl. Mannheim: F. A. Brockhaus 1990.

zwar technische Bedeutungen vermittelt, aber er hat keine Lehren über den geistigen Sinn hinterlassen. Das heißt, er hat die technischen Aspekte des Shitō ryū systematisiert, aber nicht die geistigen. Dafür war ihm einfach nicht die Zeit geblieben. Meiner Ansicht nach können die parallelen vertikalen Linien im Kreis auch als einander gegenüberstehende Menschen gedeutet werden, der Kreis als Erdball. So könnte man zwei Menschen sehen, die gut ausbalanciert die Erdkugel stützen. Für die Wahrung der Harmonie muss genau der richtige Abstand gewahrt sein und es darf keine einseitige Bewegung nach rechts oder links geben. Das steht dafür, dass jeder Mensch ein Gefühl für das Gleichgewicht und die Harmonie mit anderen Menschen haben sollte. Eines Tages erwiderte ich, als mir während eines Karatelehrgangs wieder jemand diese Frage stellte, spontan und ohne zu zögern, dass das Wappen die »Harmonie zwischen den Menschen (*wa*)« symbolisiere und in diesem Sinne ein Symbol des Friedens sei. Und ich denke, das ist eine gute Interpretation. So habe ich der technischen Erklärung des Wappens noch eine geistige hinzugefügt. Ich glaube, mein Vater hätte diese Interpretation unseres Familienwappens gutgeheißen. Denn in seinem Buch aus dem Jahre 1934 hatte er geschrieben: »Das Wesen der Kampfkunst liegt im Gleichmaß (*hei*), ihr letztes Ziel ist die Harmonie (*wa*).« Beide Zeichen, verbunden zum Wort *heiwa*, bedeuten Frieden.

Beim 3. Treffen des Shitō-Karate im Jahr 2000 wurde auf meinen Wunsch im Informationsmaterial diese Erklärung des Wappens auf Japanisch und Englisch veröffentlicht. Damit wurde die von den Ideen der »Erneuerung des Karate« und des »Weltfriedens« bestimmte Bedeutung des Shitō-Symbols auch international bekannt gemacht.

Ich will mich jetzt noch einmal der Frage zuwenden, welche Art von Karate mein Vater anstrebte und was das Shitō ryū charakterisiert. Shitō-Karate ist Budō-Karate, ein Weg des Kampfes. Das entspricht genau der obenstehenden Formulierung meines Vaters über das Wesen der Kampfkunst. Das Karate wurde als Budō, als Weg des Kampfes, geschaffen, nicht als Freizeit- oder Wettkampfsport.

2.2 Die Freude am Lernen und Lehren des Karate

Über das Lehren des Karate

Für meinen Vater war es von besonderer Wichtigkeit, beim Lehren und Anleiten die Individualität jedes Karate-Schülers zu respektieren und zu fördern. Im Zentrum des Karatetrainings steht das Üben der Kata. Lange Kata enthalten rund 70, kurze etwa 20 Angriffs- und Blockbewegungen. Jede dieser einzelnen Bewegungen wird für sich präzise ausgeführt. Es gibt verschiedene Möglichkeiten, sich die Kata anzueignen. Welche Möglichkeit gewählt wird, hängt davon ab, was der Lernende durch sein Studium erreichen will. Man kann die Kata beispielsweise für die Förderung der Gesundheit nutzen. Studiert man sie jedoch tiefgründig analytisch (*bunkai*)[52], so erweisen sie sich als reiche Waffenkammer für den realen Kampf. Wofür auch immer jemand Karate praktiziert, alle notwendigen Techniken und Ideen sind in den Kata enthalten. Mein

---

[52] *Bunkai*: (jpn.) Interpretation einer Kampftechnik und der Versuch ihrer praktischen Anwendung. Die Übertragung der Techniken des Kampfes mit bloßer Hand erfolgte über seit alters her kodifizierte Formen, Kampfsequenzen, die man allein, also ohne Partner übt. Dies sind die Kata (im chinesischen Quanfa werden diese Formen als *Tao* bezeichnet). Jede Bewegung, jede Ortsveränderung, jede Drehung, jeder Rhythmus innerhalb einer Kata hat eine Bedeutung. Diese ist manchmal offenkundig, manchmal verborgen, manchmal aber auch trügerisch (zum Beispiel eine Technik, die einer bekannten Technik ähnelt, die sich aber im Kontext dieser bestimmten Bewegung als nicht funktionierend erweist). Die Interpretation der sichtbaren Form hängt von der Technik, die zuvor eingesetzt wurde, und der nachfolgenden Technik ab, aber auch vom – eher geistigen als physischen – Niveau des Praktizierenden. Eine Kata ist oftmals eine Art Bilderrätsel, für dessen Verständnis es Schlüssel gibt. Im *bunkai* gibt es die verschiedensten Niveaus, von den elementarsten bis zu den am weitesten entwickelten, die man mit der Zeit und mit Geduld »hinter« dem Offenkundigen entdecken muss. Eine Kata kann mitunter regelrechte Fallen enthalten, die ein echtes Verstehen verhindern, wie es notwendig ist, damit die Techniken wirklich effektiv werden, sowohl für den Kampf als auch zu therapeutischen Zwecken (der Ablauf einer Kata ist auch ein technischer Vorgang, der die Entwicklung und Gestaltung der inneren Energie (*ki*) mit direkter Auswirkung auf die Gesundheit ermöglicht). Man kann daher sagen, dass zahlreiche Techniken, die in einer Kata auftreten, ein *bunkai* haben, das sich ändert, je nachdem, wie die Kata ausgeführt wird, das heißt, die Erfahrung des Praktizierenden zählt. – Habersetzer, R. u. G.: Enzyklopädie der Kampfkünste. Chemnitz: Palisander Verlag 2019. Siehe auch Habersetzer, R.: Koshiki Kata – Die klassischen Kata des Karatedō. 5. Aufl. Chemnitz: Palisander Verlag 2020.

Vater pflegte zu sagen: »Karate fängt mit den Kata an und hört mit den Kata auf.«

Auch im Shitō-Karate gibt es mittlerweile mehrere Strömungen. Sicher kann man davon ausgehen, dass die Begründer dieser verschiedenen Richtungen alle beim gleichen Meister gelernt haben. Aber die Kata, die sie lehren, unterscheiden sich voneinander. Das hängt wahrscheinlich damit zusammen, dass sie in verschiedenen Lebensphasen meines Vaters bei ihm Unterricht hatten und dass mein Vater, wie gesagt, die Individualität seiner Schüler in den Mittelpunkt seiner Ausbildung stellte.

Früher konnte man bei der Vorführung einer Kata auf den ersten Blick sagen, wessen Schüler der Vorführende war. In den letzten Jahren werden jedoch zunehmend Lehrbücher und Videos genutzt. Dadurch werden die Kata bis ins Detail vereinheitlicht und haben ihre Individualität verloren. Auch bei großen Katawettbewerben sieht man zwar sehr gute Übungserfolge, aber kaum Individualität, die Ausführungen der Kata gleichen sich wie ein Ei dem anderen.

Vor zwei oder drei Jahren kam ein junger Mann in mein *dōjō*, der längere Zeit in einem anderen *dōjō* des Shitō-Karate trainiert und als Zeichen des Neuanfangs erneut einen weißen Gürtel angelegt hatte. Nach einigen Monaten sagte er einmal voller Bewunderung: »Meister, Sie haben mich in jeder Lehreinheit nur einmal korrigiert. Aber ich glaube, ich bin in den wenigen Stunden weiter vorangekommen als in den zehn Jahren zuvor.« Vielleicht war es wirklich so. Auf jeden Fall denke ich viel darüber nach, wie man Karate am besten unterrichten kann.

Karate für Kinder

Ich selbst habe zum Glück mein ganzes Leben lang Karate trainiert, als Kleinkind, als Kind, als Jugendlicher, in mittleren und reifen Jahren und als alter Herr. Deshalb kann ich beim Unterrichten auch aus der eigenen Karate-Erfahrung aller Lebensphasen schöpfen. Grundschülern sollte man zum Beispiel keine komplizierten Sachverhalte erklären. Eher sollte man versuchen, ihr Freund zu werden und mit ihnen zu spielen. Man sollte niederknien und mit ihnen auf Augenhöhe gehen. Auch im Herzen sollte man sich auf die Höhe der Kinder begeben. Wenn man eins mit ihnen wird und mit ihnen spielen kann, öffnen auch sie ihr Herz.

In ähnlicher Weise muss man sich auf Mittelschüler oder Studenten einstellen. Das heißt, man darf nicht die anderen an das eigene Niveau anzupassen versuchen, sondern muss sich selbst dem Gegenüber anpassen. Man muss flexibel sein, frei fließen wie das Wasser, das sich auch nicht aussuchen kann, wo es fließen will. Es passt sich jeder Umgebung an. Wenn man mit dieser Einstellung seinen Schülern gegenübertritt, spielen Alter und Sprache keine Rolle. Wichtig ist, sich auf Augenhöhe zu begegnen und an einem Ort gemeinsam Freude zu haben.

Ich habe in vielen Ländern unterrichtet. Die Länder, in denen ich noch nicht war, sind schnell aufgezählt. Erst, wenn man versucht, den Menschen auf gleicher Höhe zu begegnen, unabhängig von ihrer ethnischen Herkunft, Kultur oder Religion, gibt es seelischen Austausch, kann man die Gefühle der anderen verstehen.

Der Reichtum der traditionellen Kata

Das Wort *Kata* wird mit dem Zeichen für »Form« oder »Gestalt« geschrieben, nicht mit dem gleichlautenden Zeichen, das die Bedeutung »Modell, Typus« hat. Kata bedeutet also Bewegung in einer bestimmten »Erscheinungsform«, die entsprechend der psychischen Beschaffenheit und dem Entwicklungstand des Lernenden sehr unterschiedlich sein kann. Die Karate-Kata sind keine statischen Modelle, in die man pedantisch hineingepreßt wird. Es sind lebendige »Gestalten«. Man kann die Kata der eigenen Individualität und Atmung anpassen, indem man sie etwas langsamer, in angenehmem Tempo ausführt, auch wenn die Bewegungen dabei etwas eckig aussehen, so oft wie man will und auf eine Weise, dass man den ihnen innewohnenden kampftechnischen Sinn versteht.

Mit solchen Kata kann man natürlich bei Wettkampfveranstaltungen nicht gewinnen. Das ist sicher ein Dilemma. Also sollte man klar erkennen, das es von einer Kata sowohl eine Wettkampfvariante, als auch eine kampftechnisch und psychisch am Budō orientierte Variante gibt. Beide sind grundsätzlich verschieden. Wettkampfkata sind etwas für Zuschauer.

Sie enthalten auffällige und schöne Techniken, die kampftechnisch aber totale Selbstaufgabe bedeuten. Führt man dagegen reine Kampftechniken vor, so können das nur Leute würdigen, die wenigstens ein bisschen Ahnung davon haben. Auf jeden Fall muss man aber spüren, dass sie beseelt, vom *ki*[53] erfüllt sind.

In seinem Buch »*Einführung in die Angriffs- und Abwehrtechniken im Karate*« äußerte mein Vater den folgenden Gedanken:

> *Die Kata sind lebendige Wesen. In welchem Maß der Vorführende die Kata versteht und trainiert hat, kann der Beobachter ganz einfach und ohne Erklärung sehen. Versteht der Vorführende die Kata nicht, sehen sie hässlich aus. Hat der Vorführende nicht genug trainiert, sehen sie schwach und unsicher aus. Hat er dagegen die Kata wirklich verstanden und gut trainiert, geht der Geist der Kata auf ihn über und wird durch ihn zu einer lebendigen Gestalt. Und man kann oft sehen, wie die Kata ihre Lebensfreude zum Ausdruck bringen. Kata sind also etwas Lebendiges, zu lebender Gestalt erwachte Geistwesen. Die Kata wirken auf die Seele und den Körper in zunehmendem Maße wohltuend ein, je mehr der Lernende sie trainiert und versteht.*

1999, beim ersten Welttreffen auf Okinawa,[54] gab es Katavorführungen der vier Altmeister Tomoyose Ryūkō (Uechi ryū), Miyahira Katsuya und Nakazata Shūgorō (Shōrin ryū) sowie Yagi Meitoku (1912-2003, Gōjū ryū). Meister Yagi war sogar um einiges älter als ich, und ich kannte ihn noch aus der Zeit, als er in Verbindung mit meinem Vater stand. Er trug einen Karate-Anzug, den er als Erinnerungsstück von seinem Lehrer Miyagi Chōjun bekommen hatte, und führte die von diesem entwickelte Kata *Tenshō* vor. Ein jüngerer Schüler, der die Vorführungen des Meisters gesehen hatte, meinte: »Ich glaube nicht, dass ein Weltmeister in den Wettkampfkata so etwas kann.« Ich weiß nicht, inwieweit dieser Schüler die technischen Raffinessen der Vorführung erfasst hatte, aber zumindest die Höhe des geistigen Niveaus konnte er fühlen.

---

[53] Siehe Fußnote 10 auf S. 17.

[54] 1. Welttreffen des traditionellen okinawanischen Karate und anderer Kampfkünste. – Anm. d. Übers.

Karate in Europa

Nachdem der japanische Karateverband geschaffen worden war, entstand das Wettkampfkarate, das von der japanischen Gesellschaft für Körpererziehung unterstützt wurde und sich auch international entwickelte. Die Grundlage des Wettkampfkarate blieb aber das Budō.

Wenn ich ins Ausland fahre, erkläre ich immer, dass das Karate Budō sei und nicht einfach Wettkampfsport, und dass das Wichtigste am Budō geistiger Natur sei. Auch im Ausland beschäftigt man sich keineswegs nur halbherzig mit dem Karate. Das gilt besonders für Europa und hier vor allem für Frankreich. Ich habe das Gefühl, dass die Menschen dort noch stärker als die Japaner selbst von der Geistigkeit des Karate angezogen werden.

Meine erste Auslandsreise führte mich nach Mexiko. Das war im Jahre 1962, zehn Jahre nach dem Tod meines Vaters. Einer meiner Schüler, Murata Nobuyoshi, ein Absolvent der Ōsaka-Fremdsprachenuniversität, war beim Pharma-Unternehmen Takeda angestellt und arbeitete in dessen Filiale in Mexiko-City. Durch seine Arbeit kannte er viele Leute, darunter Ärzte, Rechtsanwälte und Politiker. Und viele baten ihn um Unterricht im Karate. Da er Karate liebte, gab er dieser Bitte gern nach. Bald hatte er so viele Schüler, dass er ein eigenes *dōjō* eröffnen konnte. So kam es, dass er mich einlud, ihn in Mexiko zu besuchen. Damals kostete 1 Dollar 360 Yen, und normale Leute konnten kaum ins Ausland reisen. Auf meinen Pass musste ich vier Monate warten. Schließlich aber weilte ich vier Monate als Gastlehrer in Mexiko. Unter Muratas Schülern waren auch spätere Minister und Präsidenten. Das trug sicher dazu bei, dass das Karate heute in Mexiko sehr gut entwickelt ist. Seit dieser Zeit war ich alle zwei Jahre in Mittel- und Südamerika. Ich besuchte Guatemala, Honduras, El Salvador, Nicaragua, Costa Rica, Panama, die Dominikanische Republik und Kuba. Ich war auch in den USA – in Los Angeles und in San Diego.

Ins asiatische Ausland bin ich zum ersten Mal 1973 gereist. Der Grund dafür war die Schaffung einer asiatischen Shitō-Karatevereinigung. Den Schwerpunkt bildete Singapur. Aber ich bereiste in diesem Zusammenhang auch Malaysia, Indonesien, Nepal, Indien, Hongkong und Macao, und schließlich führte mich mein Weg auch nach Australien und Neukaledonien. In Australien gibt es eine Vielzahl von konkurrierenden Kara-

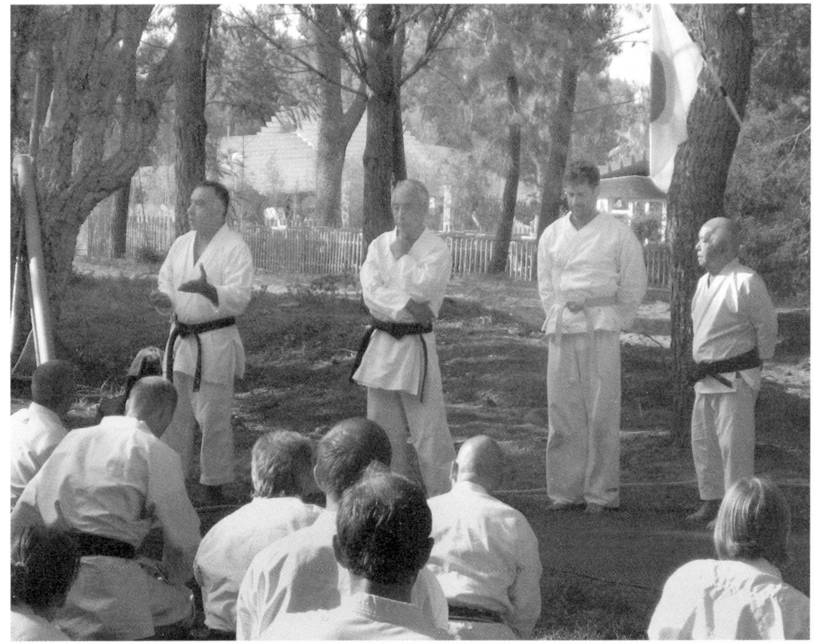

Foto 21: Sommerlehrgang 2007 auf Korsika. Links im Bild der Herausgeber der deutschsprachigen Ausgabe dieses Buches, Carlos Molina. Neben ihm steht Nakahashi Hidetoshi. Rechts im Bild ist Mabuni Kenei zu sehen.

te-Strömungen. Das Shitō-Karate ist hier sehr stark entwickelt. Die zentrale Persönlichkeit im australischen Karate ist mein Schüler Con Kassis, der Vizepräsident der Weltförderation des Shitō-Karate. Er leitet in Australien insgesamt 26 *dōjō*, das Zentrum befindet sich in Melbourne. Dank seiner Hilfe konnte mein Lehrmaterial in Australien auch auf Englisch publiziert werden.

In Europa war ich zum ersten Mal 1979. Ich besuchte damals Spanien. Danach bin ich auch nach Portugal, Italien, Deutschland, Belgien, Monaco, Frankreich und in die Schweiz gereist. Jedes Jahr im August reise ich nach Frankreich und eröffne das europäische Seminar in Bastia auf Korsika. Der mit einer Französin verheiratete Japaner Nakahashi Hidetoshi (siehe Foto) fungiert als technischer Berater der französischen Karateföderation. Mit seiner Unterstützung konnten meine Lehrmaterialien auch ins Französische übersetzt werden. Zum Seminar in Bastia kommen Teilnehmer aus

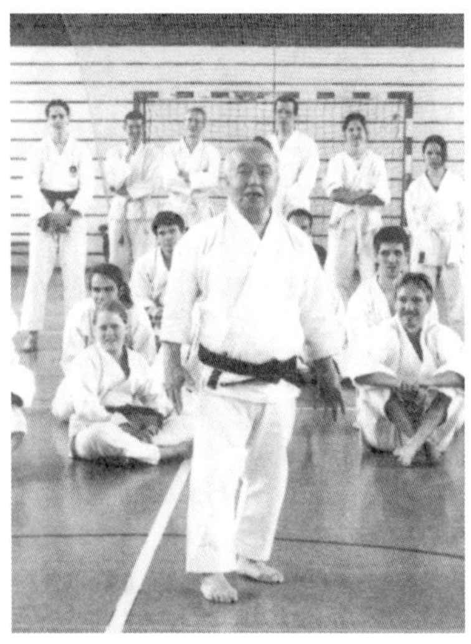

Foto 22: Der Autor bei einem Lehrgang in Berlin.

vielen Ländern, neben Frankreich mehrheitlich aus Spanien, Italien, der Schweiz und Deutschland. Viele kommen auch aus kleineren Ländern. An den Seminaren nehmen stets etwa 300 Personen teil. Häufig kommen gleich mehrere Familienangehörige mit, Vater und Sohn, manchmal Mutter und Tochter. Dies mag daran liegen, dass der Lehrgang im Sommer stattfindet, aber nichtsdestotrotz ist es bemerkenswert, dass im Unterschied zu Japan Karate oft eine Familienangelegenheit ist.

Auch die zeitlichen Trainingsbedingungen unterscheiden sich von denen in Japan. Die Trainingsräumlichkeiten in den europäischen Ländern sind meist von 8 Uhr bis 21 oder 22 Uhr durchgehend geöffnet. Neben Karate werden hier auch andere Kampfkünste oder verschiedene Sportarten trainiert. Es handelt sich meistens um private Sportstätten. Viele der Lehrenden sind hier auch hauptberuflich tätig. Auch die Mitgliederzahlen der ausländischen Karatevereine sind größer als in Japan. Manche haben mehr als 1000 Mitglieder und mehrere Trainingsstätten.

In Japan finden die Kurse in der Regel abends oder an Sonntagen statt und werden nebenberuflich geleitet. Wegen der zeitlichen Einschränkungen können in Japan zudem öffentliche Einrichtungen oder Schulsporthallen nicht so leicht genutzt werden. In Japan fehlt auch die Zeit, um auf die Feinheiten einzugehen. Das Karate ist dort stark wettkampforientiert. Es gibt Meisterschaften auf allen Ebenen. Daher dient die Trainingszeit stets der Vorbereitung auf irgendeinen Wettkampf. Im Ergebnis wird immer das gleiche wiederholt und es bleibt keine Zeit, Hebel, Würfe, Vitalpunkttechniken oder Techniken mit den traditionellen okinawanischen Waffen wie Bō und Sai zu trainieren. Das bedeutet, dass es auch immer seltener Gelegenheit gibt, diese Techniken wenigstens kennenzulernen.

Ein Mangel an Führungspersönlichkeiten

Natürlich gibt es auch in Europa Wettkampfkarate, aber es ist nicht so vorherrschend wie in Japan. Hinsichtlich der Haltung gegenüber dem Karate gibt es allerdings einen enormen Unterschied zwischen Europa und Japan hinsichtlich der Einstellung zur Tradition. In Europa versteht man Karate nicht nur als Sport, und man unterscheidet sehr klar zwischen Budō und Wettkampf. Vielleicht hängt das auch damit zusammen, dass es in Europa staatliche finanzielle Zuschüsse für die Karateverbände gibt. In Japan scheint man dagegen Karate nur noch für Sport zu halten, und die Regierung tut auch in Bezug auf das Karate nichts, um Tradition und Kultur zu schützen. In Europa gibt es dagegen ein starkes Interesse für das alte Ryūkyū-Budō, einschließlich seiner Waffentechniken. Dieses Interesse zeigt sich zum Beispiel darin, dass Reproduktionen der okinawanischen Waffen in Europa hergestellt werden. Aus diesem Grund führe ich bei jedem Seminar in Europa eine Lehreinheit mit dem *bō* durch. Außerdem sind viel mehr Leute als in Japan mit diesen traditionellen Dingen vertraut.

Spricht man in Japan von Karate, denkt man nur an Tritte und Stöße. Würfe verbindet man dagegen nur mit dem Jūdō, Gelenkhebel nur mit dem Aikidō und das Schwert nur mit dem Kendō. Aber eigentlich sind Würfe, Hebel und Waffen auch im Karate enthalten. Denn es ist ein komplexes Budō. Und mein Wunsch ist es, ein solches Karate zu vermitteln. Karate ist die Grundlage eines jeden Budō. Das wird gerade im Shitō ryū deutlich. Mit dieser Überzeugung möchte ich das Shitō-Karate auch weiterhin leiten.

Ein schwerwiegendes Problem, das mich stark beschäftigt, besteht allerdings darin, dass es kaum echte Führungspersönlichkeiten für das Shitō-Karate gibt. Natürlich gibt es viele Ausbilder, aber sie sind zumeist auf wettkampforientiertes Karate fixiert. Lehrkräfte, die den Kern des traditionellen Shitō-Karate verstehen, gibt es, um es in aller Deutlichkeit zu sagen, absolut zu wenige. Wenn überhaupt, gibt es solche Persönlichkeiten im Ausland, wo man mehr Zeit hat als in Japan und auch offizielle Unterstützung genießt. Ich hege solche Gedanken höchst ungern, aber es scheint, dass ich künftig dazu gezwungen sein könnte, geeignete Führungspersönlichkeiten aus dem Ausland nach Japan einzuladen.

3 Das Überwinden der eigenen Grenzen

3.1 Karate – mehr als Stöße und Tritte

Yagyū Sekishūsai und die Technik des mutō dori

Wie bereits dargestellt, entstanden auf Okinawa einzigartige Kampftechniken, die man Hand (*te*) nannte. Um sich gegen die Satsuma-Samurai zu wehren, die die Inseln beherrschten und eine Politik der völligen Entwaffnung ihrer Untertanen betrieben, mussten die Einwohner der Ryūkyū-Inseln waffenlose Selbstverteidigungstechniken bis ins Extrem entwickeln. Das ist das eigentliche Karate.

Der entscheidende Antrieb für die Entstehung der Techniken und Ideen des Karate war der antizipierte Feind, insbesondere die Jigen-Schwerttechnik der Satsuma-Samurai: der »Flammenwolke« (*unyō*) genannte erste Schwertschlag. Die Mission des Karate bestand darin, mit »leeren Händen« sich selbst, seine Familie und das Volk der Ryūkyū-Inseln gegen das »Flammenschwert« der Satsuma-Krieger zu verteidigen.

Doch nicht nur im Karate entwickelte sich die Kunst, mit bloßen Händen gegen einen bewaffneten Gegner bestehen zu können. Der große Schwertkämpfer Yagyū Sekishūsai (1527-1606) entwickelte die *mutō-dori*-Technik[55], die den absoluten Höhepunkt der japanischen Schwerttechnik und die Essenz des Yagyū ryū darstellt. Um die *mutō-dori*-Technik begreiflich zu machen, möchte ich zeigen, wie Yagyū Sekishūsai zu ihr gelangte. Zunächst studierte er Schwerttechniken, den Shintō-Stil bei Iizasa Moritsuna und den Toda-Stil des *tōjutsu*[56] bei Toda Seigen. Im Kōfuku Ji Tempel in Nara erhielt er von Kakuzenbō Inei Unterricht im Hōzōin-Stil des *yari*-Speerkampfes. Mit Mitte 30 galt er in der Region von Kinai als der größte Techniker des Schwertkampfes. Aber es gibt immer jemanden, der noch besser ist. In diesem Fall handelte es sich um den Ahnherren

[55] *Mutō dori*: (jpn.) wörtlich: *mutō:* ohne Schwert, *dori*: ergreifen, packen; also »ergreifen ohne Schwert«. – Anm. d. Lekt.

[56] *Tōjutsu*: (jpn.) Eine alte Bezeichnung für den Schwertkampf, *kenjutsu*. – Habersetzer, R. u. G.: Enzyklopädie der Kampfkünste des Fernen Ostens. Chemnitz: Palisander Verlag 2019.

des Shinkage-Stils Kamiizumi Nobutsuna (1508-1578)[57]. Nobutsuna war unter Aisu Ikōsai in die Geheimnisse der Kage-Stils eingeweiht worden. Später entwickelte er daraus mit vielen eigenen Ideen den sogenannten neuen Kage-Stil (Shinkage ryū). Selbst Takeda Shingen[58] lud ihn ein, zu außerordentlich vorteilhaften Bedingungen in seine Dienste zu treten. Er aber lehnte dieses Ansinnen kategorisch ab und zog es vor, mit einigen Schülern das Land zu bereisen. Als die Reisegesellschaft nach Ise kam, hörte Nobutsuna von der Kampfkunst des Sekishūsai, und es dauerte nicht lange, bis dieser Nobutsuna zu einem Kräftemessen herausforderte. Dieses endete für Sekishūsai allerdings mit einer vollständigen Niederlage. Und er wurde nicht nur vom Meister besiegt. Auch dessen Meisterschüler Suzuki Ihaku fertigte ihn dreimal wie einen Schuljungen ab. Unverzüglich bat Sekishūsai Nobutsuna, ihn als Schüler anzunehmen. Nobutsuna stimmte freudig zu und erklärte Sekishūsai in einer dreitägigen Klausur die Essenz seines Shinkage-Stils. Nobutsuna begleitete Sekishūsai sogar zu dessen Heimatort, blieb dort mit seinem Gefolge ein halbes Jahr und erteilte Sekishūsai und dessen Schülern Unterricht.

Sekishūsais starker Wille und seine geradezu genialen kämpferischen Fähigkeiten sollen Nobutsuna sehr beeindruckt haben. Bevor er abreiste, hinterließ er Sekishūsai einen *kōan*[59]: »Wie kann man ohne Schwert ein Schwert führen?« bzw. »Wie wird ein Schwert entmachtet?«[60] Dies stellte ein Ideal des Shinkage-Stils dar, das Nobutsuna trotz vieler Versuche noch nicht erreicht hatte. Sekishūsai sollte ihm helfen, das Problem des *mutō* zu ergründen, das heißt, die Frage, wie man sich waffenlos gegen ein blankes Schwert behaupten kann.

Als Nobutsuna nach einigen Jahren Yagyū Sekishūsai wieder besuchte, offenbarte dieser ihm das Ergebnis seines rastlosen Studiums. Als Gegner wurde wieder Suzuki Ihaku ausgewählt, der Sekishūsai vor Jahren im Schwertkampf geradezu hinweggefegt hatte. Der Kampf dauerte nur einen

[57] Auch: Kōizumi Isenokami. – Anm. d. Übers.

[58] Takeda Shingen (1521-1573): Regionalfürst (*daimyō*) und Kriegsherr während der japanischen Zeit der Feudalkriege im 16. Jh. – Siehe auch Habersetzer, R.: Die Krieger des alten Japan – Berühmte Samurai, Rōnin und Ninja. Chemnitz: Palisander Verlag 2020.

[59] Rätsel- oder Meditationsspruch aus dem Zen-Buddhismus. – Anm. d. Übers.

[60] *Mutōno tachi ika ni.*

Moment. Aus Sekishūsais Hand sprang ein Fächer auf und Ihaku stieß ins Leere. In diesem Augenblick drehte sich Sekishūsai in seinen Gegner hinein, griff die Unterseite seines Handgelenks und entwand ihm das Schwert. Als Nobutsuna das sah, sagte er: »Dein Herz ist so frei wie das Wasser, das seine Form verändert, wenn es ein Gefäß füllt. Es gibt nichts, was ich dich noch lehren könnte.« Er übergab ihm eine Meisterlizenz und vier Bildrollen, die ein Verzeichnis der geheimen Kampftechniken seiner Schule enthielten. Dies war die Geburtsstunde des Yagyū ryū.

Aus dieser Episode könnte man folgern, das *mutō dori* bestünde allein aus der Technik, mit einem Fächer einen Stoß abzulenken. Tatsächlich ist es aber keine Technik, sondern ein seelischer Zustand. Das brachte Sekishūsai mit den Worten zum Ausdruck: »Wie alles aus dem Nichts entsteht, so ist waffenlos zu sein die Essenz des Kämpfens.«[61] Es ist eine seelische Einstellung, die in Körper- und Schwerthaltungen, der Anpassung an die Atmosphäre des Ortes, der Distanz, der Bewegung und anderen Eigenschaften des Kampfes zum Ausdruck gebracht wird. Es geht auch ohne Fächer. Man muss auch ohne Schwert ruhig bleiben, seinem Gegner gegenübertreten mit allem, was die Situation gerade bietet und einen Zustand äußerster seelischer Gelassenheit annehmen. An einem solchen Scheidepunkt zwischen Leben und Tod bleibt keine Zeit für Äußerlichkeiten. Man lässt alle Rücksicht auf die eigene Erscheinung oder die Meinung der Leute fallen und tritt dem Gegner auf ganz natürliche Weise gegenüber. In dieser Haltung liegt auch der Geist des Karate. Im Karate braucht man keine Waffen. Karate bedeutet, sich nicht ans Schwert zu klammern. Die Zeichen für das Wort Karate kann man aber auch als *kū te* lesen. *Kū* steht für leer oder Leere, *te* für Hand. Aus der Leere kann alles entstehen. Das bedeutet, dass jeder Gegenstand und jeder Körperteil im Karate zur Verteidigung eingesetzt werden kann, wie zum Beispiel Hand, Fuß oder Ellbogen.

Damals hat Sekishūsai seinen Fächer gezogen; heute würde er vielleicht einen Kugelschreiber wählen. Wenn man damit auf das Gesicht des Gegners zielt, ist auch ein solcher für die Verteidigung ausreichend. Im Karate wird alles zur »Hand«. Eine Frau könnte zum Beispiel wirkungsvoll zubeißen. Das wäre auch hervorragendes Karate im Sinne des *mutō dori*. Man

---

[61] *Manbutsu wa mu ni tai suru zo heihō mo mutō no kokoro okugi narikeri.*

sieht, dass die geistige Haltung des *mutō dori* die gleiche ist wie jene, aus der heraus sich das Karate entwickelte. Die Weiterentwicklung des Karate erfolgte in engem Kontakt mit anderen Kampftechniken, insbesondere mit dem chinesischen Kempō. Wie schon erwähnt, hatten die chinesischen Gesandten Leibwächter in ihrer Begleitung, die das damalige chinesische Kempō meisterhaft beherrschten. Die einheimischen Bushi (Krieger), die sich in den Ryūkyū-Kampftechniken (*ti* oder *te*) gut auskannten, nutzten jede Gelegenheit, um heimlich von diesen Leibwächtern oder Militärbeamten zu lernen. Andere waren mit Tributschiffen nach China gereist, hatten das wahre Kempō vor Ort studiert und ihr Wissen mit nach Hause gebracht. Mit der Integration des chinesischen Kempō entwickelte sich das Okinawa-*te* zur weltweit und historisch einzigartigen Handkampftechnik.

Karate macht den Körper zur Waffe

Im alten Okinawa-Kobudō wurden Ackergeräte wie das *sai*, die *kama*, das *nunchaku* und der *tonfa* zu Waffen gemacht. Eine weitere Kobudō-Waffe, das *eku*, war ursprünglich ein Ruder. Der Stock (*bō*) wurde auf Okinawa *kon* genannt. Der mit Zinnspitze und Metallringen verstärkte Stock (*shakujō*) war die bevorzugte Waffe der chinesischen Mönchskrieger gewesen. Vom Kōga-Ninjutsu wurden Wurfsterne (*shuriken*) übernommen. Ich selbst habe deren Herstellung und Wurftechniken beim 14. Meister des Kōga-Ninjutsu Fujita Seiko gelernt. Beim Gebrauch all dieser Waffen ist aber wichtig, dass sie nicht einfach wie Werkzeuge benutzt werden. Man muss sie so beherrschen, als wären sie Teile des eigenen Körpers. Dies erfordert ein langes Training.

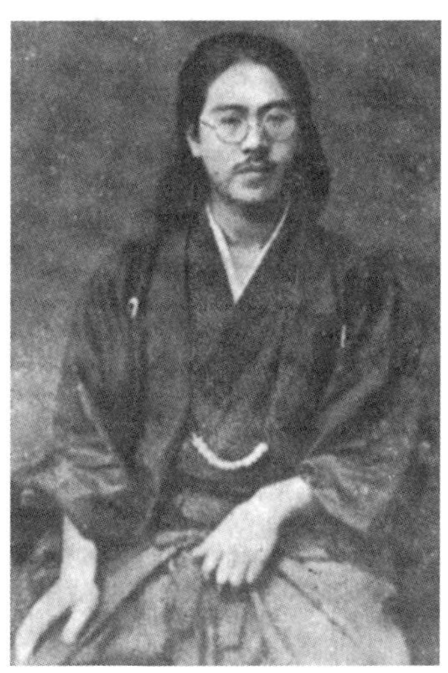
Foto 23: Fujita Seiko (1899-1966).

Nachdem mein Vater auf die Hauptinsel Honshū gezogen war, fing er an, sich intensiver mit Stocktechniken, so zum Beispiel mit dem *jō* zu beschäftigen.[62] In der Kata *Passai shō* des Shuri-te wird ein Bewegungszyklus ausgeführt, der zur Abwehr eines Angriffs mit dem Stock gedacht ist.

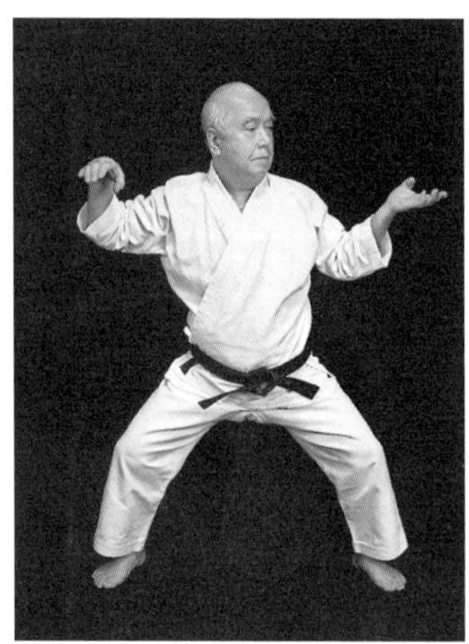

Foto 24

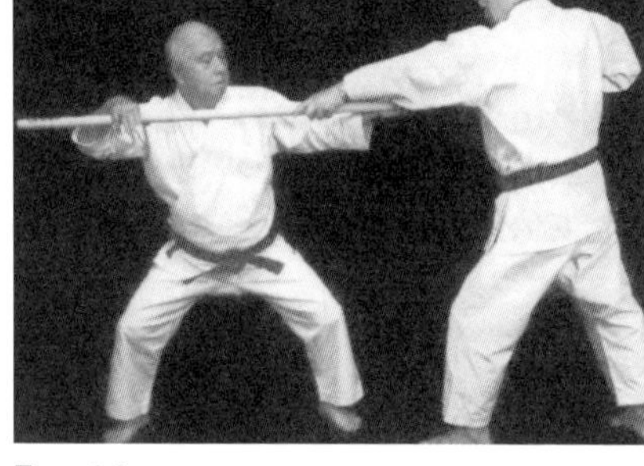

Foto 25

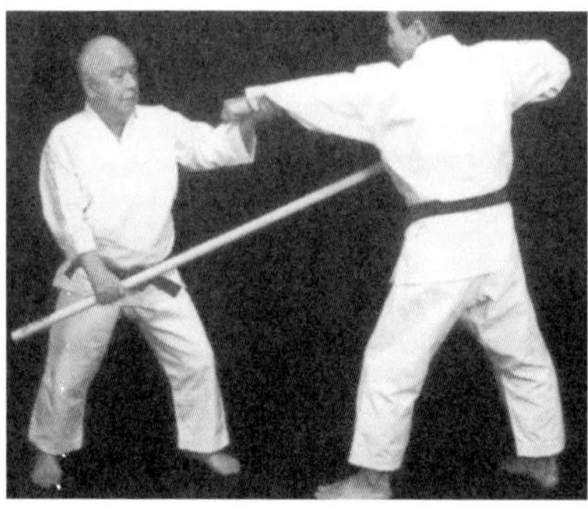

Foto 26

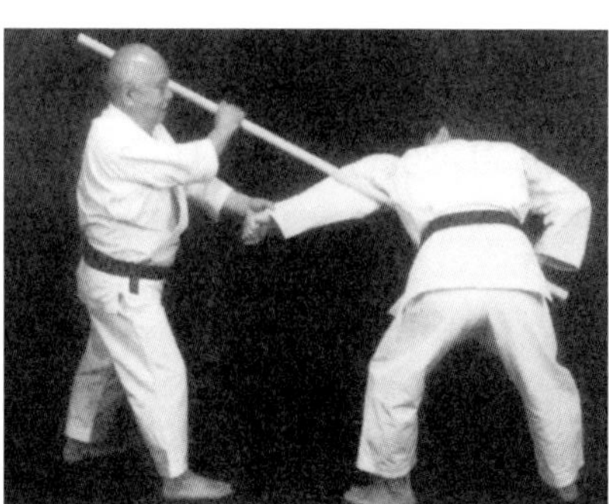

Foto 27

Foto 24-27: Eine Technik der Kata *Passai shō* und ihre Anwendung. Foto 24 zeigt eine Haltung aus der Kata. Mit einer Körperdrehung wird dem Stockstoß ausgewichen, und der gegnerische Stock wird ergriffen (25). Die Hand des Gegners wird von unten gegriffen (26). Das Ellbogengelenk des Gegners wird mit seinem eigenen Stock gehebelt (27).

---

[62] Der *bō* hat eine Länge von ca. 1,80 m. Der *jō* ist 1,30 m lang. – Anm. d. Lekt.

Wie gezeigt wurde, entspricht das *mutō dori* des Yagyū-Stils dem Ausgangspunkt des Karate. Das heißt aber auch, dass das Karate hier erst beginnt und sich nicht darin erschöpft. Es geht über das *mutō dori* hinaus. Vom *mutō dori* ausgehend muss man seinen eigenen Körper zur Waffe werden lassen. Karate nutzt praktisch alle Körperteile als Waffe. Das dies tatsächlich so ist, zeigen die Kata des Karate.

Vor einiger Zeit besuchte ich ein *dōjō* in der Präfektur Mie. Als ich fragte, welche Teile der Hand man als Waffe einsetzen könne, waren selbst die höheren Dan-Träger um eine Antwort verlegen. Tatsächlich glauben viele, dass nur die Faust und die Handkante dafür in Frage kommen. Wie man aber auf den folgenden Fotos sieht, können alle Teile der Hand als Waffe wirken bzw. die Hand in eine Waffe verwandeln.

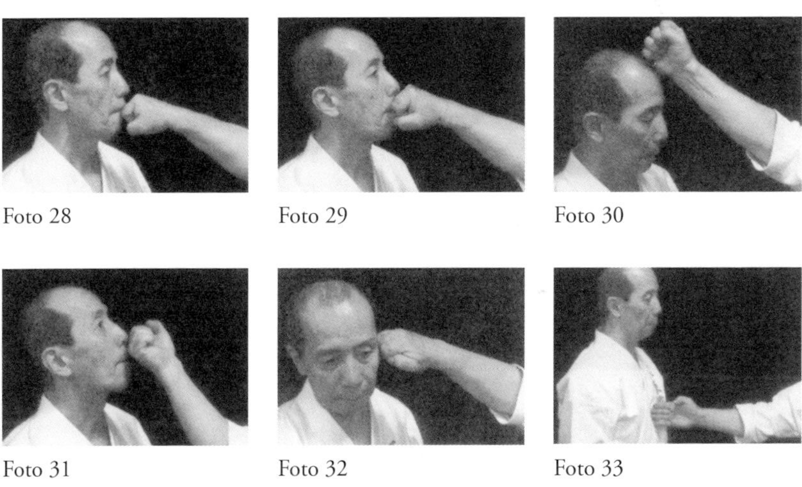

Foto 28 Foto 29 Foto 30

Foto 31 Foto 32 Foto 33

Fotos 28-40: Die Hand als Waffe.

Foto 28: Die Faust, konzentriert auf die Knöchel von Zeige- und Mittelfinger, als die »große Faust« oder »große Gerade« (*daikentō*).

Foto 29: Die Faust, konzentriert auf den zweiten Knöchel, »kleine Faust« (*shōkentō*).

Foto 30: Die Faustunterseite in der Hammerfaust (*kentsui*).

Foto 31: Die Faustrückseite bzw. die Mittelhandknöchel (*uraken*).

Foto 32: Die Unterseite der flachen Faust mit in den mittleren Gelenken eingebogenen Fingern und darübergelegtem Daumen (*hiraken*).

Foto 33: Die Fingerspitzen der offenen Hand in der Speerhand (*nukite*).

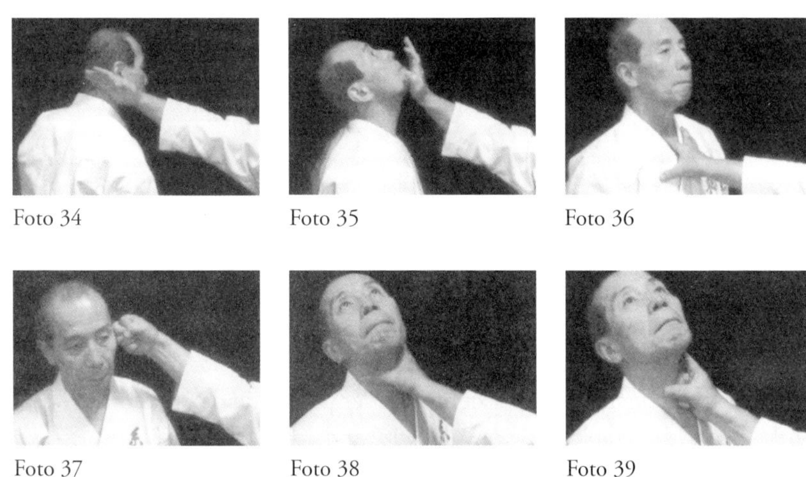

Foto 34 Foto 35 Foto 36

Foto 37 Foto 38 Foto 39

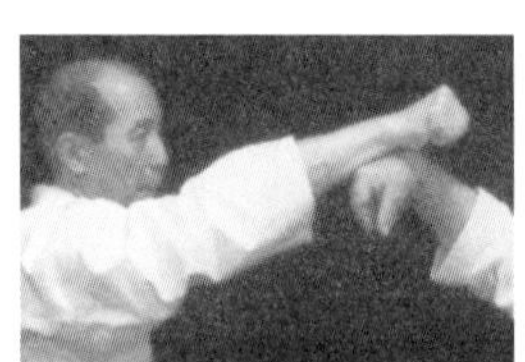

Foto 40

Foto 34: Die Handkante bzw. Schwerthand (*shutō*).

Foto 35: Der Handballen (*shōtei*).

Foto 36: Stich mit dem Zeigefinger. (*hitosashi ippon nukite*).

Foto 37: Faust mit vorstehendem im mittleren Gelenk eingebogenem Mittelfinger, »Eisenfaust« (*nakadaka ippon ken*).

Foto 38: »Fingerschere« – Daumen und Zeigefinger formen eine Klaue, die anderen Finger sind eingekrümmt (*yubi basami* oder *yubi hasami*).

Foto 39: Schere, die aus dem abgespreizten Daumen und den aneinanderliegenden, leicht gekrümmten anderen Fingern gebildet wird – »Kehlenschere« bzw. »Tigermaul« (*hira basami*).

Foto 40: Rücken des gebeugten Handgelenks (*koken*).

Beim Arm kann man Unterarm und Ellenbogen nutzen, beim Fuß den Ballen, den Spann, die Ferse oder die Kanten (siehe Fotos auf der folgenden Seite). Natürlich können auch der Kopf und das Gesäß als Waffe eingesetzt werden. Kopfstöße kann man sowohl mit der Stirn als auch mit dem Hinterkopf oder seitlich ausführen.

Viele sind der Ansicht, dass sich die Techniken des Karate auf Stöße und Tritte beschränken. Es gibt jedoch auch Hebel und Würfe. Die Annahme, im Karate gäbe es nur Stöße und Tritte, ist ein Missverständnis, das davon herrührt, dass man anfangs Karate in Japan nur studierte, um sich

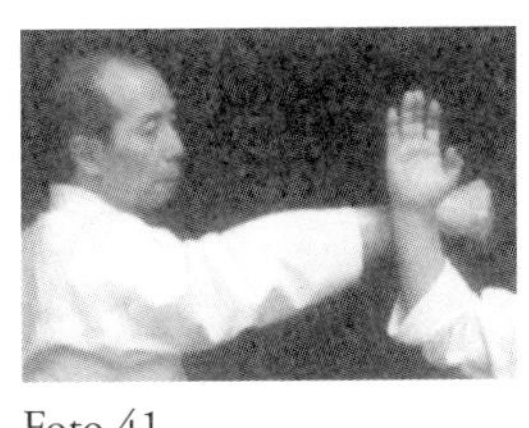

Foto 41

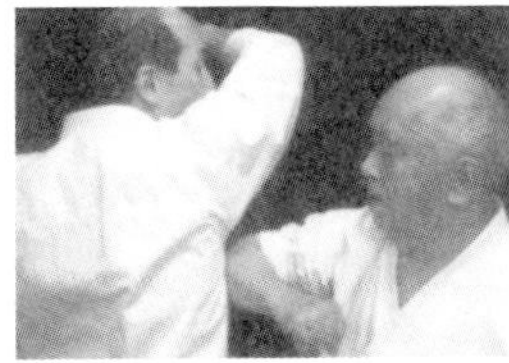

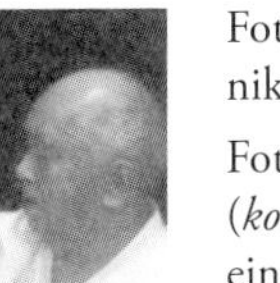

Foto 42

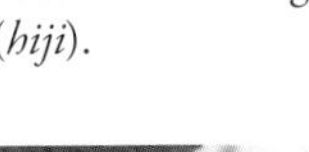

Fotos 41 und 42: Armtechniken (*ude*).

Foto 41: Unterarmtechnik (*kote*). Der Unterarm leitet einen Fauststoß ab.

Foto 42: Ellbogentechnik (*hiji*).

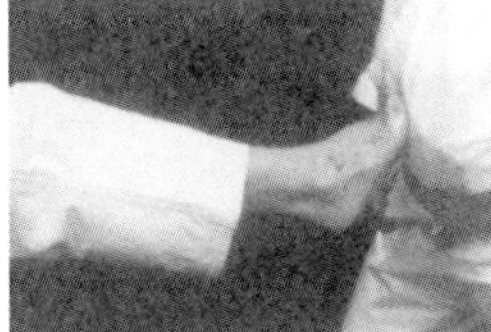

Foto 43

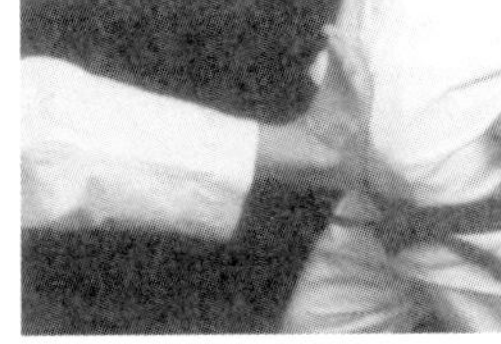

Foto 44

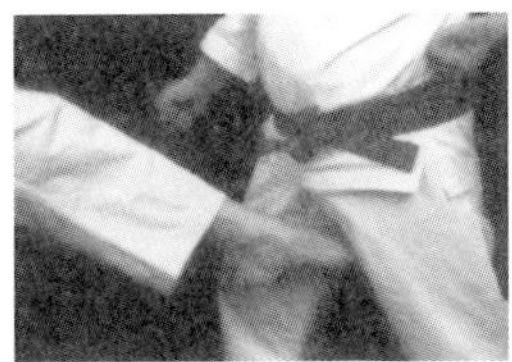

Foto 45

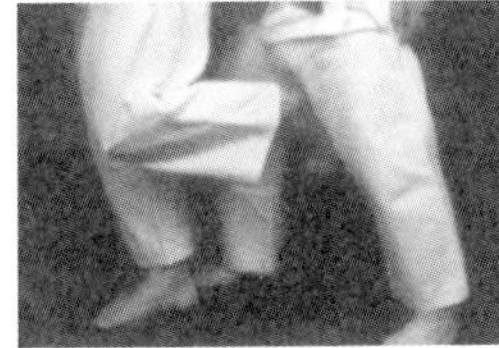

Foto 46

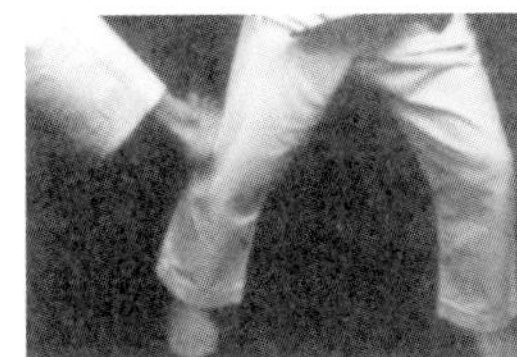

Foto 47

Fotos 43-47: Fußtechniken (*ashi*).

Foto 43: Fußballen (*jōsokutei*).

Foto 44: Ferse (*kasokutei* oder *kakato*).

Foto 45: Spann (*kō*). Tritt mit dem Spann nach oben.

Foto 46: Fersentritt mit dem Rücken zum Gegner (*kōshō*).

Foto 47: Fußkante (*sokushu sokutō*). Tritt bzw. Stoß mit der Fußkante gegen Knie- oder Fußgelenk.

die im Jūdō fehlenden lebensgefährlichen *atemi*-Techniken anzueignen. Die Japanische Gesellschaft für Körpererziehung hatte nach dem Zweiten Weltkrieg die Schwerttechniken dem Kendō, die Würfe dem Jūdō und die Schlag- und Stoßtechniken dem Karate zugeordnet. Darüber hinaus wurden mit der Entwicklung des Karate zum Wettkampfsport viele Techniken mit einem Verbot belegt. Dazu gehörten alle Hebel und Würfe. So verfestigte sich der Eindruck, Karate sei eben die Kampftechnik der Stöße und

Tritte. Und von diesen wurden noch etliche, wie zum Beispiel der Handschwertstoß (*nukite*), die Fußkante (*ashi gatana*) oder der Tritt in die Genitalien (*kinteki geri*) ausgeschlossen. In sportlichen Wettkämpfen besteht das Ziel einzig darin zu siegen. Es ist dazu nicht erforderlich, die ursprünglichen Karatetechniken zu meistern. Man ist sogar effektiver, wenn man sie nicht kennt. Für das Wettkampfkarate muss man die Faust oder die Schwerthand nicht abhärten.

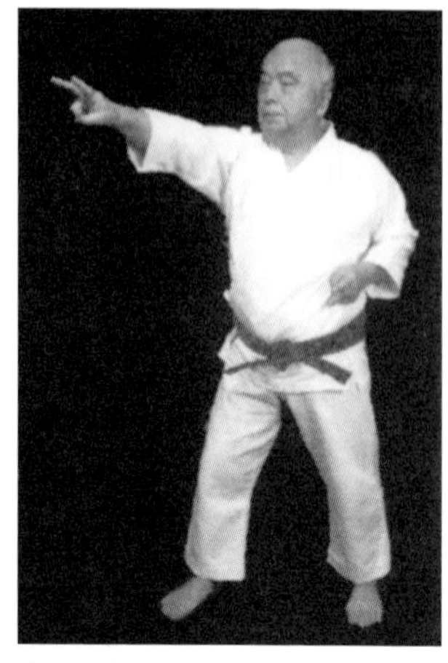

Foto 48: Zwei-Finger-Schwerthand in der Kata *Chintei.*

Ist Karate aber Selbstverteidigung, deren Ausgangspunkt dem *mutō dori* entspricht, dann ist es Kampftechnik – Bujutsu. In einem solchen Karate werden alle Dinge ringsum zur »Hand«, und der eigene Körper wird vollständig zur Waffe.

Damit will ich den Wettkampfsport nicht generell ablehnen. Mein Wunsch ist allein, dass man Karate wieder stärker in seiner Eigenschaft als ursprüngliches Budō studiert.

Wie kann man den Körper abhärten?

Um im Karate voranzukommen, ist es wichtig, die Kata gründlich zu studieren. Dazu gehört auch die Arbeit mit den *bunkai*. Dies ermöglicht es dem Karateka zu verstehen, auf welche Weise Techniken im konkreten Fall eingesetzt werden; zum Beispiel unterscheidet sich die Art der Schwerthand nach dem Angriffsziel. Für einen Stoß gegen die Augen ist die Schwerthand mit zwei Fingern geeignet. Die Kata *Chintei* (auch *Chinte* oder *Chintii*) beinhaltet eine solche Aktion gegen die Augen (siehe Fotos 49-53). Dabei ist aber die Gefahr sehr hoch, dass man das Ziel verfehlt und sich dabei sogar selbst an den Fingern verletzt. Deshalb sollte man diese Zwei-Finger-Schwerthand aus einem Handballenstoß gegen das Kinn des Gegners entwickeln.

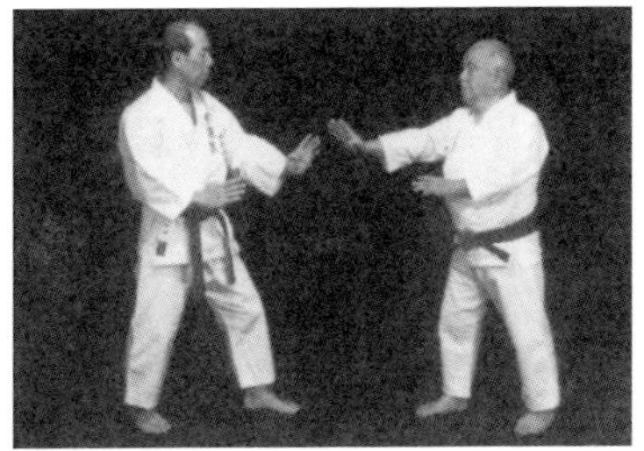

Foto 49

Fotos 49-53: Die Kata *Chintei.*

Foto 49: Bereitschaftshaltung (*kamae*). Der Stoß des Gegners wird nach unten abgedrängt, gleichzeitig wird mit dem Handballen der anderen Hand der Gegenstoß gegen das Kinn des Gegners geführt (Fotos 50 und 51). Von dort geht man über zum Zweifingerstoß (*nihon nukite*) gegen die Augen (*metsubishi*) (Fotos 52 und 53).

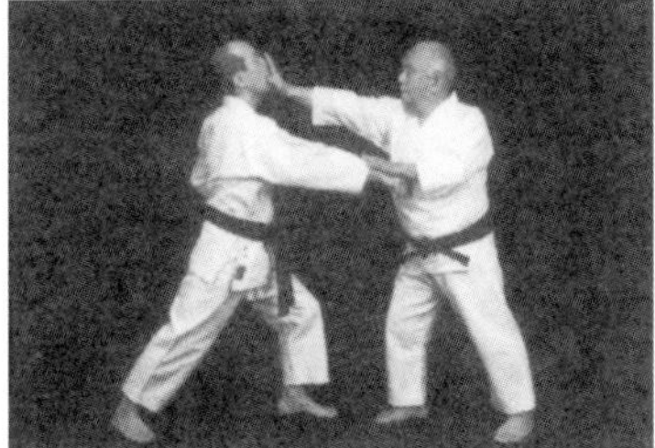

Foto 50

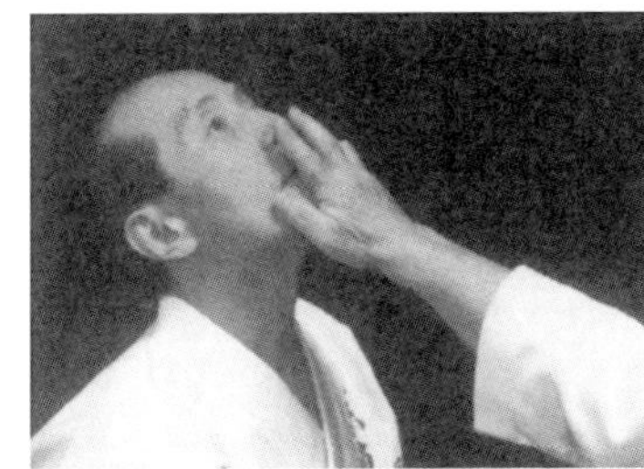

Foto 51

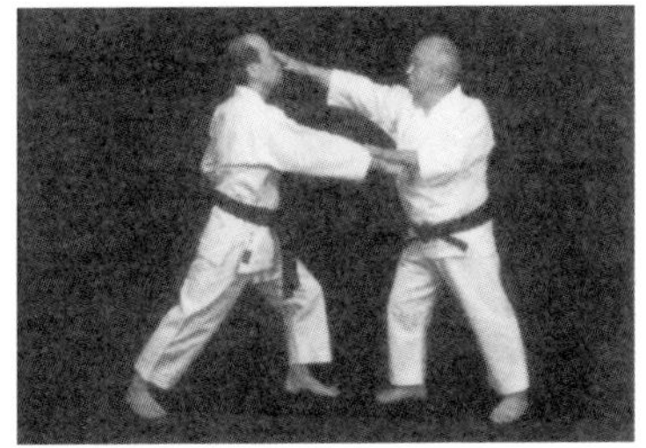

Foto 52

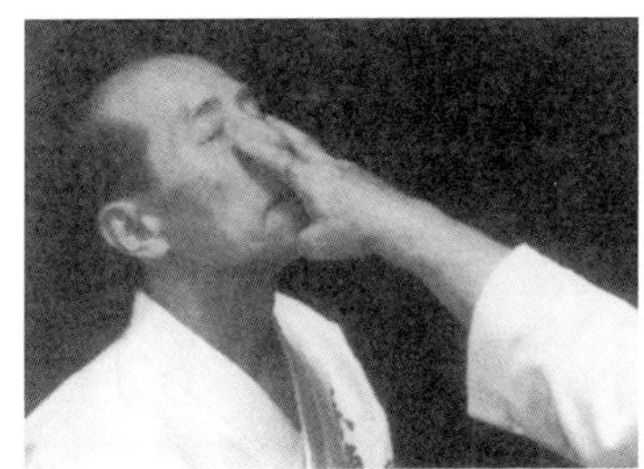

Foto 53

Denkt man darüber nach, wie man die verschiedenen Körperteile am besten einsetzt, sollte man auch an das Abhärten denken. Früher hatte man nicht solche Geräte wie heute, man nutzte einfach, was vorhanden war. Beispielsweise verwendete man zum Abhärten den *makiwara*, fest um einen Baum oder Pfahl gewickeltes Stroh, auf das man einschlug. Für die Abhärtung der Schwerthand macht man Liegestütze (*udedate fuse*) nur mit den Fingerspitzen. Man beginnt mit allen fünf Fingern und reduziert dann die Zahl der den Körper stützenden Finger. Eine andere Methode besteht darin, die Finger in Bündel aus jungem Bambus zu stoßen oder in eine sandgefüllte Kiste (*kanshu*). Um den Griff zu stärken, nutzt man traditionell große Sakekrüge (*kame*). Man ergreift sie mit den Fingern und dem angewinkeltem Daumen von oben, jeweils einen Krug mit jeder Hand und steht dabei im *sanchin dachi*, einer der Hauptstellungen des Naha-te.

Anfangs lässt man die Keramikgefäße leer. Wenn man den Griff beherrscht, füllt man etwas Sand in die Krüge. Hat man sich an eine bestimmte Menge gewöhnt, füllt man etwas mehr Sand ein und übt, bis man sich an die neue Menge gewöhnt hat. Kann man die vollen Krüge gut halten, füllt man andere Materialien ein, zum Beispiel Steine oder auch Blei.

Wenn man seinen Körper nicht auf solche Weise stählt, kann man genau genommen den ursprünglichen Kampf- und Selbstverteidigungstechniken nicht gerecht werden und fängt beim Training des Karate gewissermaßen mit dem Ende an.

Stöße mit muchimi

Außerdem ist noch eines wichtig: Die alten Meister auf Okinawa sagten immer, der Stoß müsse mit *muchimi* ausgeführt werden. Das ist okinawanischer Dialekt und bedeutet »zäh« oder »elastisch«. Der ganze Körper soll elastisch wie eine Peitsche oder wie Bambus in den Stoß eingehen. Bambus ist hart und weich zugleich. Wenn dieses *muchimi* nicht gegeben ist, kann man sich noch so sehr um die Abhärtung des Körpers bemühen, einen wirklich mächtigen Stoß kann man nicht zuwege bringen. Mit Worten allein kann man den Zustand des *muchimi* nicht erklären, man muss ihn mit dem eigenen Körper wahrnehmen und verstehen.

Es gibt kein Budō, das so wie das Karate, ausgehend vom Geist des *mutō dori* des Yagyū-Stils, nicht nur die einzelnen Gliedmaßen, sondern den ganzen Körper befähigt, die Energien der Umwelt zu transformieren und zu fokussieren. Das Potential hierfür ist in den Kata enthalten. Karate ist eine komplexe Kampftechnik, die nicht nur die Schlag- und Stoßtechniken, das Kempō, sondern auch das Jūdō, das Kendō, das alte Ryūkyū-Kobudō oder auch den Gebrauch von Wurfsternen (*shuriken*) einschließt. Die Kampfpositionen (*kamae*), die Art zu stehen, sich zu bewegen, sind für jede Art von

Budō geeignet und für den Gebrauch jeder Art von Waffen. Dies alles belegt meine These, dass Karate die Grundlage des Budō darstellt, denn es ist der legitime Nachfolger der japanischen Kampftechniken und hat im Grunde alles an Techniken aufgenommen, was Menschen irgendwo erfunden haben.

Karate als Unterstützung für jeden Budōka

Wenn man Karate beherrscht, kommt man auch in anderen Arten des Budō rasch voran. Viele Beispiele belegen das. Besonders deutlich kommt dies im Kendō und im Iaidō zum Ausdruck. Das ist leicht verständlich, da Karate sich aus dem Höhepunkt der japanischen Schwertkunst heraus entwickelt hat. Aber auch Praktizierenden anderer Budōkünste verschafft ein gleichzeitiges Karate-Training große Vorteile. Da Karate alle Teile des Körpers fordert und nicht nur Stöße und Tritte, sondern auch Würfe und Hebel beinhaltet, kann der fortgeschrittene Karateka auch Jūdō und Jūjutsu leichter meistern.

In einem Artikel in der Zeitschrift *Gekkan karate dō* vom Dezember 2000, mit dem Titel »Die drei Großen des Karate« wurde daran erinnert, wie Kanō Jigorō, der Begründer des Jūdō, auf Okinawa zum ersten Mal eine Karatevorführung meines Vaters gesehen und daraufhin geäußert hatte: »Für deine Fähigkeiten müsstest du auf der Stelle den vierten Dan im Jūdō bekommen!«

Ich selbst hatte ein ähnliches Erlebnis im Jahre 1947. Um eine Praxis als Knochenheiler eröffnen zu können, brauchte ich eine Lizenz als Jūdō-Chiropraktiker. Eine Jūdō-Prüfung war damals Voraussetzung für die Berufszulassung als Heiler von Verrenkungen, Knochenbrüchen und dergleichen. Ich konnte natürlich auch Jūdō, erhielt aber als erster die Erlaubnis, diese Prüfung im Karate abzulegen. Ich führte damals die Kata *Seienchin* vor. Ein Mitglied der Prüfungskommission erklärte sich bereit, als mein Partner zu agieren, so dass ich auch das *bunkai* der Kata demonstrieren konnte. Karate war damals noch wenig bekannt, und die meisten Prüfer hatten noch nie Karate gesehen. Dennoch erntete ich allgemeine Bewunderung. Seitdem haben viele meiner Schüler diese Prüfung im Karate abgelegt und nicht im Jūdō.

3.2 Block ist Angriff – ohne Taktschlag

Mit einem Block beginnen

Alle Karate-Kata beginnen und enden mit einem Block. »Im Karate gibt es keinen ersten Angriff.«[63] Die Kata haben die Eigenschaft, den Karateschülern diesen Lehrsatz ohne Worte zu vermitteln. Erklärbar ist seine Aussage sowohl auf psychologischer Ebene als auch auf technisch-körperlicher Ebene. Die psychologischen Aspekte werde ich im 2. Teil des Buches erläutern. An dieser Stelle möchte ich näher auf die körperliche Seite des Problems, den rein kampftechnischen Aspekt eingehen.

Da die erste Aktion in allen Kata immer ein Block ist, meinen viele, Karate sei ein eher passives Budō. Aber so ist es keineswegs. In der »Kunst des Krieges« von Sun Tsu[64] heißt es: »Wenn man den Feind und sich selbst kennt, kann man hundert Kämpfe bestehen. Wenn man nur sich, aber den Feind nicht kennt, kann man gewinnen oder verlieren. Kennt man aber beides nicht, wird Kämpfen gefährlich.« Dies erklärt, warum die Kata immer mit einem Block beginnen. Auf diese Weise lernt man nämlich den Gegner kennen. Abgesehen von einem wirklichen Überraschungsangriff, kann der erste Angriff leicht abgefangen werden. Andernfalls läuft man Gefahr, in die Taktik des Gegners hineingezogen werden.

Menschen mit schwachen Nerven tendieren meist dazu, sich schnell zu ärgern und unverzüglich anzugreifen. So ist es Sasaki Kōjirō, einem großen Meister des Langschwerts, in seinem Kampf gegen Miyamoto Musashi (1584-1645) ergangen, der 1612 auf Ganryū Jima[65] stattfand. Kräftemäßig war er seinem Gegner ebenbürtig oder sogar überlegen. Das Duell war für acht Uhr angesetzt gewesen. Aber Musashi hatte auf dem Boot unterwegs zur Insel in aller Seelenruhe aus seinem Ruder ein Holzschwert

---

[63] *Karate ni sente nashi.* Lehrsatz von Funakoshi Gichin, adaptiert für das Karate nach einer alten Regel des japanischen Bushidō. – Anm. d. Lekt.

[64] Sun Tsu, auch Sunzi oder Sun Wu, war ein chinesischer General und Militärstratege, der zwischen ca. 534 v. Chr. und ca. 453 v. Chr. lebte. »Die Kunst des Krieges« ist ein aus 13 Kapiteln bestehendes Werk, das als erstes und eines der besten Bücher über Strategie gilt. – Anm. d. Lekt.

[65] Unbewohnte Insel in der Straße von Shimonoseki. – Anm. d. Übers.

geschnitzt und kam erst drei Stunden später an. Auf diese Weise hatte er Kōjirō bereits vor Beginn des Kampfes verärgert, ihn gewissermaßen psychologisch attackiert. Dann rief Musashi seinem Gegner, der ihm schon mit blanker Klinge entgegenkam, zu: »Kōjirō, ich werde dich vernichten!« Damit brachte er ihn noch mehr auf und provozierte ihn zum ersten Schlag. Außerdem hatte er vorher von einem Schüler heimlich das Schwert von Kōjirō messen lassen und konnte nun mit einem Holzschwert (*bokutō*) zurückschlagen, das er aus seinem Ruder geschnitzt hatte und welches ein *shaku* (33 cm) länger war als das Schwert von Kōjirō. So siegte er gewissermaßen durch einen Längenunterschied von einem *shaku.* Genau genommen aber hatte Kōjirō schon am Anfang gegen Musashi verloren, noch bevor Musashi seinen tödlichen Gegenschlag auf den Scheitel seines Gegners ausführte, denn in seinem Zorn hatte Kōjirō Musashi als erster angegriffen. Kennt man jedoch das Potential des Gegners nicht, darf man den Angriff nicht suchen. Und genau dies ist die Bedeutung davon, dass die Kata immer mit einem Block beginnen.

Den Angriff des Gegners mit einem mächtigeren Gegenangriff blocken

Wie in der Kata *Passai dai* gibt es in vielen Kata als erste Aktion einen durch die andere Hand gestützten Block, der eingesetzt wird, wenn die Situation besondere Vorsicht erfordert (siehe Foto 54 auf S. 88). Beim *kumite* (Partnertraining) begibt man sich in eine Bereitschaftsposition, während man einen Fuß zurücksetzt, was ein Ausdruck derselben Logik der Vorsicht ist. Das bedeutet jedoch nicht, dass Karate eine defensive Kampfkunst ist. Im Shitō-Karate gibt es die Regel: »Die blockende Hand ist die angreifende Hand.« Karate ist, wörtlich genommen, Kämpfen ohne Waffen, mit leeren Händen. Die Meinung, es sei eine passive Verhaltensweise, wenn man mit einem Block beginnt, entsteht dadurch, dass man Karate mit anderen Kampftechniken verwechselt und vergisst, dass Karate Kampf mit leeren Händen, mit leeren Fäusten ist, die aber zur Waffe werden.

Bei Kampftechniken mit Waffen wird der Angriff zuerst abgefangen und erst anschließend, als zweite Aktion, wird ein Gegenangriff ausgeführt.

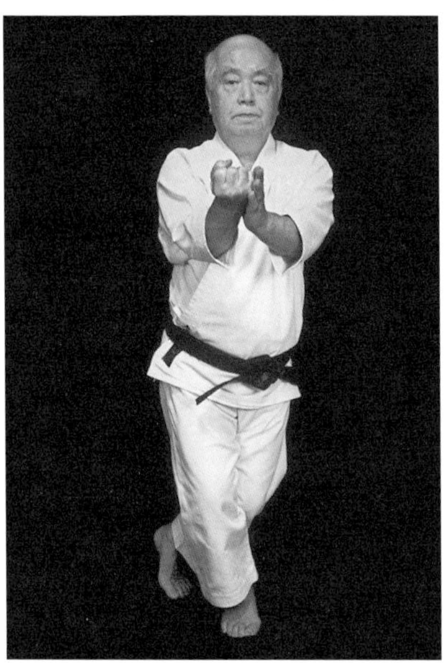

Foto 54: Der gestützte Block. Die erste Aktion (*dai itte*) in der Kata *Passai dai*. Die blockende bzw. aufnehmende Hand wird mit der anderen Hand gestützt.

Karate aber ist Verteidigung mit dem eigenen Körper, den man zur Waffe geschmiedet hat. Wenn man mit einem Körper blockt, der die Kraft in sich trägt, Bretter zu zerbrechen oder Ziegel zu zerschmettern, dann ist der Block selbst schon Angriff. Man blockt mit einer Kraft, die die des gegnerischen Angriffs übertrifft. Im Karate wird angegriffen, indem man blockt und geblockt, indem man angreift. Das nennt man in Japan *mu hyōshi*, »ohne Taktschlag«, das heißt, ohne dass eine Rhythmisierung aus Angriff und Verteidigung existiert. Man kann soweit gehen, dies als Quintessenz des japanischen Budō zu bezeichnen. In dem Grundprinzip des Shitō-Karate »Block ist Angriff« ist dieses *mu hyōshi* bis zum äußersten entwickelt.

Aber nicht nur das Budō, die japanische Kultur selbst ist *mu hyōshi*. Die Natur bewegt sich ständig, obwohl sie so aussieht, als würde sie stehenbleiben. Sie ist in einem Kreislauf. Die Vorstellung, dass man in Harmonie mit einer Natur lebt, die ständig kreist, ist ein Grundzug der japanischen Kultur. Das Kreisen der Natur kann man nicht in einen bestimmten Rhythmus oder Takt zwingen. Man kann damit nur in Harmonie leben, indem man sich daran anpasst. Dieser Gedanke des *mu hyōshi* ist Ausgangspunkt der japanischen Kultur.

Als ich darüber mit der großen japanisch-koreanischen Kulturphilosophin O Son-Fa sprach, erklärte diese, dass es ein charakteristisches Merkmal für japanische Buddhastatuen sei, dass die dort dargestellten Blüten noch nicht geöffnet seien. Dies soll ausdrücken, dass sie sich öffnen *werden*. Es sei die Besonderheit der japanischen Kultur, die Dinge in Bewegung zu sehen.

Rhythmus und Geschwindigkeit

In Japan kennt wohl jeder den berühmten *kabuki*-Schauspieler[66] Bandō Tamasaburō. Sein *kabuki* folgt einem Taktschlag, hat also einen festen Rhythmus. Ich fand dies irgendwie fremdartig und hörte von einem Musiker, dass Bandōs *kabuki* einen 16er oder 32er Takt habe, wie die westliche Musik. So fühlte ich mich in meinem Befremden bestätigt. Das ursprüngliche *kabuki* hat nämlich keinen Takt. Das *kabuki* von Bandō wird jedoch im Ausland sehr geschätzt. Es ist eben an westliche Hörgewohnheiten angepasst.

Auf meinen Reisen ins Ausland habe ich oft gesehen, dass Leute mit Kopfhörern einem Rhythmus folgend Kata üben oder anderweitig Karatetraining zu Musik ausführen. Wenn aber etwas zum Budō überhaupt nicht passt, dann sind es Rhythmus oder Taktschlag. Denn der Taktschlag bedeutet Fixierung und ist ein verhängnisvoller Fehler, der das Budō zerstört. Auf »1« (*ichi*) blocken und auf »2« (*ni*) stoßen heißt, einem Taktschlag zu folgen. Das darf man nicht.

Hito hyōshi, ein einziger Taktschlag, schadet hingegen nicht. Wenn man auf einen Taktschlag gleichzeitig mit der rechten Hand blockt und mit der linken stößt, oder wenn die blockende Hand gleichzeitig angreift, entspricht das dem Wesen des japanischen Budō, sich immer zu wandeln, immer zu kreisen.

Eine Geschwindigkeit, die von einem Rhythmus hervorgerufen wird, ist eine physikalische Geschwindigkeit, eine Sequenz, die man wahrnehmen kann. Wenn aber ein erfahrener Gegner vor einem steht, kann es geschehen, dass man sich plötzlich auf dem Boden wiederfindet oder dass man völlig unverhofft den gegnerischen Faustrücken vor Augen hat. Das ist das Ergebnis augenblicklicher Aktion, die keinem Rhythmus oder Takt folgt.

---

[66] Siehe Fußnote 25 auf S. 28.

Die fünf Prinzipien des Blockens

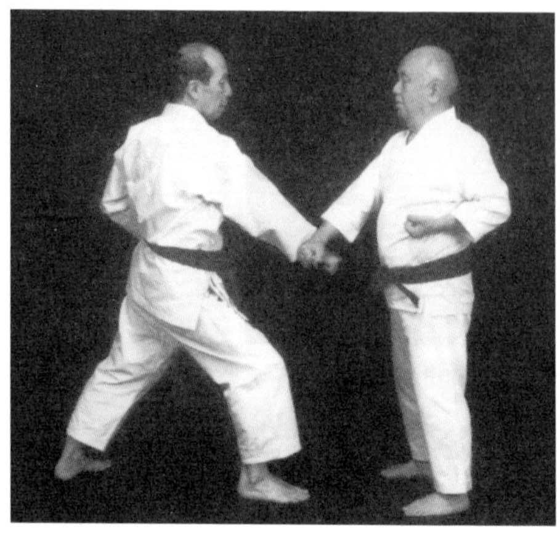

Foto 55: »Fallende Blüten« (*rakka*). So, wie die Erde die fallenden Blüten aufnimmt, wird mit einer winzigen, aber sehr kraftvollen Bewegung der gegnerische Angriff angenommen und gestoppt, das heißt im eigentlichen Sinne geblockt.

Mein Vater lehrte die »Fünf Prinzipien des Blockens«. Diese Prinzipien enthalten konkrete Erklärungen dazu, wie man einen Block in einen Angriff verwandelt. Er gab ihnen die Namen »Fallende Blüten« (*rakka*), »Fließendes Wasser« (*ryūsui*), »Beugen und Strecken« (*kusshin*), »Positionswechsel« (*ten-i*) und »Gegenschlag« (*hangeki*).

Nach dem *rakka*-Prinzip stoppt man den Angriff des Gegners aus der einfachen Grundposition heraus mit einem festen Block. Ohne die kleinste Ausweichbewegung, und ohne dabei Schaden zu nehmen, wird der gegnerische Angriff geblockt, so, wie die Erde die fallenden Blüten aufnimmt, ohne auszuweichen oder sich zu entziehen. Dieses Blocken wird mit der Absicht ausgeführt, anzugreifen. Damit wird die Balance des Gegners untergraben. Indem man ihn unter Kontrolle bringt, schafft man für sich selbst eine günstige Situation (siehe Foto 55). Natürlich muss zur gleichen Zeit die andere, zurückgezogene Hand aus dem *hikite* zum Angriff übergehen oder die blockende Hand (*ukete*) selbst einen Gegenschlag führen – aber nicht auf einen extra Takt. Der Gegenschlag kommt mit dem gleichen Taktschlag, so wie ein gegen die Wand geworfener Ball jäh zurückspringt.

Ryūsui lässt den gegnerischen Angriff einfach vorbeifließen. Der Angriff wird nicht umgekehrt. Aber auch beim Prinzip »Fließendes Wasser« erfolgt der Gegenschlag unmittelbar, entweder mit der blockenden oder der zurückgezogenen Hand. Wie bei den »Fallenden Blüten« führt das Blocken selbst nicht zu einer Schädigung des Gegners, aber es verwandelt sich mit ein und demselben Taktschlag in einen Angriff (Fotos 56 und 57).

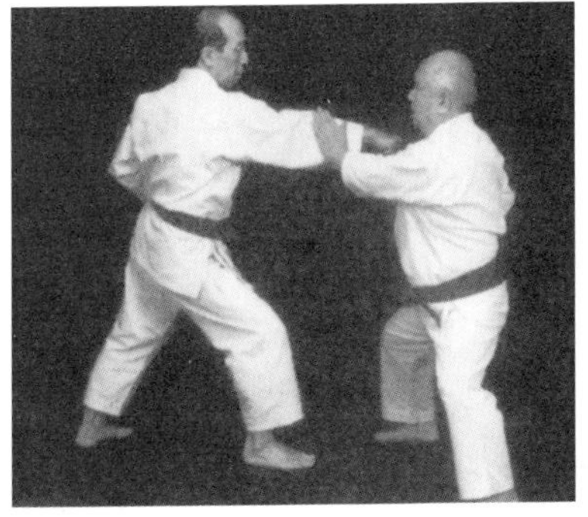

Foto 56

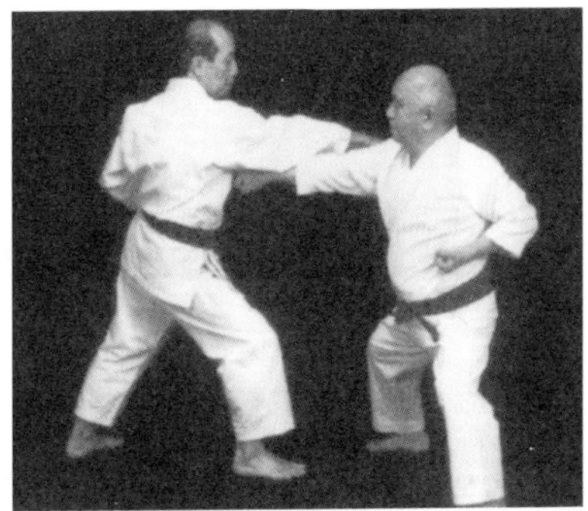

Foto 57

Fotos 56 und 57: »Fließendes Wasser« (ryūsui). Man kehrt den gegnerischen Angriff nicht um, sondern lässt ihn vorbeifließen wie Wasser (56). Der sofortige Gegenstoß erfolgt auf den gleichen Taktschlag (57).

Das Prinzip *kusshin* lehrt, den Angriff des Gegners durch Beugen oder Strecken des Körpers aufzunehmen. So wird die Position des Gegners vollständig erschüttert. Man muss aber alle Faktoren, die eigenen Bewegungen und die des Gegners, die Balance und die Atmung unter Kontrolle haben und darf sich selbstverständlich nicht aus dem Block zurückziehen. Auf den Taktschlag des Blocks muss der Gegenangriff erfolgen (siehe Fotos 58 bis 60 auf der folgenden Seite).

Das *ten-i* Prinzip erlaubt es, das Ziel des eigenen Blocks zu erreichen, indem man den eigenen Körper »öffnet« und damit die Position des Ziels des gegnerischen Angriffs verschiebt. »Öffnen« bedeutet hier eigentlich, den Körper zu drehen. Durch Drehung des Körpers wird dem Gegner das Angriffsziel entzogen. Natürlich muss man darauf achten, dass man dabei selbst in eine günstige Lage gelangt. Bei den Körperdrehungen unterscheidet man acht Richtungen (*tenshin happō*), nach vorn und hinten, links und rechts, nach vorn links und rechts diagonal, nach hinten rechts und links diagonal.

In einem alten, einst geheimen Budō-Lehrgedicht heißt es in einem Wortspiel, das auf dem gleichlautenden Wort »*tachi*« für »großes Schwert« und »Stehen« basiert: »Um ein angreifendes Schwert zum Stehen zu bringen, entzieht man ihm den eigenen Körper.« Das weist darauf hin, dass man besonders gegenüber einem bewaffneten Gegner mit einer Körper-

Fotos 58-60: »Beugen und Strecken, Kontraktion und Expansion« (*kusshin*).

Foto 58: Grund- bzw. Bereitschaftshaltung (*kamae*)

Foto 59: Der gegnerische Angriffsstoß wird aufgenommen, indem man den Körper nach vorn zusammenzieht oder wie eine Feder zusammendrückt und in eine niedrige Katzenpfoten-Stellung geht.

Foto 60: Der Gegenschlag erfolgt unmittelbar durch Strecken des Körpers, wie beim Entspannen einer Feder, mit einem Fußstoß.

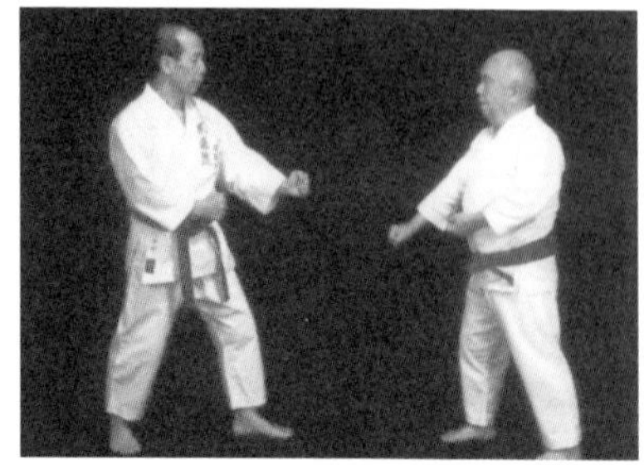

Foto 58

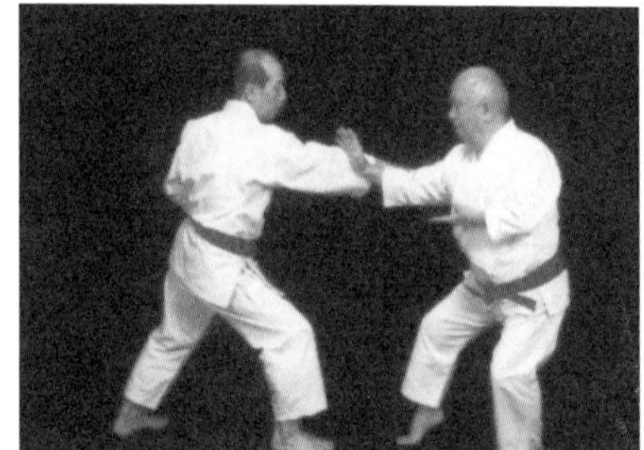

Foto 59

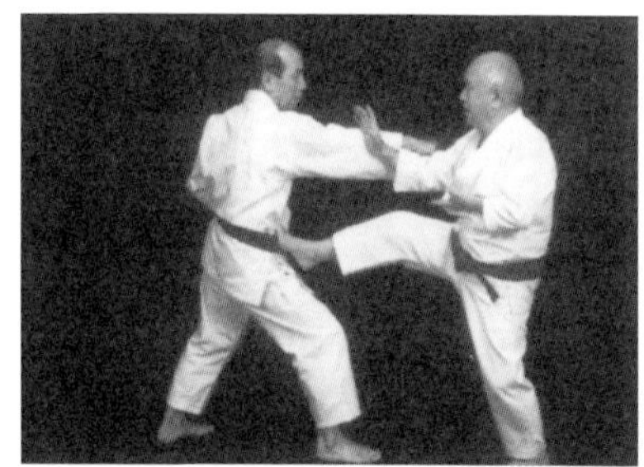

Foto 60

drehung reagieren sollte. Natürlich gibt der Gegner nicht Ruhe, auch wenn man zunächst einmal durch eine Körperdrehung das Ziel des Blockens erreicht hat. Auf der Stelle muss man den Gegenangriff führen. In diesem Sinne ist im Karate die blockende Hand zugleich die angreifende Hand (siehe Fotos 61-65).

Die vier genannten Prinzipien *rakka*, *ryūsui*, *kusshin* und *ten-i* entsprechen in der Terminologie des japanischen Schwertkampfes dem Prinzip des *go no sen*. Das heißt, sie werden nach dem Angriff eingesetzt, überlassen also zunächst dem Gegner die Initiative, greifen sie auf und nutzen sie für den Gegenschlag. Dies beruht auf der Idee des *gasshi uchi* des Yagyū-Stils.[67]

Im Gegensatz dazu ist das fünfte Prinzip, der »Gegenschlag« (*hangeki*), ein originäres technisches Prinzip des Shitō-Karate und beinhaltet einen

[67] *Gasshi uchi*: (jpn.) (wörtlich) Angriff in Harmonie mit dem anderen. – Anm. d. Lekt.

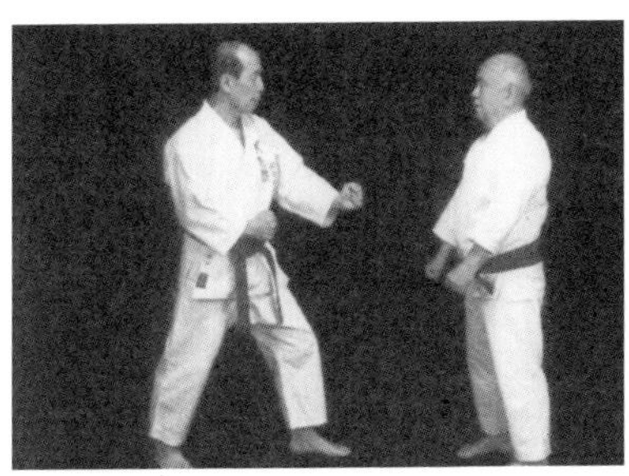

Foto 61

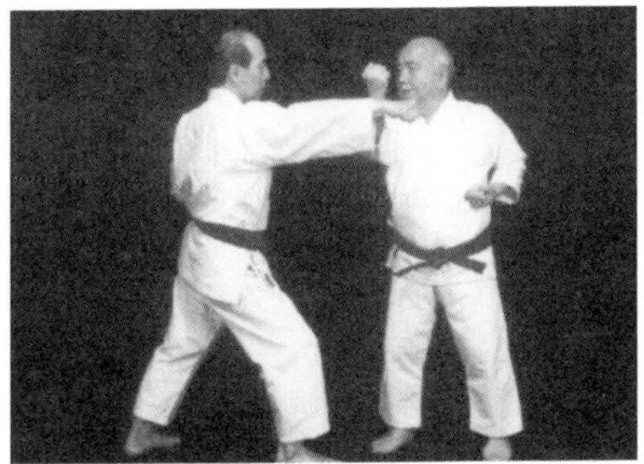

Foto 62

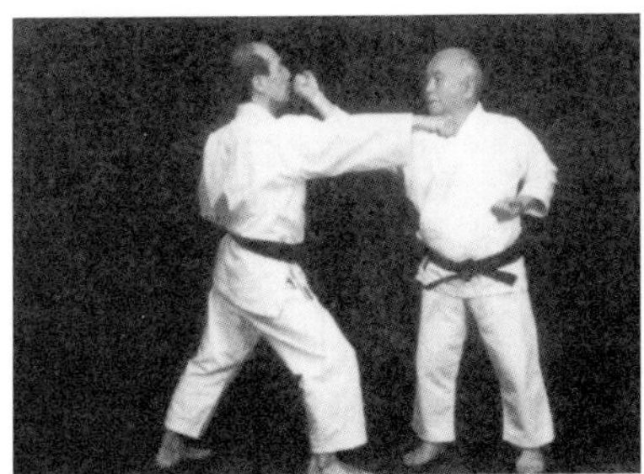

Foto 63

Fotos 61-63: Positionswechsel (*ten-i*).

Foto 61: Grund- bzw. Bereitschaftsstellung (*kamae*).

Foto 62: Körperdrehung mit Querblock.

Foto 63: Für den direkten Gegenangriff wird die Kraft des Rückstoßes genutzt.

sogenannten *aitsuki* oder Gegenstoß. Bei dieser Kontertechnik wird der Körper nicht vor dem gegnerischen Angriff zurückgezogen und verteidigt, sondern es wird während des gegnerischen Angriffs der Gegenstoß ausgeführt. Um aus einem solchen Gegenstoß richtig Nutzen zu ziehen, müssen Winkel und Timing perfekt abgestimmt sein; hier kommt es auf den Bruchteil einer Sekunde an, und er muss auf der Gegenseite einschlagen, wie der Blitz im (meist sehr dramatischen – Anm. d. Übers.) japanischen Frühlingsgewitter.

Wenn *rakka*, *ryūsui*, *kusshin* und *ten-i* Arten des Festungskriegs sind, in welchem man sich zurückzieht und verteidigt, ist *hangeki* Bewegungskrieg mit der Bereitschaft zum offenen Schlagabtausch unter vollem Einsatz des eigenen Lebens. Dieses *hangeki* entspricht konzeptionell dem *kiri otoshi*[68] des Ittō ryū.[69] Nach jedem einzelnen dieser Prinzipien

[68] *Kiri otoshi*: Abwärts geführter Schnitt (mit dem ersten, einzigen Schlag). – Anm. d. Lekt.

[69] Ittō ryū: Zweig des Schwertkampfes mit einem Langschwert (*odachi*), das mit beiden Händen geführt wird. – Anm. d. Lekt.

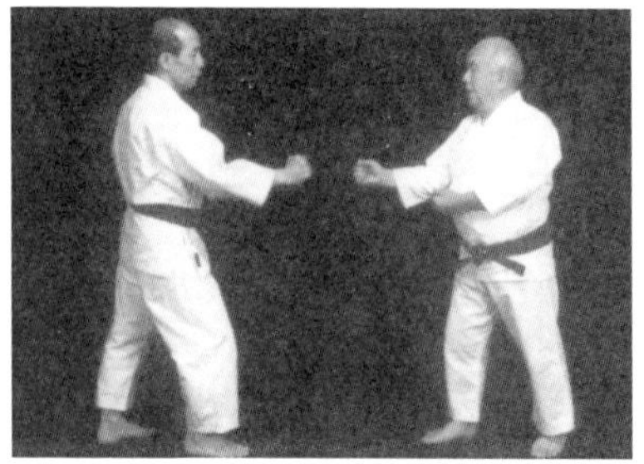

Foto 64

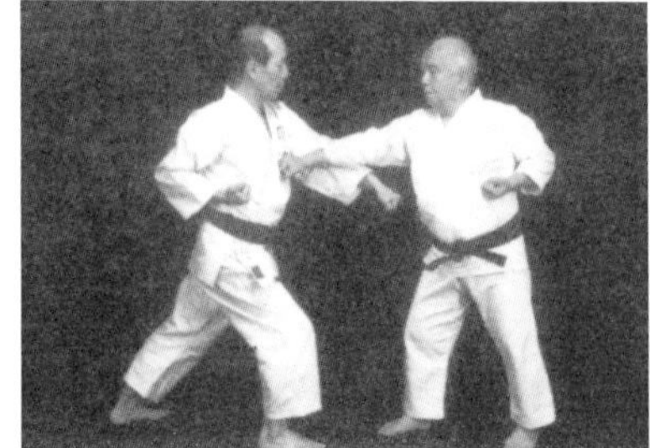

Foto 65

Fotos 64 und 65: Gegenschlag (*hangeki*).

Foto 64: Grund- bzw. Bereitschaftsstellung (*kamae*).

Foto 65: Der Angriff des Gegners wird mit einem gleichzeitigen Gegenstoß aufgenommen.

ist aber die blockende zugleich die angreifende Hand. Der Karate-Block ist in diesem Sinne ganz und gar nicht passiv, sondern stellt vielmehr einen außerordentlich aggressiven Angriff dar.

In der Praxis wird ein Block eher selten exakt einem einzigen dieser fünf Prinzipien folgen. Im allgemeinen wird es sich eher um eine Kombination aus mehreren von ihnen handeln. Außerdem ergeben sich aus dem Studium des Übergangs vom Block zum Gegenschlag zahllose technische Varianten.

Der Tokugawa-Klan[70] hatte die beiden Stile des Schwertkampfes, Yagyū und Ittō, die auf gegensätzlichen technischen Prinzipien beruhten, als höchste Formen der Schwertkunst anerkannt und als Hausstile angenommen. In meinen Augen ist es durchaus erstaunlich, dass das Karate, das auf Okinawa, also in einer damaligen Randregion entstanden ist, sich gerade aus dem Studium dieser Essenz der japanischen Schwertechnik, nämlich dem *gasshi uchi* des Yagyū-Stils und dem *kiri otoshi* des Ittō-Stils entwickelt hat.

---

[70] Die Tokugawa waren eine japanische Fürstendynastie, die das Tokugawa-Shōgunat (auch Edo-Periode, 1603–1867) begründete. – Anm. d. Lekt.

3.3 Die Aneignung der Techniken

Die Formenvielfalt der in den Kata enthaltenen Techniken

Die Karate-Kata bestehen aus vielen Angriffs- und Verteidigungsaktionen, und es ist oft sehr schwierig, deren Sinn zu erklären. Da alles im Fluss ist, erscheinen mitunter Rückwärtsbewegungen als Vorwärtsbewegungen. Außerdem gibt es versteckte Geheimtechniken, und viele Aktionen kann man ohne die mündlich überlieferten Erklärungen überhaupt nicht rational verstehen. Da viele Karateka diese Hintergründe nicht kennen, werden die Kata oft in sehr kurzsichtiger Weise als für den praktischen Kampf ungeeignet betrachtet. Es ist durchaus die sehr bedauerliche Tendenz zu beobachten, dass die Kata einfach aufgegeben werden. Gerade Leute, die die Kata für unwichtig und allein das *kumite*, also Trainingskampf oder Sparring, für notwendig erachten, führen oft stolz irgendwelche Techniken vor, als hätten sie Wunderwaffen entdeckt, die der Himmel gesandt hat. Wer sich allerdings bereits etwas eingehender mit den Kata beschäftigt hat, kennt diese Techniken meist schon und weiß, dass die Kata aus Techniken bestehen, die über viele Generationen hinweg entwickelt wurden und die in unzähligen Kämpfen auf Leben und Tod erprobt worden sind. Mein Vater sagte immer: »Die Techniken sind unendlich.« Diesen Gedanken aufgreifend, kann man ohne Einschränkung sagen: »Die Wandlungen in den Karate-Kata sind unendlich.«

Seit alter Zeit gibt es die Warnung vor den drei Schwächen des Kriegers: Zweifel (*giryo*), Trägheit (*kedai*) und Hochmut (*manshin*). Zweifel gegenüber dem, was die Älteren und Lehrer lehren, Trägheit und halbherziger Einsatz im Training, und schließlich Arroganz oder Selbstverliebtheit und Angeberei nach einigem Trainingserfolg.

Angesichts der unendlichen Fülle und Vielgestaltigkeit an Techniken in den Kata wird man wahrscheinlich kaum je eine Technik erfinden können, die vollständig neu ist. Man hat mir als Vorstand des Hauses Mabuni schon oft nachgesagt, ich hätte Techniken des Shitō-Karate verändert. Aber ich habe die Kata nur neu interpretiert und analysiert und keineswegs neue Techniken geschaffen. Was ein einzelner Mensch selbst in seinem ganzen Leben erlebt hat, ist vergleichsweise unbedeutend. Immer wieder in der

Geschichte haben herausragende Persönlichkeiten Kampftechniken geschaffen, die an die nachfolgenden Generationen weitergegeben und von diesen ergänzt und verbessert wurden. Dieses in unsere Zeit überlieferte, überragende Wissen kann man nicht einfach übertreffen. Auch ich kann noch immer im täglichen Katatraining ständig Neues entdecken.

Drei Regeln des Bujutsu

Katatraining ist für verschiedene Zwecke nützlich, für Gesundheit, Schönheit und Selbstverteidigung. Wofür auch immer man die Kata lernt, man muss auf folgendes achten:

1. Den Brustkorb vorstrecken und die Schultern senken
2. Die Augen weit öffnen und das Kinn einziehen
3. Die Energie im sich unter dem Bauchnabel befindlichen »unteren Zinnoberfeld«[71] konzentrieren und festen Stand suchen

Diese Punkte muss man sich beim Trainieren stets vergegenwärtigen. Man muss in die Stöße und Tritte eine Energie legen, als wolle man einen Blecheimer durchschlagen. Die Vorwärts- und Rückwärtsbewegungen sollte man stets voll lebendiger Spannung ausführen. Generell sollte man die Kata in dem Geiste üben, dass man den Gegner tatsächlich unmittelbar vor sich habe. Wenn man die Kata auf diese Weise immer wieder übt, wächst in einem auf ganz natürliche Weise der Geist der Tapferkeit, entwickelt sich ein gesunder und starker Körper. Trainiert man Karate ausschließlich für Gesundheit, langes Leben oder gutes Aussehen, ist es nicht erforderlich, darüber hinaus irgendwelche komplizierten Techniken zu lernen. Will man die Kata aber vom kampftechnischen Standpunkt aus studieren, sind die folgenden drei Aspekte wichtig:

---

[71] Das untere Zinnoberfeld (chin. *dantian*, jpn. *tanden* oder *hara*), ist nach der daoistischen Lehre das energetische (*ki*) Zentrum des Menschen. Es befindet sich wenige Zentimeter unterhalb des Nabels. – Anm. d. Lekt.

1. Die Rechts-Links-Symmetrie
2. Die Schwerpunktverlagerung
3. Die Atemtechnik

Erst mit dem Studium dieser drei Faktoren, kann man den Sinn des Karate richtig verstehen. Dazu möchte ich noch einiges erläutern. Zunächst zur Symmetrie. In den Kata sind alle Techniken prinzipiell Rechts-Links-symmetrisch. Aber aufgrund des Bewegungsflusses kann es auch vorkommen, dass man zum Beispiel nur eine Technik gegen einen Angriff von rechts zeigt. In einem solchen Fall sollte man im *bunkai* zur Kata die Rechts-Links-Symmetrie speziell trainieren. Karatetechniken dürfen nie rechts- oder linkslastig sein. Die Balance ist äußerst wichtig. Beide Hände müssen so trainiert werden, dass sie auf gleiche Weise eingesetzt werden können. Das gilt selbstverständlich auch für die Beine.

Die »Schwerpunktverlagerung« sichert die Stabilität des Körpers. Wie geschickt auch immer die Technik, wie leichtfüßig die Drehung sein mag – mangelt es an Stabilität, ist man sehr schnell erledigt. Ohne Stabilität kann man nicht rechtzeitig und angemessen auf den Angriff des Gegners reagieren. Deshalb sind der Stand bzw. die Beinstellung und der für das japanische Budō charakteristische Gang mit leicht angewinkelten Knien, bei dem die Höhe der Knie sich nicht verändert, so wichtig.

Die »Atemtechnik« schließlich, die Regulierung der Atmung, folgt im Shitō-Karate der *goshu-jūkei*-Regel (fünf Arten und zehn Formen).[72] Mit der Atmung nimmt man die energetische Struktur wahr, die Leere und die Substanz. Der Rhythmus der Atmung leitet die Aktion und ermöglicht es zu wissen, welche Kräfte der Gegner hat und wann er angreift. So kann man, wenn man die eigene Atmung beherrscht und die des Gegners analysiert, mit der eigenen »Substanz« in die »Leere« des Gegners stoßen. Ohne Beherrschung der Atemtechnik nützen einem auch die beste Rechts-Links-Balance, stabiler Schwerpunkt und alle Abhärtung nichts. Es ist wie bei einer Lokomotive mit kaputtem Kessel. Gleise und Maschine können in bestem Zustand sein, aber die Lok kommt nicht vom Fleck.

---

[72] Siehe S. 226.

Folgt man im Training diesen drei Regeln, werden die Kata zu einer wirklich unerschöpflichen Rüstkammer. Selbstverständlich sind sowohl die Analyse (*bunkai*) als auch Partnerübungen (*kumite*)[73] für ein kreatives, forschendes Lernen erforderlich. Vor allem auf das *bunkai*, das analytische Betrachten und Üben von Aktionen bzw. Bewegungsabläufen, kommt es an. Übt man eine Kata immer nur im ganzen, wird es stets Teile geben, die man nicht versteht. Das ist wie ein Buddha ohne Seele. Die Ausführung der Kata muss durch das *bunkai* unterfüttert sein, nur so kann man sie wirklich verstehen.

Von höchster Wichtigkeit im Kampf ist das *maai*.[74] Es ist sicher nicht übertrieben zu sagen, dass im ursprünglichen Bujutsu das *maai*, der harmonische zeitliche und räumliche Abstand zwischen den Gegnern, über Sieg oder Niederlage entschied. Ob man mit einer Technik, die man sich im Katatraining entsprechend den drei Grundregeln perfekt angeeignet hat, im Kampf überlebt oder ob man mit ihr untergeht, hängt letztlich vom *maai* ab. Solches kann man aber mit dem Katatraining allein nicht lernen.

Der Grundsatz des hikite

Die Kata sind selbstverständlich das wichtigste Element im Karate-Training. Aber es gibt eine Wechselbeziehung zwischen Kata und Analyse. Man muss analysieren, wenn man einen Partner hat und sich auf die Kata konzentrieren, wenn man allein übt. Was in einer Kata als vorwärtsgerich-

---

[73] *Kumite*: Praktische Anwendung der Grundtechniken (*kihon*) und der Katatechniken (mit und ohne ihr *bunkai*) in Form von Partnerübungen. – Anm. d. Lekt.

[74] *Maai*: (jpn.) Raum-Zeit, die zwei Kämpfer während eines Innehaltens (*ma*) in ihrer Konfrontation trennt, wobei zwischen ihnen ein geistiger Kontakt aufrechterhalten wird und nach Harmonie (*ai*) gestrebt wird. Dieser Begriff geht weit über den physikalischen räumlichen Abstand zwischen zwei Kämpfern hinaus. Dieser Abstand ist idealerweise abhängig vom technischen und geistigen Niveau des Gegners: mögliche Reichweite, Schnelligkeit der Ausführung, Konzentration, aktiver oder passiver Geist usw. Dieser Begriff vom »richtigen« Abstand (das heißt ausreichend, um vor einem schnellen Angriff geschützt zu sein und gering genug, um eine entscheidende Initiative ergreifen zu können), den man während eines Kampfes finden muss und der sich stets wandelt, beinhaltet folglich ein Gefühl der Wahrnehmung der Gefahrzone, die einen vom Gegner trennt. – Habersetzer, R. u. G.: Enzyklopädie der Kampfkünste des Fernen Ostens. Chemnitz: Palisander Verlag 2019.

tete Aktion erscheint, erfordert in der wirklichen Situation, dass man den Körper öffnet und schließt. Man muss sich ständig anpassen, genau wie im alltäglichen Leben. Und immer muss man sich dessen bewusst sein, wie der Gegner vorgeht. Nur mit dieser Analyse versteht man den Sinn der in den Kata enthaltenen Techniken.

Die Kata sind Modellfälle, und es ist natürlich fragwürdig, wenn ein fortgeschrittener Karateka Techniken nur in genau der Form, wie sie in den Kata enthalten sind, anwenden kann. Ich möchte das am Beispiel der zurückziehenden Hand (*hikite*) erklären: Im Karate gilt das Prinzip, in Gegenrichtung der stoßenden Hand die andere Hand in den Bereich der Hüfte zu ziehen. Während die eine Hand zieht, stößt die andere. Wie man aus Foto 5 auf S. 43 ersehen kann, liegt in den Kata die ziehende Hand immer an der Seite der Hüfte. Im Training hört man oft: »Halte die Rechts-Links-Balance!« oder »Lass die andere Hand nicht herumbaumeln!« Der Grundsatz des *hikite* besagt also, dass durch die Ausgleichsbewegung die Rechts-Links-Balance gehalten wird und dass beide Hände stets aktiv eingesetzt werden. Das bedeutet aber nicht, dass die ziehende Hand nun in jeder Situation an der Hüfte bleiben muss. Gerade wenn man den Sinn der ziehenden Hand richtig verstanden hat, macht es überhaupt nichts, wenn sie im Kampf mit einem wirklichen Partner nicht an der Hüfte ist. Karate ist nun einmal »Positionierung« (*kamae*) und zugleich Nicht-Positionierung (*kamae nashi*), und die ziehende Hand positioniert sich am besten auf natürliche Weise. Schließlich kann man sogar freier reagieren, wenn sie nicht an der Hüfte liegt.

Das Verständnis der Kata Heian sandan als Kampftechnik

Als Beispiel möchte ich eine konkrete Technik aus einer der grundlegenden Kata, der *Heian sandan*, etwas genauer betrachten. Der Bewegungsablauf dieser Kata ist auf den Fotos 66-69 auf der folgenden Seite dargestellt und wird allgemein interpretiert als seitlicher Block (*yoko-uke*) gegen einen Angriff des Gegners auf mittlerer Höhe (*chudan-zuki*) (66), und folgender Gegenangriff mit einer Schwerthand (*nukite*) (67). Die Schwerthand wird aber durch den Gegner gefangen. Zur Befreiung des Arms wird der Oberkörper nach hinten gedreht (*hineri-gaeshi*). Die Position ist dabei *ko-*

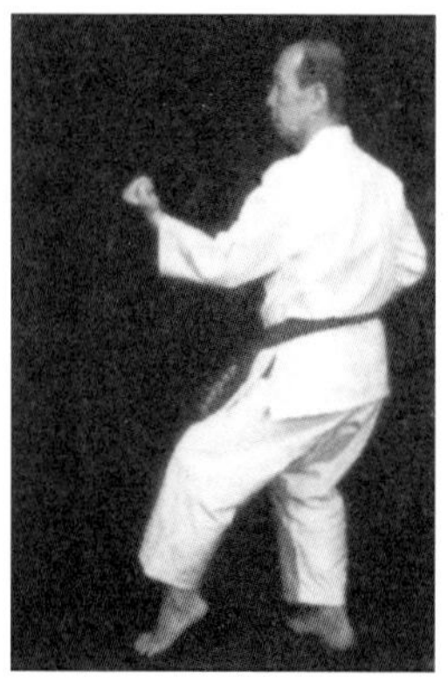

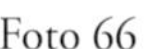
Foto 66

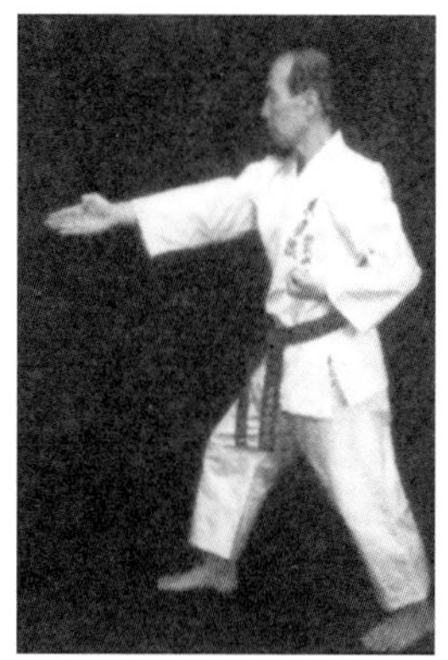

Foto 67

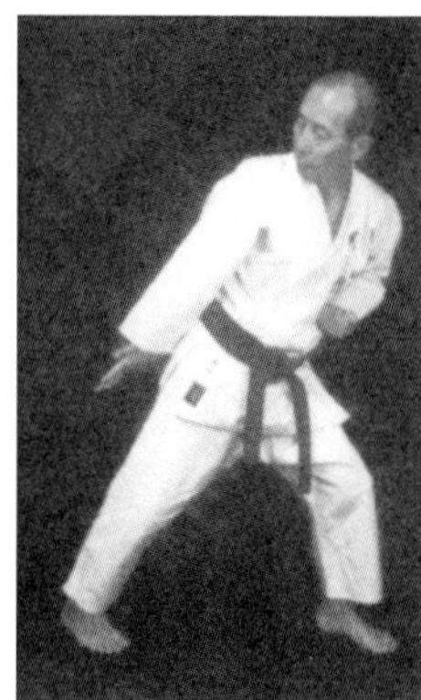

Foto 68

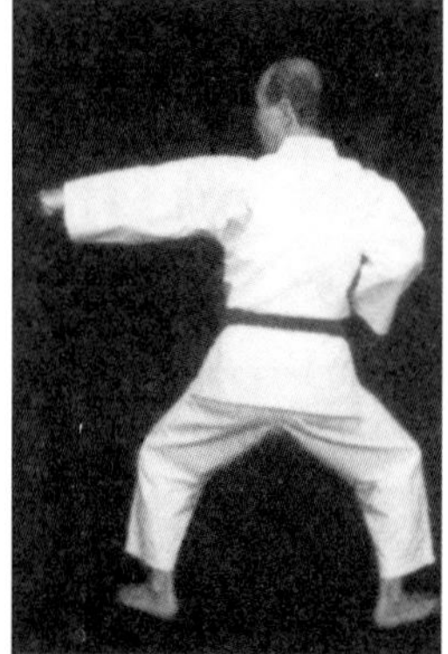

Foto 69

Fotos 66 und 69: Sequenz aus der Kata *Heian sandan*.

kutsu-dachi (68). Es folgt ein Stoß gegen den Gegner (*chudan-zuki*) (69).

Eigentlich kann man jedoch eine Schwerthand kaum abfangen, wenn man das nicht vorher abgesprochen hat. Aber selbst wenn man dem Gegner so wenig ebenbürtig ist, dass einem die Schwerthand weggefangen wird, dreht man dann schließlich nicht auch noch den Körper weg und wendet so dem Gegner den Rücken zu. Der Gegner wartet schließlich nicht. Bevor man sich wieder umgedreht hat, wird er wieder angreifen.

Man sollte diese Sequenz deshalb als zweiteilig interpretieren. Der erste kontinuierliche Bewegungsablauf führt vom Querblock zur Schwerthand und ist eine vollständige und eigenständige Kampfhandlung. Die folgende Drehung des Körpers ist eine Gegenmaßnahme für den Fall, dass der Gegner den eigenen Arm ergreift und verdreht. Das Wegdrehen des Körpers kommt allerdings zu spät, wenn der Gegner den Hebel bereits voll angesetzt hat. Man muss diese Technik bereits in dem Moment einsetzen, wenn man erkennt, dass der Gegner den Arm nach oben drehen will. Solche Zusammenhänge müssen einem immer bewusst sein. Darin liegt die Wichtigkeit der Analyse, des *bunkai* der Kata, begründet.

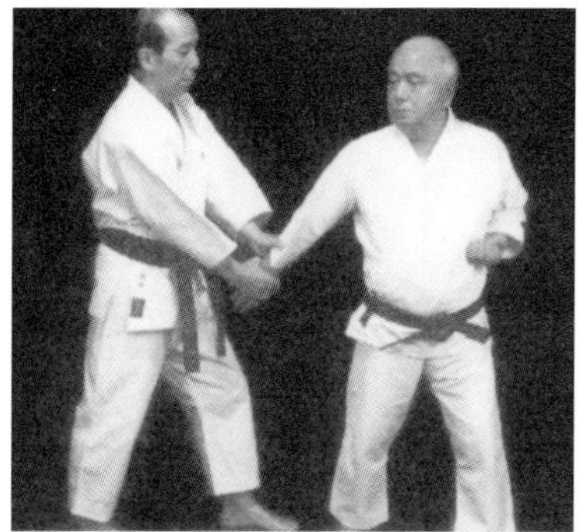

Foto 70

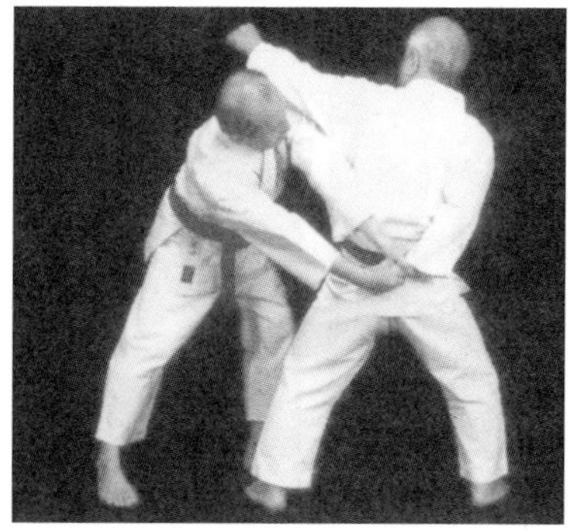

Foto 71

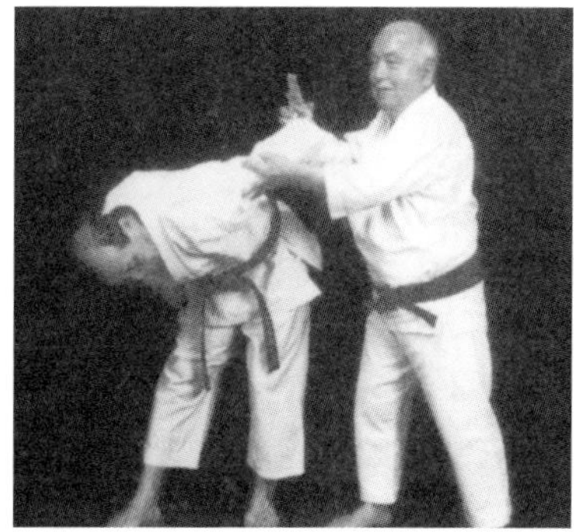

Foto 72

Fotos 70-72: *Bunkai* der Kata *Heian sandan.*

Foto 70: Der Gegner setzt einen Festhaltegriff an und verdreht den Arm nach hinten.

Foto 71: Man entzieht sich durch Körperdrehung und führt gleichzeitig den Gegenangriff.

Foto 72: So setzt man einen Hebel an und kann den Gegner somit kontrollieren.

Eine Kata zu analysieren bedeutet aber nicht, dass man sich irgend etwas zusammenreimt. In manchen Büchern oder Videos findet man oft solche Kata-Interpretationen, die einfach aus dem äußeren Ablauf hergeleitet sind. Bei solcher Art Analyse werden Dinge miteinander in Verbindung gebracht, die in Wahrheit nichts miteinander zu tun haben; sie sind, wie wir Japaner zu sagen pflegen, wie Bambus auf Holz.

So ist eben bei der Interpretation der Kata *Heian sandan* zu berücksichtigen, dass der Gegner nicht ruhig auf den Gegenangriff wartet.

Die Kata Gojūshiho und Maßnahmen gegen einen unerwarteten Angriff

Die Fotos 73-76 zeigen Sequenzen der Kata *Kururunfa*, die dem Naha-te entstammt. Sie ist für Fortgeschrittene gedacht und beinhaltet unter anderem eine Technik, die darauf zielt, sich aus einer Umklammerung oder einem Nelson[75] von hinten zu befreien und mit einem Stoß des Hinterkopfes gegen das Gesicht des Gegners anzugreifen.

In Büchern und Videos wird der Stand einfach, dem Ablauf der Kata folgend, als *shiko dachi* (Grätschstand, bei dem die Fußspitzen 45° nach außen zeigen, eine aus dem Sumō stammende Stellung) gedeutet. Aus diesem kann man aber keinen Gegenangriff führen. Man geriete eher noch in Gefahr, aus dem Gleichgewicht gebracht und nach hinten umgerissen zu werden. Im wirklichen Kampf werden die Beine nicht quer in eine Grätsche, sondern nach vorn und hinten in einen Schritt geöffnet. Man darf die Kata also nicht nur einseitig unter dem Gesichtspunkt des Blocks sehen. Man muss sie als Einheit von Block und Angriff begreifen und durchdenken, das heißt, beim *bunkai*

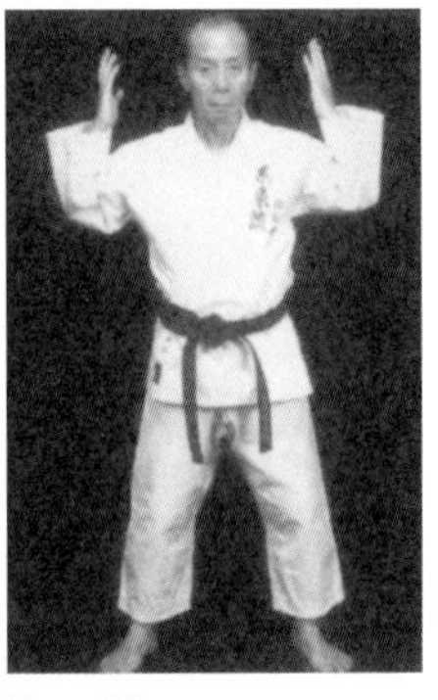

Foto 73

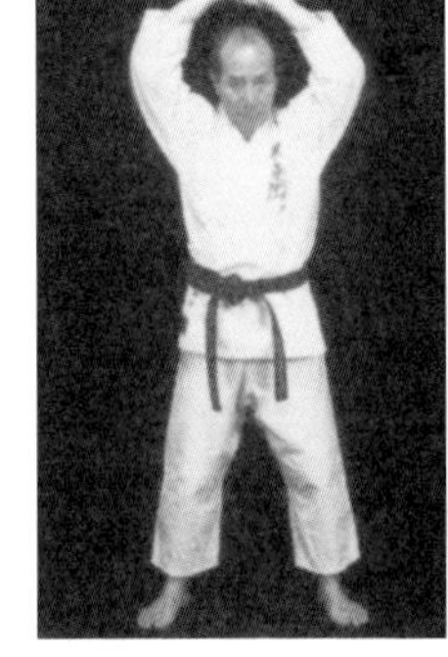

Foto 74

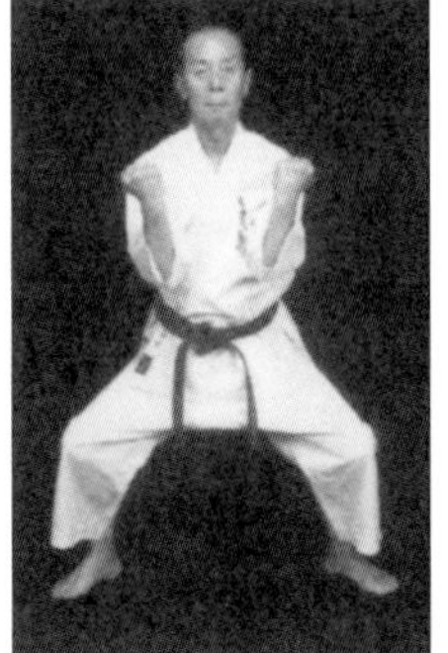

Foto 75

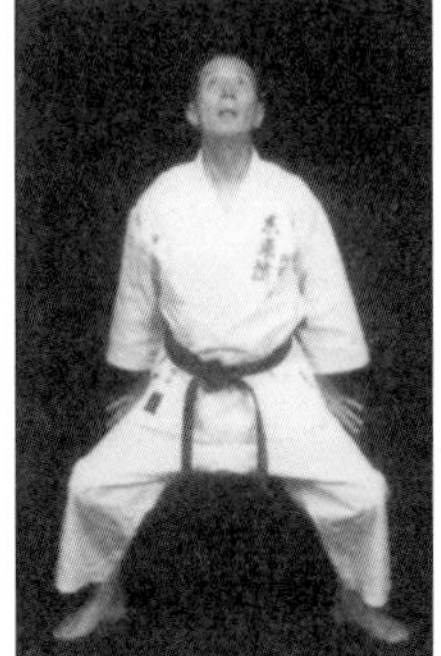

Foto 76

Fotos 73-76: Sequenz aus der Kata *Kururunfa*.

[75] Nelson: (engl.) Haltegriff im Ringkampf. – Anm. d. Lekt.

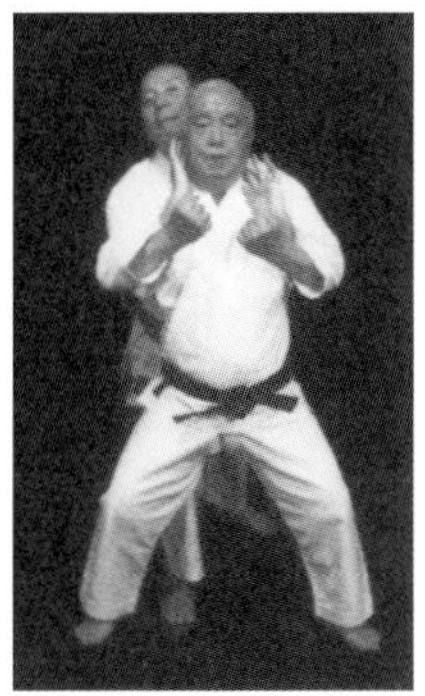

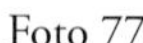

Foto 77

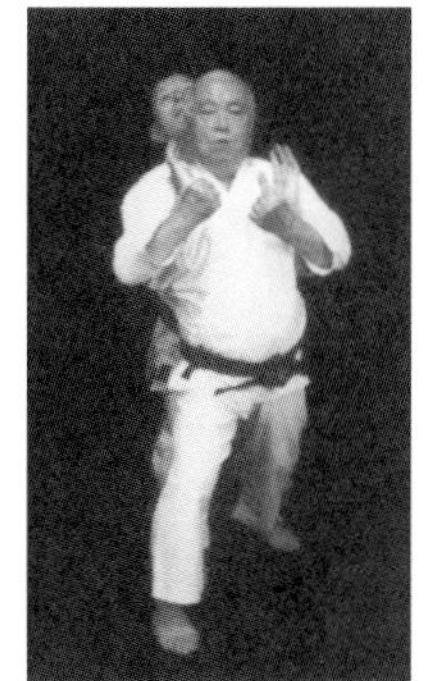

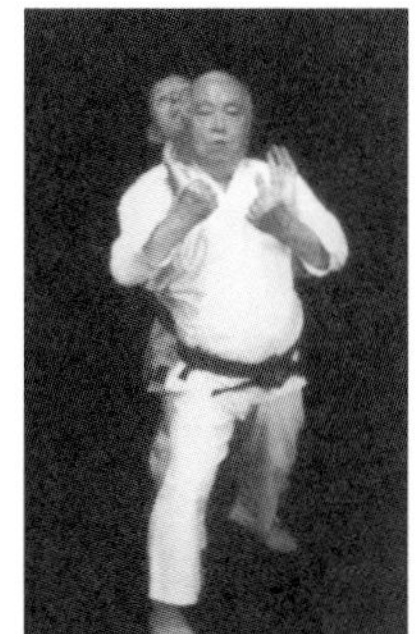

Foto 78

Fotos 77/78: Die Kata *Kururunfa.*

Foto 77: Die falsch interpretierte Kata. – Aus einem Stand, wie er dem in der Kata entspricht, wird man nach hinten umgerissen.

Foto 78: Die richtige Interpretation. – Indem man einen Schritt nach vorn macht, wird ein Umreißen nach hinten unmöglich. Die eigene Position wird stabilisiert und die des Gegners destabilisiert.

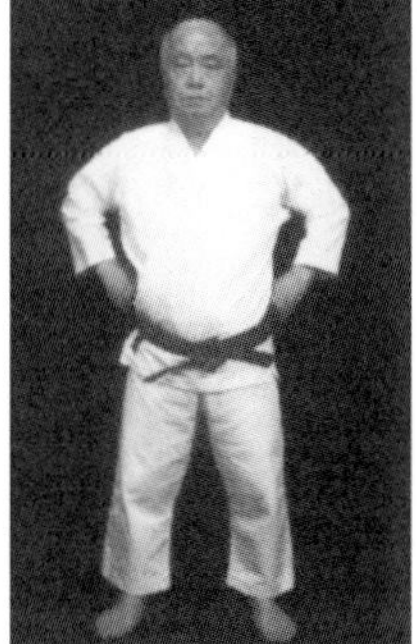

Foto 79

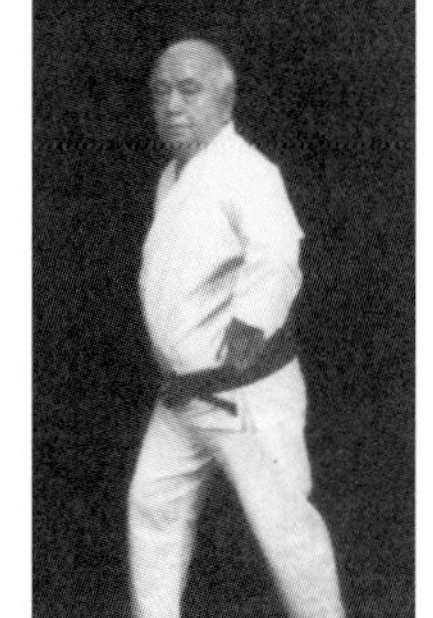

Foto 80

Fotos 79/80: Die Kata *Gojūshiho.*

Foto 79: Grundhaltung mit den Händen an den Hüften (in der his torischen Situation mit den Daumen im Gürtel).

Foto 80: Körperdrehung.

muss man die Aktionen des Gegners in seine Überlegungen immer einbeziehen. Wieder einmal zeigt sich, dass die oberflächliche Deutung einer Kata zu falschen Schlüssen führen kann.

Man darf auch nicht vergessen, dass die Kata unter ganz bestimmten örtlichen, historischen und gesellschaftlichen Verhältnissen auf der Insel Okinawa entstanden sind. Oft kann man einen bestimmten Bewegungsablauf nur dann vollkommen verstehen, wenn man diesen Hintergrund kennt. Die folgende Passage aus der Kata *Gojūshiho* (54 Schritte) ist ein Beispiel hierfür (Fotos 79 und 80). Hier wird ein Stoß des Gegners mit dem Ellenbogen geblockt (*chudan-zuki* mit *hiji-uke*). Im wirklichen Kampf hat man aber keine Zeit, eine solche Stellung einzunehmen. Weiß man nicht, dass früher die Samurai in Shuri immer diese *futokoro de* genannte Körperhaltung innehatten, kann man die Kata nicht erklären.

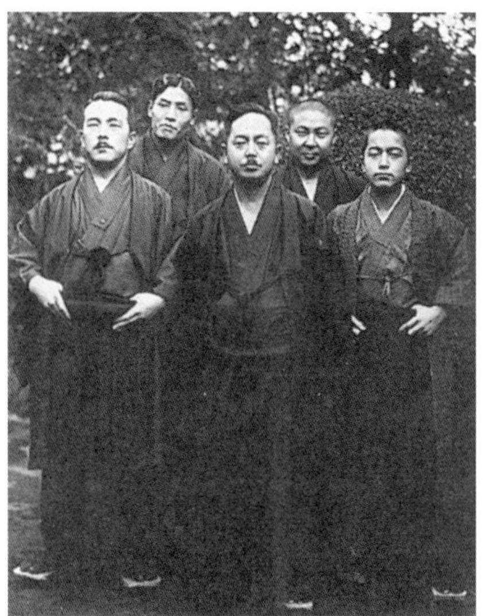

Foto 81: Die Haltung *futokoro de.*

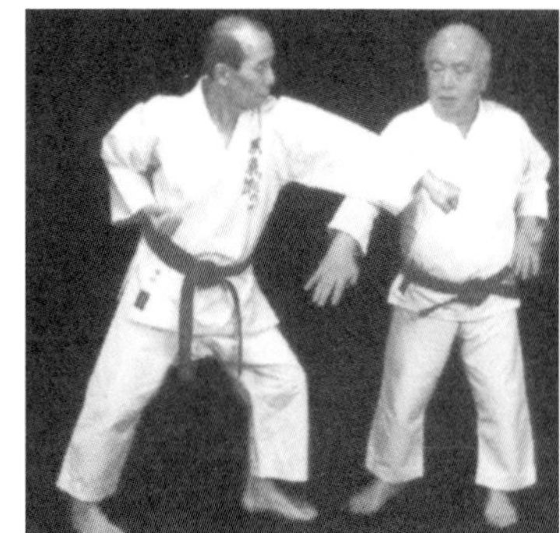

Foto 82

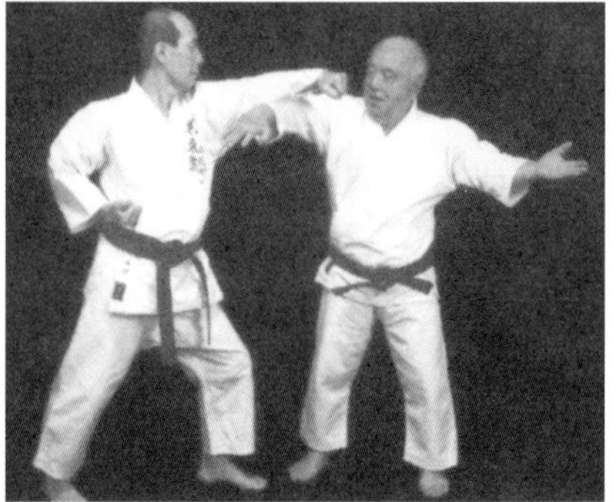

Foto 83

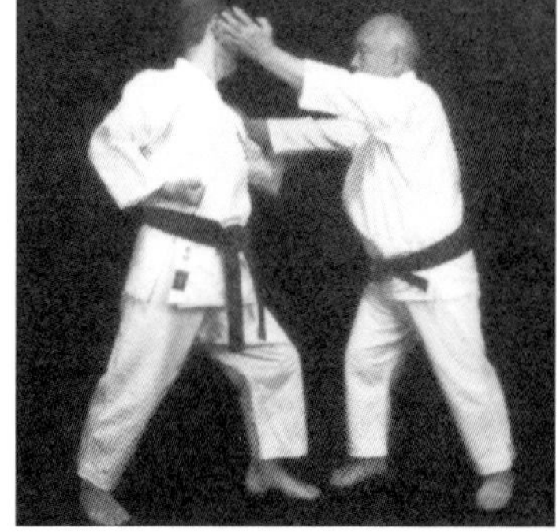

Foto 84

Fotos 82-84: Analyse des in der Kata *Gojūshiho* verborgenen Ellenbogenblocks. Der Ellbogenblock erfolgt mit einer Körperdrehung (82). Ohne den Ellenbogen zu beugen, wird mit einer weiten Bewegung ein Halbkreis beschrieben (83). Aus dieser Bewegung wird mit der anderen Hand ein Schlag mit der Handkante gegen die Halsschlagader geführt (84).

Auf Foto 81 bin ich als Jugendlicher zu sehen. Im Zentrum steht mein Vater, am linken Rand Konishi Yasuhiro (vom Shindō Shizen ryū), und rechts außen stehe ich. Meine Körperhaltung ist die obengenannte *futokoro de*. Die Hände sind dabei am Gürtel, mit den Daumen in der Innenseite. Diese damals bei den Samurai in Shuri übliche Haltung wurde in der Kata *Gojūshiho* als Ausgangssituation für die Darstellung eines Ellenbogenblocks gegen einen plötzlichen Angriff gewählt. Die Analyse (*bunkai*) des Ellenbogenblocks zeigen Fotos 82-84.

Bei der Kata *Kōsōkun dai* wird der Körper abgesenkt. Diese Stellung ist dafür gedacht, auf einen unerwarteten Angriff, beispielsweise auf nächtlicher Straße, zu reagieren. Dabei muss man bedenken, dass es früher keine Straßenbeleuchtung gab und die Straßen nachts wirklich stockdunkel waren. Die tiefe Körperhaltung diente dazu, das Mondlicht für sich besser zu nutzen, um die Aktionen des Gegners leichter zu sehen und gleichzeitig vom Gegner schwerer gesehen zu werden. Denn von einem hellen Ort aus kann man schwerer ins Dunkle sehen, aus dem Dunkeln aber leichter ins Helle. Diese Kata gehört zu den klassischen Kata des Karatedō (Foto 85).

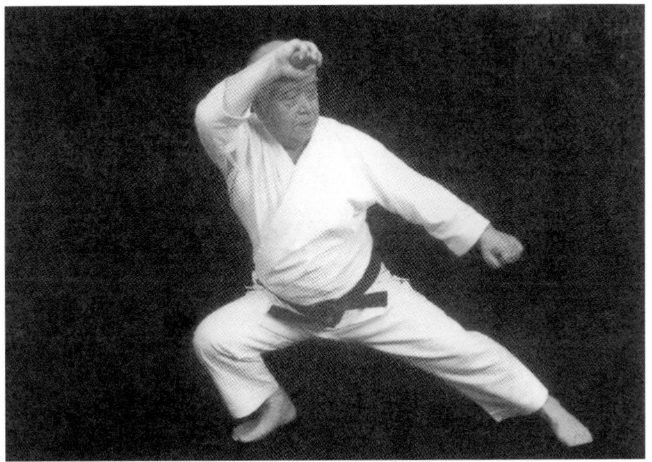

Foto 85: Eine Stellung aus der Kata *Kōsōkun dai*. Der Autor hält in der rechten Hand einen Stein.

Es besteht kein Zweifel daran, dass in den Kata das unendliche Wissen der früheren Generationen aufbewahrt ist. Das bedeutet aber auch, dass man sich darüber im klaren sein muss, dass die Zeit ihrer Entstehung eben nicht unsere Zeit ist. Die gesellschaftliche Umwelt hat sich enorm verändert. Deshalb enthalten die Kata auch Techniken, die man heute nicht mehr nutzen kann. Aus diesem Grund besteht eine wichtige Funktion der *bunkai* darin, herauszufinden, was geeignet ist und was nicht.

Um es noch einmal zusammenzufassen: Die Gesamtheit des Karate ist in den Kata aufgehoben. Wer Karate trainiert, sollte immer wieder zu den Kata zurückkehren. Das Karate unserer Zeit ist geprägt von Wettkampf und *kumite*, von Geringschätzung der Kata bzw. extremer Wettkampforientierung der Kata alter Stile. Deshalb fühle ich mich verpflichtet, die authentischen Kata und die richtigen Interpretationen zu vermitteln.

Die Kata Niipaipo und Haufa

Ich trainiere auch heute noch in meinem *dōjō* zusammen mit jungen Menschen. Früher, in jüngeren Jahren, übte ich auch oft *kumite*. Dabei wurde wenig Rücksicht aufeinander genommen; man war jung und voller Kraft. Mittlerweile bin ich in die Jahre gekommen, und ich denke, beim *kumite* sollten Alter und Körperkraft der Partner einander entsprechen.

Wenn man jünger ist, möchte man die Kraft und Elastizität der Jugend natürlich auch in den Kata zum Ausdruck bringen. Dafür wurden bevorzugt die aus dem Naha-te stammende Kata *Seesan*, die Kata *Useishi* (später *Gojūshiho*, 54 Schritte, genannt) aus dem Shuri-te oder die Kata *Niipaipo* (28 Schritte), die aus dem chinesischen Weißer-Kranich-Stil[76] stammt, genutzt. Die Kata *Niipaipo* lernte mein Vater von einem chinesischen Meister und Teehändler namens Go Kenki (1886-1940). Dieser gehörte zur Schule des *Hakkaku ken* und war während seiner Zeit auf Okinawa ein wichtiges Mitglied der Gesellschaft zum Studium des Karate, die mein

[76] Die Kata *Niipaipo* (oft *Nipaipo* geschrieben), ursprünglicher Name *Nepai* (28 Schläge), stammt aus dem südchinesischen Stil des Weißen Kranichs (chin. Bai-he-quan, jpn. *hakutsuru-ken* oder *hakkaku-ken*). Es gilt als nicht unwahrscheinlich, dass diese Kata von der Stilgründerin, Fang Jiniang, persönlich geschaffen wurde. Durch Go Kenki gelangte sie nach Okinawa, wo Mabuni Kenwa sie modifizierte und als Kata *Niipaipo* in sein Shitō ryū einführte, während der aus dem Naha-te kommende Kyōda Kohatsu (1887-1968), ebenso wie Mabuni Kenwa ein Schüler von Higaonna Kanryō, sie unverändert in seinen Stil Toon ryū übernahm. – Habersetzer: Enzyklopädie der Kampfkünste. Palisander Verlag 2019.

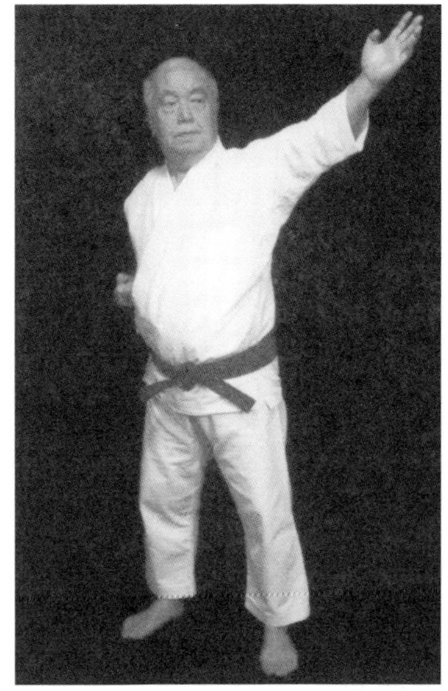

Foto 86

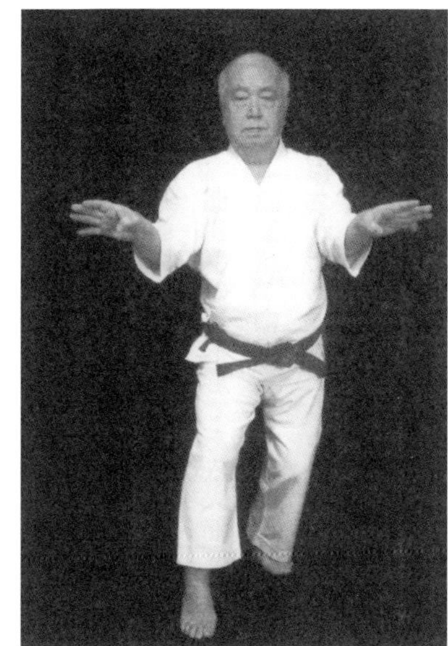

Foto 87

Foto 86: Die Kata *Niipaipo*. Die ausgestreckte Hand – eine besondere Technik, die man nur in dieser Kata findet und die mit dem ausgestreckten Flügel eines Kranichs assoziiert wird.

Foto 87: Die Kata *Haufā*. Hängende bzw. aufgelegte Hand. Die Kata *Haufā* wurde als Anwendungsform dieser Technik geschaffen.

Vater gegründet hatte. Der *Hakkaku-ken*-Stil wurde in Naha, Shuri und anderen Orten auf Okinawa als Kranich-Hand (*tsuru no te*) bezeichnet. Im gegenwärtigen Shitō-Karate nennen wir diesen Stil *Kakuhō* oder Kranich-Technik.

Meister Go Kenki beteiligte sich später, nachdem mein Vater auf die japanische Hauptinsel gezogen war, auch an dessen Unterricht an der Kansai-Universität. Aus dem Kranich-Stil hat das Shitō-Karate unter anderem die Kata *Haufā* (Weißer Vogel) übernommen. Diese Kata habe ich selbst unter Einbeziehung verschiedener überlieferter Techniken modifiziert. Wie der Name bereits andeutet, werden darin Bewegungen des Kranichs nachvollzogen. Sie ist besonders attraktiv für Vorführungen. Früher nannte man sie auch »Schrei des Kranichs«, weil man zum Schluss als Höhepunkt einen Kampfschrei, *kiai*, ausstieß, der dem Schrei des Kranichs ähnelte.

Die *Niipaipo* ist eine sehr dynamische Kata. Man muss sie unbedingt mit großen, freien Bewegungen und schnell vorführen. Sie ist eine der Kata, die bei großen Veranstaltungen in Japan und im Ausland oft gezeigt werden. Seit den 4. Karateweltmeisterschaften in Madrid wird sie wirklich häufig vorgeführt. Zu meinem Bedauern weicht die Wettkampfversion aber vom Original sehr weit ab. Außer mir kennt anscheinend niemand mehr ihre ursprüngliche Form, obwohl die Kata Bestandteil des Shitō ryū ist.

In letzter Zeit ist auch die Kata *Tenshō*, eine der elementaren Kata des Naha-te, oft zu sehen. Sie wurde von Miyagi Chōjun, dem Gründer des Gōjū ryū, aus den *Rokkishu* des *Bubishi* entwickelt.[77] Die Besonderheit dieser Kata sind geschmeidige Blöcke mit offenen Händen, die unmittelbar in den Gegenangriff einmünden. Mit den Techniken dieser Kata können auch ältere Menschen einen stärkeren und größeren Gegner kontrollieren.

[77] *Rokkishu*: (jpn.) »sechs Formen der Hand«. Diese sechs Haltungen bzw. Techniken der Hand, die auch als die »sechs Eisenhände des Shaolin« angesehen werden, sind im Bubishi beschrieben. Siehe Habersetzer, R.: Bubishi – An der Quelle des Karatedō. 5. Aufl. Chemnitz: Palisander Verlag 2020.

4 Kritik am Budō unserer Zeit

4.1 Die Verwandlung des Budō in Sport

Sport oder Kampftechnik

In jüngster Zeit schreitet die Verwandlung des Karate in einen Wettkampfsport rasch voran. Für die *kumite*-Wettkämpfe spielen die verschiedenen Stilrichtungen keine Rolle, da sie nach Einheitsregeln durchgeführt werden. Zu welcher Schule des Karate der jeweilige Teilnehmer gehört, ist aus seinem *kumite* nicht erkennbar. Deutlich wird lediglich, ob der Wettkampf nach den Regeln des Japanischen Karateverbandes oder des Vollkontakt-Karate ausgeführt wird.

Noch ernster ist das Problem, dass es zu einem Konflikt zwischen *kumite* und Kata kommt. Das für die heutigen Wettkämpfe charakteristische Verfahren, mit einem gesprungenen Tritt (*tobi ashi*) die Distanz zu verringern und so den Gegner zu überraschen, auf seine Schwachstellen zu zielen und für diese Vorgehensweise Punkte zu bekommen, ist sicher rational und effizient. Die in den Kata enthaltenen Techniken sind ja fast alle verboten! Denn die Situationen, die für die Kata vorausgesetzt werden, sind von den für die *kumite*-Wettkämpfe geltenden Regeln meilenweit entfernt.

Leider haben sich aber auch die Kata wesentlich verändert. Man trifft heute immer häufiger auf Sportler, die sich zwar auf Kata spezialisiert haben, dies aber auf der Basis westlicher Sporttheorie tun und dabei auch verschiedene Stretching-Elemente einbeziehen. Das ist eigentlich ein noch ärgeres Problem als die *kumite*-Wettkämpfe. Selbst wenn vielleicht die grundlegenden Bewegungsabläufe der Kata gleich geblieben sind, so ist in den Wettkampfkata die für das ursprüngliche Karate charakteristische Orientierung auf den Kampf völlig verlorengegangen. Sie vermögen es nicht mehr, die Körperbeherrschung des Shuri-te und Naha-te zu vermitteln. Sieht man sich heute Katawettkämpfe an, findet man Elemente des Shuri-te und des Naha-te miteinander vermengt, oder es werden Stöße und Tritte nach den Mustern der westlichen Sportphysiologie ausgeführt, die aussehen wie Schwünge beim Golf oder Baseball. Zunehmend werden Katawettkämpfe zu showartigen Darbietungen, die das allgemeine Publikum anziehen sollen.

Außerdem gibt es noch ein weiteres Problem. Es versteht sich, dass man kampftechnisch orientierte Kata nicht einfach in Form von sportlichen Wettkämpfen vorführen kann. Würde man bei einem Wettkampf die Kata unter kampftechnischen Gesichtpunkten bewerten, würden die Urteile wahrscheinlich beim allgemeinen Publikum Unzufriedenheit auslösen, da dieses natürlich keinen Blick für die kampftechnischen Aspekte hat. Vielleicht wäre es sinnvoll, auf dem Gebiet der Kata etwas Vergleichbares wie beim *kumite* zu ermöglichen. Beim *kumite* kann man klar zwischen kampforientiertem *kumite* und *kumite*-Wettkampf abgrenzen. Warum sollte man nicht eigens für Wettkämpfe neue, wettkampftaugliche Kata entwickeln und so eine klare Trennlinie zu den ursprünglichen Kata schaffen? Ich werde auf diesen Gedanken weiter unten zurückkommen.

Ausgehend von den gerade skizzierten Problemen möchte ich im Weiteren ausführlicher darauf eingehen, was Karate eigentlich ist und wie es dazu kam, dass es sich zu einem Wettkampfsport entwickelt hat.

Sportlicher Wettkampf und zeremonielles Spiel

1953, ein Jahr nach dem Tod meines Vaters, wurde ich in der Sendung »Besuch am Morgen« des staatlichen japanischen Rundfunksenders NHK zum Karate befragt. Auf die Frage: »Wird das Karate künftig hinaus in die Welt ziehen?« antwortete ich: »Das Karate wird sich auf jeden Fall weltweit verbreiten, und es wird olympische Disziplin werden.« Fünfzig Jahre sind seither vergangen, aber ich kann mich noch genau daran erinnern, dass ich damals die weltweite Verbreitung des Karate vorhergesagt habe. Ich denke heute noch genauso und glaube daran, dass Karate zur offiziellen olympischen Disziplin wird, und ich war immer dafür. Um aber olympische Disziplin zu werden, muss Karate Sport werden. Ist es jedoch kein Wettkampf, den jeder verstehen kann, dann ist es auch kein Sport.

Alle heutigen Sportarten sind vor dem Hintergrund der neuzeitlichen westlichen Ideen von Freiheit, Gleichheit und Demokratie sowie des kapitalistischen Geistes der Rationalität entstanden. Die wichtigste Rolle spielte dabei das Prinzip des Marktes der freien Konkurrenz. Die Entwicklung des modernen Sports beruhte auf einer Zivilisierung der Regeln, auf einer

Normierung der Einrichtungen und Geräte und auf der Sicherung gleicher Chancen für alle. Dies beinhaltete auch gleichberechtigte Wettbewerbe und deren rationale und effektive Leitung und Beaufsichtigung. Das Ergebnis war die Geburt des modernen Sports als Wettbewerb, für den das Konkurrenzprinzip gilt, also der Geist der Rekorde, des Punktesammelns und des Siegens. Für alle Sportarten sind auf diese Weise Regeln entstanden, die den gleichberechtigten Wettbewerb garantieren sollen. Außerdem wurden Punkte- und Zeitsysteme geschaffen. Für Wettbewerbe, bei denen, wie zum Beispiel beim Boxen, die Gewichtsunterschiede das Ergebnis beeinflussen, wurde auch ein System der Gewichtsklassen eingeführt. Des Weiteren legte man Altersregelungen fest, und die Wettkämpfe wurden nach dem Geschlecht getrennt. Schließlich ging es darum, über Sieg und Niederlage zu entscheiden in Wettkämpfen mit garantierter Chancengleichheit.

Auch in früheren Epochen und anderen Kulturkreisen gab es verschiedene Spiele und Vergnügungen. Beispielsweise spielte man im melanesischen Tangu-Stamm das Taketaku-Spiel. Dafür bildete man zwei Mannschaften und versuchte mit Palmenzweigen, die man warf, einen Holzpfahl zu treffen. Allerdings wollte keine Seite gewinnen. Wenn beide Mannschaften die gleiche Punktzahl hatten, war das Spiel zu Ende. Das war weder Wettkampf noch Sport. Auf Melanesien war natürliche Gleichheit ein heiliges Prinzip. Interessanterweise beruhte das traditionelle Wirtschaftssystem dort nicht darauf, gleichwertige Dinge auszutauschen, sondern auf einseitigen Gaben. Solche Gaben waren zum Beispiel Geschenke zum Geburtstag. Dabei übergab man etwas, das eine Einheit von Gegenstand und Geist darstellte. Grundsätzlich verlangte man dafür keinen Gegenwert. Der wirtschaftliche Austausch beruhte auf dem gegenseitigen Geben solcher Geschenke, wobei der Grundsatz galt: »Nicht zuviel und nicht zu wenig, nicht eins mehr und nicht eins weniger.« Wenn jemand, der beliebt ist und daher viel erhält, auch viel gibt, führt das am Ende immer zu Ausgewogenheit. In der Tangu-Gesellschaft war das Maß für Beliebtheit die Fähigkeit, Gaben auf angemessene Weise zu verteilen. Wer mehr hatte, gab auch mehr, und wer weniger hatte, gab entsprechend weniger. Das Taketaku-Spiel sollte das Prinzip der Gleichheit bestätigen und stellte ein Zeremoniell dar, mit dem das Tangu-Volk sein Leben in einer heiligen Zeit an einem heiligen Ort feierte.

Das Austauschprinzip dieser melanesischen Gesellschaft unterschied sich vollständig von dem der freien Marktwirtschaft der westlichen Moderne. Das trifft aber auch für das vormoderne Okinawa oder das damalige ländliche Japan zu, die wie die Tangu-Gesellschaft vom Geist des Gebens bestimmt waren. Es herrschte dort keine Konkurrenzgesellschaft, in der die Starken gewannen und die Schwachen verloren. Es war eine Gesellschaft der gegenseitigen Wohltaten, in der man sich gegenseitig unterstützte, indem man, den Gaben entsprechend, zurückgab. Im Prozess der Modernisierung wurde natürlich auch in Japan eine Markt- und Konkurrenzgesellschaft eingeführt.

Das Budō ist aber kein Wettkampf, der auf dem Konkurrenzprinzip beruht. Hier herrscht der traditionelle Geist der gegenseitigen Wohltaten. Dabei versteht und entwickelt man sich selbst immer weiter, indem man sich aneinander reibt und »schärft«. Das ist also nicht verwandt mit einer Konkurrenz der Fähigkeiten, bei der es um Sieg oder Niederlage geht. Damit sind der Entwicklung des Budō zum Sport grundsätzlich Grenzen gesetzt.

Hagoita – Zeremoniell und Spiel

Auch in Japan gibt es ein traditionelles, *hagoita* genanntes Federballspiel, das kein Sport ist. Es handelt sich um ein japanisches Kulturgut, das man wie ein Zeremoniell ausübt. Da derjenige gewinnt, der sein Gegenüber dazu bringt, dass er den kleinen Federball auf den Boden fallen lässt, muss man den Ball schnell zurückschlagen, bevor er einem vor die Füße fällt. Aber *hagoita* spielt man nicht, um den Gegner zu besiegen. Man spielt es, um den Federball so oft wie möglich zurückzuschlagen. Deshalb ist es eigentlich nur Unachtsamkeit, wenn man den Ball an eine Stelle schlägt, wo der Mitspieler ihn nicht richtig treffen kann. Um daraus einen sportlichen Wettkampf zu machen, würde man einen abgegrenzten Platz brauchen, und man müsste ein Netz spannen. Ob man daraus einen Sport machen oder ob man einfach ein Könner im Federballschlagen werden will, das ist ein Unterschied wie Himmel und Erde.

Kürzlich erläuterte im Fernsehen ein Forscher, dass die Federn dieses Federballs eine Libelle repräsentierten. Die Libelle wiederum vertilgt Mücken, welche bekanntlich häufig Krankheiten verbreiten. Deshalb spielte man *hagoita* als volkstümliches Zeremoniell, mit dem man um das Verschwinden von Epidemien bat.

Aber *hagoita* ist gleichzeitig auch einfach ein Spiel, bei dem man eben versucht, den Ball so oft wie möglich hin und her zu schlagen. Man spielt es als friedliche Vergnügung zum Neujahrsfest an öffentlichen Orten. Wie beim melanesischen Taketaku soll man weder gewinnen noch verlieren. Es geht nicht um Wettstreit, sondern allein darum, Freude daran zu haben, sich gegenseitig den Ball zuzuspielen. Obwohl es auf den ersten Blick etwas ganz anderes ist, kann man im Budō den gleichen Geist finden.

Sport oder Budō, was ist »ernster«?

Manche sagen, Budō sei ernster Wettkampf, für den man sein Leben einsetze, Sport hingegen nur Freizeitvergügen. Doch diese These ist falsch. Auch Sport ist ernsthafter Wettkampf, bei dem mit vollem Einsatz gekämpft wird. Ob es sich um die Olympischen Spiele, um Meisterschaften im Fußball, im Tennis oder in der Leichtathletik handelt, immer ist es Wettkampf, bei dem es um alles geht. Die Frage ist, ob Budō in anderer Weise ernster Wettkampf ist als Sport.

Das Wesen des Sports ist die Regel. Regeln aufzustellen und nach ihnen um den Sieg zu kämpfen, selbst wenn man sich dabei gegenseitig tötet, das ist Sport. Der Ursprung der Olympiade, das heißt auch der Ursprung des Sports, war das antike Pankration.[78] Hier kämpfte man ohne zeitliches Limit und ohne technische Einschränkungen mit blanken Fäusten auf Leben und Tod. Das bedeutet aber nicht, dass es überhaupt keine Regeln gab. Es gab nämlich die eine Regel, dass die Gegner mit blanken Fäusten gegeneinander kämpfen mussten, bis einer starb oder sich unterwarf. Somit war nur die Frage von Sieg oder Niederlage klar geregelt, weiter aber

[78] Pankration, (griech.) »Allkampf«: Im antiken Griechenland ausgeübter sportlicher Zweikampf, der die Elemente des Faust- und des Ringkampfes miteinander verband; erlaubt waren fast alle Mittel (verboten waren Kratzen und Beißen), um den Gegner kampfunfähig zu machen. Pankration war seit 648 v. Chr. olympische Disziplin. – Brockhaus Enzyklopädie in vierundzwanzig Bänden. Bd. 16. 19. Aufl. Mannheim: F. A. Brockhaus 1991.

nichts. Das ist natürlich etwas völlig anderes als der von den Ideen des Humanismus geleitete moderne Sport. Aber der antike Sport ist dennoch dessen Urquelle. Man tötete einander, aber es geschah in fairer Weise, als Sport.

Was im Sport aber Sieg ist, kann im Budō Niederlage sein. Umgekehrt kann auch etwas, das im Sport eine Niederlage wäre, im Budō Sieg bedeuten. Der bereits weiter oben erwähnte Zweikampf zwischen Miyamoto Musashi und Sasaki Kōjirō auf der Insel Ganryū Jima ist hierfür ein gutes Beispiel.[79] Wäre ihr Zweikampf Sport gewesen, hätte Musashi allein schon durch sein Zuspätkommen die Regeln verletzt und somit verloren. Und die unfaire Herstellung des längeren Schwertes wäre ein klarer Verstoß gegen das Prinzip der Gleichberechtigung und Chancengleichheit gewesen. Budō ist aber kein Wettkampf im Sinne der Chancengleichheit und kann nicht von jedermann objektiv bewertet werden. Es gibt auch keine Verbote bestimmter Techniken. Solche Art ernster Wettkampf kann natürlich von einem Sportfest, wie es die moderne Olympiade ist, nicht anerkannt werden. Die in den Karate-Kata enthaltenen Techniken setzen alle einen Wettkampf im Sinne des Budō voraus. Sie wären alle verboten.

Die Kata- und *kumite*-Wettbewerbe der japanischen Karateföderation werden natürlich als moderner Sport durchgeführt. Die unter Führung der Japanischen Gesellschaft für Körpererziehung gegründete Karateföderation ist den Idealen der modernen Olympiade verpflichtet. Hämische Bemerkungen zu den heutigen Katawettbewerben, es handele sich um »Tanz-Karate«, muss man in Kauf nehmen. Es sind eben durch die Modernisierung entstandene Wettkampfkata. Als Budō würden die Karate-Kata natürlich anders aussehen.

Das Vollkontakt-Karate ist als Antithese zu diesem modernen Karate entstanden. Aber es ist weniger eine Negation der Kata des modernisierten Wettkampfkarate als vielmehr eine Negation der Kata überhaupt. Es basiert auf einer neuen Regel, die Schläge und Tritte gegen alle Teile des Körpers mit Ausnahme des Gesichts erlaubt, sämtliche Würfe, Hebel und Bodentechniken jedoch verbietet. Wie die komplexe Technik des *Vale tudo*

---

[79] Siehe S. 86.

[80] Gracie-Jūjutsu, auch bekannt als brasilianisches Jūjutsu (auch Jiu-jitsu), ist eine von

(»alles ist erlaubt«) im Gracie-Jūjutsu[80] stellt es eine Negation des modernen und eine Rückkehr zum antiken Sport dar. Ich kritisiere das nicht. Ich kann nur darin keine Rückkehr zum ursprünglichen Karate sehen.

Es ist einfach an der Zeit, genauer darüber nachzudenken, was Sport ist und was Budō. Die Aussage: »Wenn es um vollen Einsatz und gegenseitiges Töten geht, ist es Budō«, ist zweifelsohne zu simpel. Ebenso wenig kann man den Satz »Tradition ist Katatraining« kritiklos stehen lassen.

Trennung von Sport und Budō

Die offizielle Teilnahme von Karate an den Olympischen Spielen wäre grundsätzlich etwas Gutes. Durch eine Olympia-Teilnahme würden weltweit viele Menschen mehr über Karate erfahren, und es würde sich auf der Welt noch weiter verbreiten.

Wird jedoch keine klare Grenze zwischen Wettkampf und Budō gezogen, entsteht Durcheinander. Beides existiert parallel, und man sollte es nicht miteinander vermischen. Schließlich gibt es auch Menschen, die kein Interesse am Wettkampfsport haben und Karate ausschließlich als Budō studieren wollen.

Im Jūdō gab es einst heftige Debatten zwischen Anhängern des Budō und des Sports, in denen es zum Beispiel um die Einführung farbiger Anzüge ging. Vor allem im Westen hatte man farbige Jūdōanzüge gefordert, um die Bewertung zu erleichtern. Das ist eine vom Standpunkt des Sports aus gesehen vollkommen gerechtfertigte Forderung, da auf diese Weise die Kämpfe einfacher bewertet werden können. Jeder kann so mit eigenen Augen sehen, wer Sieger und wer Verlierer ist. Die Argumentation der Vertreter des Budō, dass das Weiß den japanischen Geist, den Geist des Jūdō, repräsentiere, fand hier kein Verständnis. Im Wettkampf-Jūdō hat man auch ein System der Gewichtsklassen eingeführt, was ebenfalls verdeutlicht, dass es sich hier um nichts anderes als Sport handelt.

---

den Brüdern Carlos Gracie (1901-1994) und Hélio Gracie (1913-2009) gegründete Kampfsportart, die sich vor allen in Freefight-Wettkämpfen (*vale tudo*) als sehr effektiv bewährt hat. – Anm. d. Lekt.

Auch in der japanischen Karateföderation hat man Verschiedenes ausprobiert, um für das *kumite* ein umfangreiches Regelwerk zu schaffen. So ist man immer mehr der Idee des Wettkampfes verhaftet, und in vielen Karatevereinen, vor allem an Schulen und Hochschulen, wird fast nur noch trainiert, um in den *kumite*-Wettkämpfen Punkte zu erzielen. Es ist offenkundig, dass die Tendenz im Karate heute einseitig auf Wettkampf und Sport gerichtet ist. Betreibt man Karate als Wettkampfsport, stößt man jedoch irgendwann ganz sicher an physische Grenzen. Bei den Ausdrücken »aktiv« und »von der aktiven Laufbahn verabschieden« denkt man unweigerlich an Sport. In der Jugend kann man seine körperlichen Kräfte voll entfalten und ist vom Sport ganz erfüllt. Aber was macht man, nachdem man sich vom Sport zurückgezogen hat? Wird es dann die Möglichkeit geben, ein Karate im Geiste des Budō zu trainieren und dies lebenslang? Gibt es genügend Persönlichkeiten, die solch ein traditionelles Karate fortführen können? Unter diesem Aspekt betrachtet befindet sich das japanische Budō gegenwärtig in einer tiefen Krise.

Sundome und »Vollkontakt«

Die *sundome*-Regel[81] der Japanischen Karateföderation hat dazu geführt, dass Wettkämpfe häufig nach ein und demselben Schema ablaufen: Auf kalkulierte Distanz versucht man, mit einem gesprungenen Fußtritt (*tobi ashi*) den Gegner zu überraschen, an einer Schwachstelle zu treffen. Die Blocktechniken spielen nur noch eine untergeordnete Rolle. Aber auch beim Vollkontakt-Karate sind nicht alle Blocktechniken erforderlich, denn da die Regeln Angriffe auf das Gesicht verbieten, muss es auch nicht geschützt werden. Welche Regeln auch immer in den Karatewettkämpfen zur Anwendung kommen, was so gut wie nie genutzt wird, sind die Techniken der Kata, wie sehr man sie auch studiert haben mag. Unter den Katatechniken gibt es Angriffe aufs Gesicht, Stöße mit der Schwerthand gegen die Augen, Tritte gegen die Gelenke, Hebel und Würfe. Es existieren Kata für den

[81] *Sundome*: (jpn.) Stoppen des Stoßes vor kurz vor Auftreffen am Gegner (*no-contact*). – Anm. d. Übers.

Kampf gegen mehrere Gegner oder Kata für den Kampf gegen bewaffnete Gegner. Die Regeln der Karateföderation wie auch die des Vollkontakt-Karate schließen aber Situationen des realen Kampfes, wie sie für diese Kata vorausgesetzt werden, grundsätzlich aus. Das Verwenden von Katatechniken, das heißt von Techniken des ursprünglichen Karate, gilt als Regelverstoß, als Foul.

Im ursprünglichen Karate gibt es keine Regeln für *sundome* oder für den »Vollkontakt«. Und selbstverständlich gibt es diese auch nicht im Shitō-Karate. In meiner Generation, die das Karate noch von früher kennt, nimmt man solche Unterschiede gar nicht wahr. Das trifft sicher auch auf die alten okinawanischen Meister oder auch auf das alte Jūjutsu zu. »Getroffen, nicht getroffen«, diese Frage wurde einem gar nicht bewusst. Arbeitet man nicht mit realen Stößen und Tritten, kann man auch keine realistischen Blöcke üben. Die Debatte darum, ob man die Stöße am Ende abbremsen oder direkt aufschlagen soll, kam eigentlich erst auf, als Japan in die Phase des hohen Wirtschaftswachstums[82] eintrat und immer mehr Großwettkämpfe durchgeführt wurden. Das war jedoch keine Debatte, die das Karate insgesamt betraf, sondern nur den Bereich des Wettkampfsports, denn es ging ausschließlich darum, Wettkampfregeln festzulegen.

Es gibt nichts dagegen einzuwenden, in Wettkämpfen nach bestimmten Regeln sein Bestes zu geben, wenn man auf der anderen Seite auch intensiv Kata trainiert und sie analytisch studiert. Außerdem muss man den Wettkampf klar als solchen abgrenzen. Wenn also jemand, der Vollkontakt-Karate betreibt, auf diese Weise auch Angriffe gegen das Gesicht trainiert und solche Angriffe auch abwehren kann, ist es kein Problem, wenn er im Wettkampf das Gesicht gewissermaßen heraushält.

Etwas ganz anderes ist es aber, wenn jemand ausschließlich den Wettkampf kennt, in dem das Gesicht Tabuzone ist. Für wen die höchste Frage lautet: »Wie kann ich im Rahmen der vorgegebenen Regeln siegen?« hat den Blick für das Wesentliche verloren. Es ist das gleiche, wie wenn ein Student ausschließlich für die Prüfung lernt. Gewiss wird eine Frage wie zum Beispiel: »Wie viele Zehen hat ein Frosch?« in Prüfungen höchstwahrscheinlich nicht gestellt. Also wird man sich auf diese Frage auch

---

[82] Ende der 1950er Jahre. – Anm. d. Übers.

nicht vorbereiten. Grundsätzlich ist es aber problematisch, wenn man etwas deswegen nicht lernt, weil es nicht in einer Prüfung vorkommt.

Im Budō legt man die Regeln für sich selbst fest. Und das bedeutet auch, dass man danach strebt, seine Seele und seine Moral zu stählen. Wer nur danach trachtet, nach Regeln zu siegen, die andere festgelegt haben, kann schnell zum bloßen »Schläger« verkommen.

4.2 Moderner Wettkampf und Budō

Die Bewertung von Wettkampfkata

Das Problem der *kumite*-Wettkämpfe ließe sich, wie im letzten Kapitel gezeigt wurde, lösen. Schwerwiegender ist das Problem der Katawettkämpfe. Die Geisteshaltung einer Person, die eine Kata vorführt, beurteilen zu wollen, ist etwas sehr Subjektives. Es ist undenkbar, ein solches Kriterium bei Wettkämpfen als Bewertungsmaßstab heranzuziehen. – Manchmal frage ich mich, ob mein Vater, wenn er noch lebte, bei einem internationalen Katawettbewerb noch gewinnen könnte.

Es ist nicht überraschend, dass die Kata für die Wettbewerbe reformiert wurden. Besonders bei Wettkämpfen im Ausland sind Katavorführungen die eigentlichen Höhepunkte. Der Beifall und die Rufe des Publikums beeinflussen die Bewertung der Schiedsrichter. Die dort vorgeführten Kata sind in der Regel weit von ihren ursprünglichen Deutungen entfernt. Die Bewegungen wirken großspurig, und bestimmte Passagen werden absichtlich langsam vorgeführt. Das machen alle Athleten so, denn nur auf diese Weise kann man gewinnen. Selbstverständlich haben die bei Katawettbewerben antretenden Athleten hart trainiert, und die Kata, die sie vorführen, sind schwierig. Aber als Kampftechniken taugen diese Kata, die bei solchen Veranstaltungen großen Eindruck auf die Zuschauer machen, in ihrer Substanz nur noch wenig. Deshalb denke ich, man sollte die traditionellen Kata einfach in Ruhe lassen und extra Wettkampfkata schaffen, denn die Anforderungen des Sportes und des Budō lassen sich einfach nicht miteinander in Einklang bringen.

Ich habe diese Ansicht bereits im Jahre 1998 in einem Interview mit der Zeitschrift *Gekkan karate dō* vertreten und wurde vom Journalisten erstaunt gefragt: »Als Oberhaupt einer traditionellen Karateschule fänden Sie es wirklich richtig, neue Kata zu schaffen?« Ja, ich denke, um die Budō-Kata zu bewahren, sollte man neue Wettkampfkata entwickeln. Die Situation, die für die traditionellen Kata vorausgesetzt wird, ist einfach zu weit entfernt von den Regeln des Wettkampfs. Man könnte zum Beispiel in eine neu geschaffene Kata zehn traditionelle Techniken integrieren und deren Vorführung auf fünf Minuten beschränken. So etwas könnten die Schiedsrichter gut bewerten. Ideal wäre wahrscheinlich, wenn man mit einer Gesamtbewertung, die sowohl die Vorführung von Kata und Partnerübungen (*kumite*) einbezieht, über Sieg oder Niederlage entscheiden würde. Man könnte auch, um das Verständnis der in den Kata enthaltenen Techniken zu prüfen, *bunkai* zu zweit vorführen lassen und so Techniken zeigen, die im Wettkampf-*kumite* nicht vorkommen. Außerdem wird sich auf diese Weise zeigen, ob beide Partner in der Lage sind, während ihrer Vorführung im Zustand des *zanshin*[83] zu bleiben. Dabei handelt es sich um eine Körper- und Seelenhaltung, die immer eine Reaktion auf einen Angriff des Gegners ermöglicht. Man rechnet stets damit, dass der eigene Angriff den Gegner nicht völlig außer Gefecht gesetzt hat, hält daher auch nach Beenden der eigenen Aktion das Niveau der Aufmerksamkeit aufrecht und erlaubt sich kein energetisches Erschlaffen. Eine solche Haltung von Anfang bis Ende zu bewahren, das heißt bis zum korrekten Abschluss der Techniken durch beide Partner, erfordert natürlich gegenseitiges respektvolles Verhalten.

Weiterhin könnte man auch *kumite* mit drei Gegnern einführen, die nacheinander angreifen. Um sich dagegen zu behaupten, ist die Beherrschung der Körperdrehungen besonders wichtig. Für die Angreifer ergibt sich hingegen die Notwendigkeit, koordiniert zusammenzuarbeiten, die Koordination geht dabei bis in die Abstimmung der Atmung.

Wettkämpfe für Kata und *kumite* auf solche Weise auszutragen, wäre vorteilhaft, denn so könnte man auch im Rahmen des Wettkampfsportes die Aneignung vieler Techniken des ursprünglichen Karate ermöglichen. Aber generell müsste in bezug auf Wettkämpfe eine klare Abgrenzung zum Budō erfolgen. Nur dann ließen sich die genannten Probleme lösen.

---

[83] *Zanshin*: (jpn.) Geisteszustand im Budō, der durch innere Ruhe, Wachheit und Bereitschaft gekennzeichnet ist. – Anm. d. Lekt.

Ist das moderne Karate wirklich ein Fortschritt?

Es gibt aber ein noch ernsteres Problem, das schon zu Lebzeiten meines Vaters in Erscheinung trat und viel mit der Einbeziehung der Kata in den Wettkampfsport zu tun hat. Um etwas »Sport« nennen zu können, muss es für jeden objektiv verständlich, überprüfbar und nachvollziehbar sein. Auf den gleichen Grundsätzen beruht auch die moderne Wissenschaft. Ein Phänomen muss auf objektive Weise erklärbar sein. Um zu diesem Zweck eine in sich stimmige Theorie zu entwickeln, wird der untersuchte Gegenstand – buchstäblich oder im übertragenen Sinne – in seine Bestandteile zergliedert, vermessen und wieder zusammengesetzt. Dieser Reduktionismus ist der Ausgangspunkt der Wissenschaft. In Japan kam diese Denkweise in der zweiten Hälfte des 16. Jahrhunderts, in der Azuchi-Momoyama-Zeit, auf.

Im alten okinawanischen Karate gab es jedoch, wie schon an anderer Stelle erwähnt wurde, überhaupt keine Erklärungen. Die Älteren (*sempai*) erklärten buchstäblich überhaupt nichts. Sie sagten nur: »Mach's so. Nein, mehr so. Sieh mal, auf diese Art …« Das war natürlich sehr unklar. Es wurde nichts mit Worten erläutert, sondern nur in Form von Bewegungen gezeigt. Dass man einzelne Techniken benannte, zum Beispiel als *seiken zuki* oder *yoko uke*, geschah erst zu Zeiten meines Vaters. Heutige Ausdrücke wie: »Den Tritt in der mittleren Höhe (*chūdan geri*) beherrscht er gut«, kannte man auf Okinawa nicht. Dafür bezog man sich häufig direkt auf die Hand: »Er weiß, die Hand zu gebrauchen«, oder »Er hat eine gute Hand für diese und jene Kata«.

Tatsächlich sind die Techniken unendlich wandlungsfähig. Es gibt keine einzige, die man nur in einer bestimmten Weise verwenden kann. Ein Querblock (*yoko uke*) zum Beispiel verändert seine Ausführung entsprechend den konkreten Bedingungen. Er wird beispielsweise der vom Gegner eingesetzten Technik, seiner Körperhaltung, der eigenen Körperhaltung oder der Bodenbeschaffenheit angepasst. Es gibt demzufolge nicht nur einen einzigen *yoko uke*. Jede Technik zu einer bestimmten Zeit, an einem bestimmten Ort, ist einmalig.

Nach dem Krieg wurde unter der Führung der Gesellschaft für Körpererziehung die Bezeichnung und Systematisierung der Techniken bis ins

Detail betrieben. Das war eine Voraussetzung für die Mitgliedschaft in dieser Organisation. Mit den alten unklaren Methoden aus der okinawanischen Ära des Karate konnte man das breite Publikum nicht ansprechen. Auch international musste man das Karate für jeden verständlich erklären. Durch die Kategorisierung der Karate-Kata und deren Erklärung mit allgemeinverständlichen, einfachen Worten, konnte ein klares und schlüssiges Trainingssystem entstehen. Das Karate wurde modernisiert. Die »vor-moderne und vor-logische, unklare Lehr- und Führungsmethodik« wurde abgeschafft. Aber manchmal frage ich mich, ob das wirklich ein Fortschritt war oder doch eher ein fataler Rückschritt.

Fließende Techniken – vorausgehendes Bewusstsein

Wenn man heute in ein *dōjō* aufgenommen wird, lernt man zunächst die grundlegenden Stöße, Tritte und Blöcke und übt sie immer wieder. Auf Okinawa begann man hingegen sofort mit dem Training der Kata. Was ein Stoß oder ein Block war, wusste man gar nicht. Solche Unterscheidungen kamen einem gar nicht in den Sinn. Man übte einfach nur Kata. Es gab nur *Passai*-Training oder *Kōsōkun*-Training usw. Etwas kühn formuliert, war eine Kata gleich einer Technik.

Die Ausbildung war sehr ganzheitlich und auf das Fließen von Angriffs- und Verteidigungsbewegungen konzentriert. Heute kann man selbst bei Dan-Trägern beobachten, dass sie stets einen stereotypen Block oder einen stereotypen Gegenangriff ausführen, genau auf die Weise, wie sie es im Training geübt haben. Aber was man dann weiter machen kann, wie man die Bewegungsmuster verändern könnte, danach fragt niemand.

Wenn man aus einem sich ständig verändernden Bewegungsfluss eine Technik besonders heraushebt, also gewissermaßen bei ihr verharrt, nennt man dies im Budō »sich ansiedeln, ansässig werden« (*i-tsuki*). Das ist vergleichbar mit dem Erstarren in einer Pose für ein Foto. Verharren oder »ansässig werden« ist im Budō jedoch gleichbedeutend mit Tod.

Vor Buddha-Statuen hört man häufig Menschen sagen, dass sie ihnen wie lebendig erscheinen. Von berühmten Bildhauern geschaffene Buddha-Statuen vermitteln kein Bild der Erstarrung. In ihnen ist ein Moment der Bewegung und Veränderung gestaltet. Natürlich gibt es auch Statuen, die erstarrt wirken. Wer aufmerksam hinschaut und mit der Sichtweise des Budō vertraut ist, erkennt den Unterschied sofort. Dieses Phänomen gibt es aber auch in der Kalligraphie (*shodō*). Erstarrte Stellen im Textbild, an denen der Fluss des Bewusstseins unterbrochen ist, erkennt man sofort.

Eine Bewegung, die nicht verharrt, ist eine Bewegung, der das Bewusstsein immer vorausgeht. Um diesen Gedanken verstehen zu können, ist das Beispiel des lauten Vorlesens gut geeignet. Wer gut vorlesen kann, wie zum Beispiel Nachrichtensprecher, sieht nicht auf die Stelle, die der Mund gerade vorliest. Die Augen sind immer ein oder zwei Sätze weiter. Der Mund folgt dem von den Augen gelesenen nach. Anders ausgedrückt, seine Bewegungen folgen dem Bewusstsein nach. Auf diese Weise ist das Vorlesen flüssig. Bei ungeübten Vorlesern hingegen liest der Mund genau das, was die Augen gerade sehen, das Bewusstsein geht nicht voraus. Die Folge ist ein stockender Lesefluss.

Das Bewusstsein verändert und bewegt sich ständig. Folgen die Bewegungen des Körpers denen des Bewusstseins, so werden die Bewegungen unaufhörlich im Fluss sein. Diese Veränderung, dieses unaufhörliche Kreisen ist äußerst wichtig, und ich übertreibe nicht, wenn ich behaupte, dass dies der Ausgangspunkt aller japanischen Kampfkünste ist.

Mein Vater wollte Karate als Sport, als nationale Körpererziehung für die Schüler verbreiten. Deshalb engagierte er sich für die Regulierung und Systematisierung der Techniken. In seinem Buch »*Einführung in die Angriffs- und Abwehrtechniken im Karate*« von 1938 betonte er aber immer wieder den Grundsatz der Veränderlichkeit und der unendlichen Vielfalt der in den Kata enthaltenen Techniken. Sein Anliegen als erstrangiger Bujutsu-Meister war eben auch, dass Karate als Bujutsu, also als System von Kampftechniken, nicht verloren gehen würde.

Die Japanische Karateföderation wurde nach dem Tod meines Vaters gegründet. Sie trieb die Verwandlung des Karate zu einem Wettkampfsport voran und entwickelte detaillierte Normen. Diese Normierung ging bis in die letzten Einzelheiten – die Abstände wurden zentimetergenau festgelegt, und auch die entsprechenden Winkel zwischen den Körperteilen exakt definiert. Für den Querblock (*yoko uke*) wurde zum Beispiel festgelegt, dass sich dabei die Faust in Schulterhöhe befindet und dass zwischen

Brust und Ellbogen eine Faustbreit Abstand zu sein habe. Durch diese für jeden verständliche technische Systematisierung entstand ohne Zweifel ein Sport, den man auf demokratische Weise verbreiten konnte. Aber das Karate ist auf diese Weise sozusagen erstarrt und wurde, vom Standpunkt des Budō aus betrachtet, zu etwas Leblosem.

In den Wettkampfkata äußert sich das Verharren gelegentlich in Extremen, oder, um es unverblümt zu sagen, es wird zu purer Angeberei. Man macht die Kata zur Show. *Kime*[84] wird auf effektvolle Weise eingesetzt. Aber dieses *kime* ist etwas anderes, als das *kime* im Bujutsu, da es nicht unter dem Gesichtspunkt des realen Kampfes erfolgt, sondern dem der Effekthascherei. Solche Angeberposen sind ein Symbol für das vollständige Erstarren der Formen. So ausgeführte Kata haben buchstäblich ihre Lebendigkeit verloren. Authentische, kämpferische Karate-Kata sind aber das genaue Gegenteil solchen Erstarrens. Das Problem besteht jedoch darin, dass solche Kata dem Publikum wahrscheinlich als unverständlich und unzugänglich erscheinen würden.

Lernen im Fluss des Trainings

In der Abhandlung *Kasshiyawa* des berühmten Matsuura Seizan (1760-1841) gibt es eine Geschichte über Yagyū Munenori[85]. Einmal begleitete dieser den dritten Tokugawa-Regenten Iemitsu beim Besuch eines *nō*-Theaters.[86] Hauptdarsteller war der damals berühmte Kanze Sakon. Iemitsu,

[84] *Kime*: (jpn.) Kurzzeitige Fokussierung der geistigen und körperlichen Energie im *hara* (vgl. Fußnote 36 auf S. 39) oder am Auftreffpunkt eines Schlages. *Kime* ist eine explosionsartige, perfekt aufs Ziel ausgerichtete Projektion der inneren Energie (*ki*). Oft wird das *kime* von einem *kiai* begleitet. – Habersetzer, R. u. G.: Enzyklopädie der Kampfkünste des Fernen Ostens. Chemnitz: Palisander Verlag 2019.

[85] Yagyū Munenori (1571-1646) war ein Meister des Schwertkampfes (*ken jutsu*). Er war der Sohn von Yagyū (Sekishusai) Muneyoshi (siehe S. 74 ff.) und der Vater von Yagyū Mitsuyoshi, des Gründers des Yagyū ryū. Yagyū Munenori war offizieller Schwertmeister am Hof der Tokugawa-Shōgune und hat verschiedene Texte über seine Kampfkunst verfasst. – Habersetzer, R. u. G.: Enzyklopädie der Kampfkünste. Chemnitz: Palisander Verlag 2019.

[86] *Nō*: (jpn.) Im 14. Jh. entstandener lyrischer Theaterstil. Traditionell wurde es nur von Männern gespielt bzw. getanzt und musikalisch begleitet. Meist trägt der Hauptdarsteller

der ein Freund der Kampfkünste war, beobachtete Sakon, wie er die Rolle des Taira no Tomomori[87] (1152-1185) tanzte, und hatte den Eindruck, dass dieser in der Handhabung der *naginata* (Schwertlanze) und in seiner Körperhaltung nicht einen einzigen Moment unaufmerksam war. Um sich seiner Wahrnehmung zu vergewissern, forderte er Munenori auf, darauf achtzugeben, ob es in Sakons Bewegungsablauf eine Stelle gäbe, wo er denken würde: »Jetzt ist er so unaufmerksam, dass ich zuschlagen könnte.«

Der mit der *naginata* (siehe Abbildung auf der gegenüberliegenden Seite) tanzende Sakon verschmolz völlig mit der Rolle des Tomomori und schien überhaupt keinen Schwachpunkt zu haben. Als Sakon während seiner Darbietungen an die vordere rechte Ecke der Bühne kam, lächelte Munenori ihm kaum merklich zu.

Nach der Vorstellung von Iemitsu nach seinen Eindrücken befragt, sagte Munenori: »Sein künstlerisches Können ist gut, seine Seele ist stark. Es gab keine Lücke, durch die man hätte eindringen können. Nur, als er nach vorn an den rechten Pfeiler kam, war er vielleicht ein bisschen unaufmerksam.«

Als Sakon nach seiner Vorstellung in die Garderobe zurückkehrte, fragte er sofort: »Wer war dieser Herr, der heute neben dem Fürsten saß?« Als er vernahm, dass es sich um den Schwertmeister der Tokugawa, Yagyū Munenori, handele, sprach er mit zutiefst zufriedener Miene: »Ja, der ist mir aufgefallen. Ich habe gefühlt, dass er mich genau beobachtete und habe mich viel mehr angestrengt als sonst. Als ich an den vorderen Pfeiler kam, musste ich plötzlich für einen Moment Atem holen. Und genau in diesem Augenblick lächelte er ein wenig. Plötzlich hatte ich keine Kraft mehr, und danach war ich völlig erschöpft.« Als Sakon an den vorderen Pfeiler kam, war der Fluss seines Bewusstseins für einen Moment unterbrochen, seine

---

(*shite*) eine Maske. Die traditionellen Themen betreffen meist japanische oder chinesische Mythologie oder Literatur. In der Edo-Zeit (1603-1868) war es ein Privileg der Samurai, das *nō*-Theater zu spielen und zu besuchen. Damals hatten *nō*-Schauspieler den erblichen Samuraistatus. – Anm. d. Lekt.

[87] Die Taira waren einer der bedeutendsten Kriegerklane im mittelalterlichen Japan, auch bekannt unter dem Namen Heike oder Heiji, deren politischer Aufstieg Gegenstand des Werkes »*Heike monogatari*« ist, das Hamuro Tokinaga zugeschrieben wird. – Habersetzer, R. u. G.: Encyclopédie des Arts Martiaux. Paris: Amphora 2012. – Taira no Tomomori (1152-1185) war der Sohn von Taira no Kiyomori und einer der Clanführer und Kommandeure der Taira im Gempei-Krieg (1180-1185). – Anm. d. Lekt.

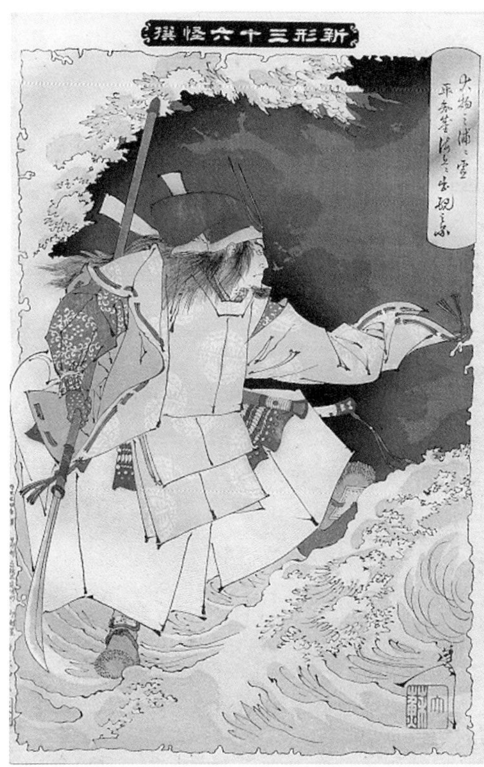

Abbildung: »Der Geist von Taira no Tomomori kehrt in die Daimotsu-Bucht zurück«, Farbholzschnitt von Yoshitoshi Taiso (1839-1892).

Körperhaltung erstarrte. Das hatte ein Meister der Kampfkünste wie Munenori natürlich sofort bemerkt. Als Iemitsu dies alles erfuhr, war er von dem außerordentlichen Können der beiden tief beeindruckt.

Im Sport lernt man zuerst die grundlegenden Körperhaltungen bzw. Stellungen. Beim Tennis zum Beispiel lernt der Anfänger, wie man den Schläger hält und wie man mit ihm umgeht. Beim Baseball ist es genauso. Auch beim Karate beginnt man mit derartigen grundlegenden Dingen, und im Kendō lernt man zuerst die Körperhaltungen, die Stellungen und das Zielen. Ein solches Vorgehen gilt heute als selbstverständlich.

Vom klassischen Yagyū ryū sagt man jedoch, dass sich die Körperhaltungen und Stellungen aus dem Training heraus entwickelten. Völlig im Gegensatz zum heutigen Kendō stand hier das »Fließen« im Mittelpunkt. Das war auch im alten Karate so. Alle Dinge der Natur kreisen in wechselseitiger Abhängigkeit. Dabei bedeutet »kreisen« sich bewegen und verändern. Diese stetige Veränderung ist das »Fließen«.

Der Reduktionismus des Sports

Die Essenz des Budō liegt in der Vereinigung mit der Energie der Erde. Alle Ideen und Körperbewegungen des Budō haben hier ihren Anfang. Dem liegt die Frage zugrunde, wie der Mensch sich vom Universum so viel Energie wie möglich leihen kann. In gewissem Sinne entspricht das der Idee der unendlichen Suche nach einer »absoluten höheren oder fremden Kraft«.

Dagegen ist das Prinzip der Körperlichkeit bzw. der Körperbeherrschung im westlichen Sport der Reduktionismus. Es folgt einem mechanistischen Weltbild, nach dem der Mensch als ein Mechanismus oder eine Maschine, als eine Art Roboter angesehen wird. Mit diesem Mechanismus soll maximale Energie erzeugt werden. Diese Vorstellung beruht auf der Idee einer selbständigen Kraft des Körpers. Heute machen Sporttechnik und Sportphysik sprunghafte Fortschritte. Die Ergebnisse der Sportwissenschaften werden zunehmend auch ins Training des Karate einbezogen. Damit kann man sicher sehr rational und effizient die einzelnen Teile des Körpers stählen und maximale Fähigkeiten aus ihnen herausholen. Heute folgt man nicht mehr dem Motto »japanischer Geist und westliche Technik«, sondern man verbindet »westlichen Geist mit japanischer Technik«, so dass die Prinzipien der Körperbeherrschung nun auch im Karate, in den Bewegungsabläufen der Kata, zu Prinzipien des Sports geworden sind.

Diese Transformation begann bereits in der Meiji-Zeit.[88] Mit dem Streben nach einer »reichen Nation mit einer starken Armee« wurden im kaiserlichen Heer an deutschen Vorbildern orientierte Ausbildungsmethoden eingeführt. Noch heute kann man im Fernsehen oder in den Zeitungen bei deutschen oder russischen Paradetruppen sehen, wie sie beim Marschieren die Rücken gerade strecken und die Beine im Stechschritt hochwerfen, ohne die Knie anzuwinkeln. Die japanische Armee hatte dies übernommen. Diese Art zu marschieren ist ein typisches Beispiel für den bedeutenden Einfluss, den die militärische Ausbildung auf die Körpererziehung in ganz

[88] Im Jahre 1868 begann in Japan die Meiji-Epoche. Dieser neue geschichtliche Abschnitt, der begann, als der junge Mutsuhito den Kaiserthron bestieg, stellte einen Bruch mit der feudalen Vergangenheit des Landes dar. Durch den kaiserlichen Willen wurde Japan ein modernes Land, das fortgeschrittenste des Fernen Ostens. – Habersetzer, R: Koshiki Kata – Die klassischen Kata des Karatedō. 5. Aufl. Chemnitz: Palisander Verlag 2020.

Japan ausübte, wie sie vor allem auch im schulischen Sportunterricht durchgeführt wurde.

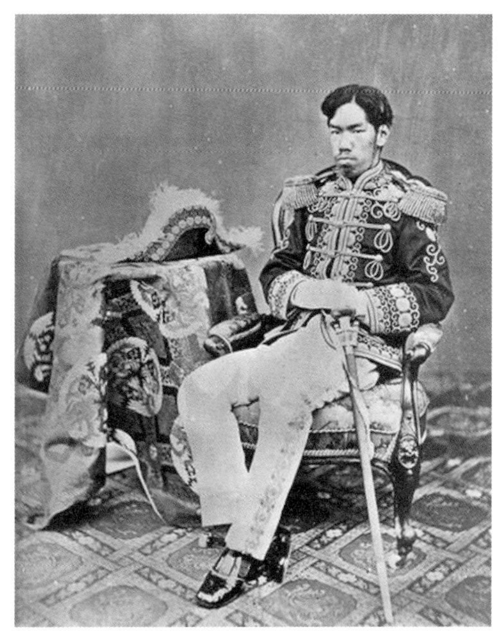

Foto 88: Tennō Mutsuhito (Meiji-tennō) (1853-1912) war der 122. Tennō von Japan. »Meiji« (»leuchtende Herrschaft«) war der Äraname (*nengō*) seiner Regierungszeit (1868-1912). Foto aus dem Jahr 1873.

Ende der 20er Jahre, zu Anfang der Shōwa-Zeit[89], besuchte Miki Nisaburō, der den Karateverein der Tokio-Universität leitete, die auf Okinawa verbliebenen Meister und führte seine Kata vor. Diese aber urteilten: »Das ist kein Karate«. Diese Episode illustriert das von mir beschriebene Problem. Wie schon erwähnt, wurde die Entwicklung des Karate auf der Hauptsinsel vor allem von Universitätsstudenten, also fortschrittlichen Intellektuellen, getragen. Sie waren zugleich Speerspitze der Verwestlichung und Modernisierung Japans und versuchten, das Karate den Normen der westlichen Körperkultur anzupassen. So begann schon zu Zeiten, als Meister Funakoshi und mein Vater noch das Karate repräsentierten, die Modernisierung der Bewegungslehre im Karate.

Die Wiederkehr der Antike im Wettkampfkarate

Die Verwandlung des Budō in Sport stellt auch im Jūdō und im Kendō ein sehr ernstes Problem dar. Aber im Gegensatz zum Karate waren diese

[89] Als Shōwa-Zeit (jpn. Ära des erleuchteten Friedens) wird die Regierungszeit von Kaiser Hirohito bezeichnet (1926-1989). – Anm. d. Lekt.

Künste schon ausreichend gereift, als die Wellen der Modernisierung auf sie einstürzten. Sie hatten in bestimmtem Maße die Mittel, sich selbst zu verteidigen. Sie besaßen solide technische und geistige Grundlagen. So entstammt der oben behandelte Gedanke des Verharrens oder Verweilens (*i-tsuki*) aus dem Kenjutsu. Verglichen mit Jūdō und Kendō ist die Geschichte des Karate eben noch kurz.

Das Karate erscheint mir wie ein Kind, dass von Meistern wie meinem Vater und Funakoshi Gichin früh verlassen, mit äußerster Anstrengung überlebt hat, ohne zu wissen, was genau mit ihm geschehen ist. Ihm fehlten die Begriffe und die Bezugspunkte, um die eigene Situation zu verstehen. Kinder können ihre Lebensumwelt nicht aus weitem Blickwinkel und mit kühler Distanz betrachten. Auch, dass das Wettkampfkarate als »Karate für den realen Kampf« oder »Budō-Karate« die Bühne betrat, verdeutlicht die Nöte auf der Suche nach dem richtigen Weg und lässt es als aus der Art geschlagenes Kind der Modernisierung erscheinen.

Das Wertessystem von Demokratie und Kapitalismus, wie es die Nachkriegszeit prägte, verwandelte die ganze Gesellschaft in ungekanntem Maße. Im Karate führte diese Entwicklung dazu, dass man nach stoischer Unerschütterlichkeit und zu extremen Leistungen strebte. Das Ergebnis war eine Rückkehr zum archaischen Sport des Pankration.[90] In diesem Sinne kann man sagen, dass das Karate am schmerzhaftesten vom Einfluss der Modernisierung betroffen war. Ich möchte, dass alle, die Karate betreiben und denen es am Herzen liegt, ernsthaft darüber nachdenken, wie und warum es zu dieser radikalen Wandlung des Karate gekommen ist. Und es wäre auch gut, wenn Menschen, die mit dem Karate nichts zu tun haben, in diesem Zusammenhang darüber nachdenken, was Modernisierung eigentlich bedeutet. Sechzig Jahre nach Ende des Krieges, und nachdem in jüngerer Vergangenheit auch die Strukturen des Kalten Krieges zusammengebrochen sind, wird die Modernisierung als Amerikanisierung erneut thematisiert. Und das ist, wie man weiß, nicht nur ein Problem des Karate.

---

[90] Vgl. Fußnote 78 auf S. 113.

4.3 Die These der Einheit von Körper, Geist und Technik

Wie prüfte man in Zeiten ohne kumite?

In dem Aufschwung, den die Kampf- bzw. Fight-Techniken in den letzten Jahre erlebten, entstanden verschiedene komplexe Fight-Arten, für die es, wie im antiken Pankration, fast ohne Einschränkung nur eine Regel gibt, nämlich die, dass alles erlaubt ist. Ein Bekannter von mir, der ein solches Turnier im Fernsehen sah, meinte: »Die Augen der Kämpfer sind wirklich furcheinflößend. Ist das auch im Budō so?« Natürlich gibt es das im Budō nicht. Ich wiederhole mich, wenn ich sage, dass das Pankration und das Budō sich absolut nicht ähnlich sind. Das Pankration wie das *Vale tudo*[91] haben Regeln und sind damit Sport, auch wenn es nur die eine Regel gibt, nach der alles erlaubt ist. Diese Kämpfe werden nicht aus Notwendigkeit heraus geführt, und damit fehlt ihnen gänzlich der geistige Hintergrund des Budō. Letzteres ist als Selbstverteidigungstechnik entstanden. Es gibt im Budō keinen anderen Grund für einen Kampf, als sich zu verteidigen. Der Gedanke, jemanden ohne einen solchen Anlaß zu schlagen, zu verletzen oder gar zu töten, ist ihm wesensfremd. Karate ist nicht für Leute da, die den Kampf lieben und suchen. Das erkennt man, wie bereits erläutert wurde, schon daran, dass alle Karate-Kata mit einem Block beginnen und mit einem Block enden.

Meister Funakoshi Gichin sagte dazu einmal: »Karate ist mit Worten schwer zu erklären, und es ist nicht einfach zu vermitteln. Man muss es in der Realität zeigen. Die Besonderheit des Karate liegt darin, dass Karate genau dann Karate ist, wenn man es nicht zum Wettkampf machen oder ökonomisieren kann. Das Wesen des Karate offenbart sich gerade dann, wenn man keine Schutzkleidung und Wettbewerbe dafür schafft.«

Budō und Sport unterscheiden sich durch ihre ursprünglichen Ziele. Das Budō ist eben nicht wie der Sport als Wettstreit geschaffen worden, für den der aktive, entschlossene Angriff das Entscheidende ist. Das Budō dient der Selbstverteidigung, und mit Selbstverteidigungstechniken kann man keinen Wettkampf bestreiten. Das Wesen des Bujutsu liegt aber im

[91] Vgl. Fußnote 80 auf S. 114.

Gegenangriff aus der Verteidigung heraus (*go no sen*). Im sportlichen Wettkampf bekommt man für solch ein Verhalten Punktabzug. Bei Jūdōwettkämpfen sieht man oft, dass Athleten, die nicht angreifen und sich nur auf die Verteidigung zurückziehen, verwarnt werden.

Ursprünglich, auf Okinawa, gab es im Karate keinen Wettkampf, auch nicht das, was man heute freies *kumite* nennt, also *randori*-Übungswettkämpfe, bei denen man Techniken frei einsetzen kann. Bei meinem Vater war so etwas strikt verboten. Das war auch unter Meister Funakoshi so, der damit seinen okinawanischen Lehrern folgte. Charakteristisch hierfür ist ein Vorfall an der Tokio-Universität, der sich Ende der 20er Jahre ereignete. Der dortige Karateverein schlug ein »Realkampf-Karate« vor, bei dem auch Schutzkleidung getragen werden sollte. Meister Funakoshi lehnte das ab und veranlasste den Rücktritt des Verantwortlichen.

Dennoch gab es auch im okinawanischen Karate Möglichkeiten des Kräftemessens. Junge Leute, die Karate trainierten, prüften sich im realen Kampf, den man *kake dameshi* nannte. Wenn jemand um ein solches Kräftemessen bat, gingen die beiden dazu in der Stunde der Abenddämmerung mit Zeugen an einen geeigneten freien Platz oder eine Straßenecke. Einer der Zeugen fungierte als Schiedsrichter. Da es damals noch keine Straßenbeleuchtung gab, mussten die beiden im Licht der Laternen kämpfen, die die Umstehenden hochhielten. Je nach Situation beendete der Schiedsrichter den Kampf. Er sagte vielleicht: »Du musst noch mehr üben …«, gab Ratschläge und urteilte. Dabei kamen auch von den anderen Anwesenden viele technische Hinweise.

Auch mein Vater wurde häufig zu solchen Kämpfen gebeten und agierte für Freunde als Schiedsrichter. Das waren aber keine Wettkämpfe wie heute. Sicher waren es ernste Kämpfe, bei denen »alles erlaubt« war, aber man schlug den Gegner nicht erbarmungslos zusammen. Man diente einander, um seine Stärken herauszufinden und seine Schwächen auszugleichen. Diese Übung war nicht ein gegeneinander gerichtetes Kräftemessen, sondern ein Miteinander-Arbeiten.

Harmonie statt Wettkampf

Ist jeder nur daran interessiert, einseitig den Gegner handlungsunfähig zu machen und zu besiegen, ist das natürlich kein »Miteinander-Arbeiten«. Um gemeinsam ein gutes Miteinander zu schaffen, muss der Gegner ebenso frei agieren können wie man selbst. Die Gegenseitigkeit wird entscheidend. Man dient einander und nutzt die angebotenen Techniken aus. In einem solchen Kampf wird die ganze Persönlichkeit eingesetzt. Es kommt nicht darauf an, allein zu glänzen. Ein gutes Miteinander ist erreicht, wenn beide zu Glanz und Geltung kommen, indem sie sich aneinander schärfen und polieren. Man vertraut sich dem Gegner an und spiegelt sich in ihm. Deshalb betrachtet man auch sich selbst, wenn man den Gegner betrachtet.

Wenn sich beide bemühen, in solch einer Stimmung zu agieren, kann das Miteinander bis zu einem Zustand energetischer Übereinstimmung (*aiki*) führen. Das ist eine essentielle Erfahrung zwischenmenschlicher Beziehung und weit entfernt von einem Wettkampf um Sieg und Niederlage. Dies im Lebensalltag umzusetzen, bedeutet, das Gesetz des Krieges in das Gesetz des Friedens, Kampf (*bu*) in Zivilisation oder Kulturgut (*bun*), zu verwandeln.

Es gibt den Begriff *taiwa*, der gegenseitiges Harmonisieren bedeutet. Dieser Begriff stammt von Kiichi Hōgen, der die älteste japanische Schrift über die Kriegskunst hinterließ. Er lebte in der Gempei-Zeit, vom Ende des 11. bis Ende des 12. Jahrhunderts, am Fuße des Kurama-Berges im Norden des heutigen Kyōto. Der große Tengu-Berggeist[92], der Ushiwaka-maru (Kindername von Minamoto Yoshitsune[93]) das kriegerische (*heihō*) Ninjutsu gelehrt haben soll, war sehr wahrscheinlich jener Kiichi Hōgen. In der von ihm verfassten Schrift gibt es einen Ausspruch, den der Altmeister des Aikidō, Ueshiba Morihei, gern zitierte: »In Konfrontation harmonisiere! 5 und 5 ist 10. Aber 1 und 9 sind auch 10. 2 und 8 ebenso.« Damit wollte er zum Ausdruck bringen, dass es nicht so wichtig sei, wer der Stärkere ist, sondern dass es selbst im Wettstreit auf das Miteinander ankomme. Leute wie ich können dazu nur zustimmend nicken. Aus der heute üblichen Sicht, vom

[92] Siehe Fußnote 174 auf S. 207.

[93] Siehe S. 28.

Standpunkt des modernen Sports oder dem von Sieg und Niederlage ergibt dieser Ausspruch wahrscheinlich wenig Sinn.

»Im Karate gibt es keinen ersten Angriff«

In den Biographien von Kriegern findet man häufig Beschreibungen von Kämpfen und Heldentaten. Für die alten Kampfkunstmeister von Okinawa trifft das kaum zu. Von Meister Itosu zum Beispiel, dem Lehrer meines Vaters, dessen ganzes Leben vom Karate geprägt war, gibt es keinerlei Berichte darüber, dass er mit irgend jemandem gekämpft oder gestritten hätte. Er war als Budō-Meister ein Mann von noblem Charakter und hoher Moral.

Von Yamaoka Tesshū (1836-1888), einem Meister des Schwertkampfes, heißt es, dass er nicht ein einziges Mal mit seinem Schwert einen Menschen getötet habe. Er erwarb sich großen Ruhm als Gründer eines Stils[94], der zum Ziel hatte »im Kampf zu siegen, ohne das Schwert zu nutzen« (»*mute shōryū*«). Diese Haltung, die darin besteht, keine Waffe benutzen zu wollen und den anderen nicht zu verletzen, ist identisch mit dem geistigen Prinzip (*shin*), während der Wille zu siegen auf den Prinzipien der Technik (*gi*) und des Körpers (*tai*) beruht.[95] Auf der Einheit dieser drei Aspekte beruhen alle klassischen Kampfkünste. Das heutige Durcheinander erwächst vorrangig daraus, dass man zwischen dem geistigen Prinzip (*shin*) und den physischen Prinzipien (*gi* und *tai*) nicht mehr klar zu unterscheiden weiß. Den Satz »Im Karate gibt es keinen ersten Angriff« muss man im psychologischen und im technischen Sinne interpretieren. Heute betrachtet man aber nur die physischen Aspekte *gi* und *tai*. Dies liegt an einer Denkweise, die ihre Wurzeln im

---

[94] Ittō Shoden Mutō ryū. *Mutō*: (jpn.) ohne Schwert. – Anm. d. Lekt.

[95] *Shin-gi-tai*: In der Praxis einer klassischen Kampfkunst, Budō, die drei Elemente, die die Effektivität fördern. Das, was aus dem Geistigen (*shin*) hervorgeht, das, was aus der Technik (*gi*) kommt und das, was durch die körperlichen Aspekte (*tai*) beigetragen wird. Mitunter wird den Begriffen auch der Sinn Himmel (*shin*), Erde (*gi*) und Mensch (*tai*) verliehen. Alle drei Aspekte bilden eine Einheit, und man kann nicht einen davon beeinflussen, ohne dass die anderen davon betroffen sind. Ihre Integration stellt den Ausdruck der Meisterschaft auf dem Weg (*dō*) dar. Von Yamaoka Tesshū stammt der abgewandelte Ausdruck »*shin-gi ittai*« (»Geist und Technik sind eins«). – Habersetzer, R. u. G.: Enzyklopädie der Kampfkünste des Fernen Ostens. Chemnitz: Palisander Verlag 2019.

Dualismus hat. In der Welt des Dualismus denkt man nur in Gegensatzpaaren wie »gut und schlecht«, »Sieg und Niederlage«, »richtig und falsch«, »ja und nein«, »kalt und warm«, »verwirrt und erleuchtet«. Nach dieser Logik ist der Satz »Im Karate gibt es keinen ersten Angriff« irrational. Denn um zum Beispiel die Gerechtigkeit und andere höhere Werte der Menschen zu schützen, kann der Angriff notwendig sein. Manchmal muss man auch, um den Ausbruch von Gewalt in der Familie oder unter Bekannten zu unterbinden, im Moment unmittelbar vor dem Ausbrechen (*sen no sen*) bzw. weit im voraus (*sensen no sen*) eingreifen.

Aus diesen Gründen wird der Leitsatz »Im Karate gibt es keinen ersten Angriff« im allgemeinen als psychologische Belehrung mit folgendem Sinn interpretiert: »Karate lernt man nicht, weil man gern kämpft, sondern weil man, der Moral des Kriegers folgend, den Kampf beenden will.« Und man ergänzt: »Die Techniken des Karate wendet man nicht für seine privaten Auseinandersetzungen an.«

Ich denke aber, dass es daneben noch eine höhere, seelisch-spirituelle Erklärungsebene gibt. Wer das Karate praktiziert, sollte es auch als Schulung der Seele betreiben und das Ganze als *kōan* verstehen. Ein *kōan* ist eine Problemstellung, die ein Zen-Priester, vor allem im Rinzai-Buddhismus, als Mittel nutzt, um Novizen zur Erleuchtung zu führen.[96]

Von Hakuin Ekaku (1686-1769), der Anfang des 18. Jahrhunderts den Rinzai-Zen-Buddhismus erneuerte, stammt der *kōan*: »Was ist das Klatschen einer Hand?«[97] Auf derartige Meditationssprüche gibt es keine rationale Antwort. Was für ein Ton sollte das sein, den eine einzige Hand erzeugt? Einen solchen Ton sollte es eigentlich gar nicht geben. Also soll der Zen-Schüler in sitzender Meditationshaltung (*zazen*) nachdenken über den Ton eines Klatschens, den es eigentlich nicht geben kann. Die Antwort, die er findet, gibt er dann dem Zen-Meister. Der eine rezitiert beispielsweise einfach nur ein Gebet: »Über alles verehrter heiliger Buddha.«[98] Ein anderer schlägt vielleicht mit der flachen Hand auf die Wange

[96] Diese Problemstellung, das *kōan*, ist ein Paradoxon, das als Rätselspruch erscheint. – Anm. d. Übers.

[97] *Sekishu no onjō?*

[98] *Namu shaka muni butsu.*

des Meisters.[99] Da es keine bestimmte rationale Antwort gibt, kommt es darauf an, was auf seelischer Ebene übermittelt wird. Deshalb kann es vorkommen, dass bei gleicher Antwort, allein durch die Wahrnehmung des seelischen Zustandes durch den Meister, der eine akzeptiert wird und der andere mit dem Ruf: »*Nama satori*!« (»Pseudo-Erleuchtung!«) einen Tritt bekommt. Ich denke, dass der Spruch »Im Karate gibt es keinen ersten Angriff« und damit das Karate selbst auch so etwas wie ein *kōan* ist, über den der Lernende ein Leben lang nachdenken muss. Deshalb kann man das Karate auch »Zen in Bewegung« (*ugoku zen*) nennen.

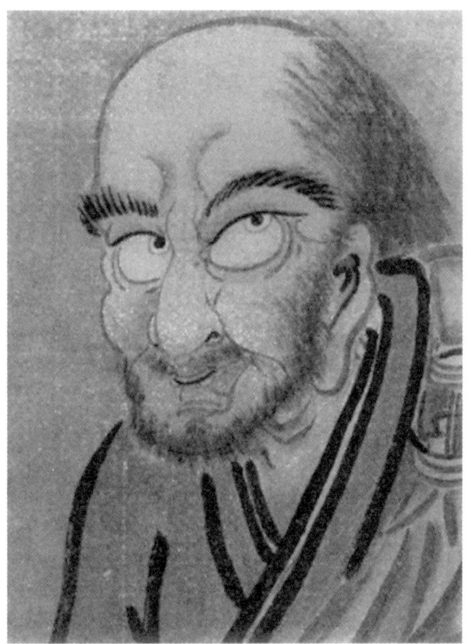

Gemälde von Hakuin Ekaku, das Linji Yixuan (jpn. Rinzai Gigen) darstellt, den Gründer der Linji-Schule des Chán-Buddhismus, aus der in Japan die Rinzai-Schule des Zen-Buddhismus wurde.

[99] … in dem sich häufig als Irrtum erweisenden Glauben, sich das nun erlauben zu dürfen, da man ja schließlich erleuchtet und somit von seinem Meister unabhängig geworden sei. – Anm. d. Übers.

II

Der Geist des Budō

1 Das Wesen des Budō

1.1 Budō und Gewalttätigkeit

Leben nehmen und Leben geben

Budō bedeutet, wörtlich betrachtet, der Weg des *bu*. Das Kanji-Zeichen mit der Lesung *bu* besteht aus den Elementen »Speer« und »stoppen«, hat also den Bedeutungskern »einen Speer stoppen«. Danach würde Budō bedeuten: »Der Weg, einen Speer zu stoppen«. Im allgemeinen wird das Zeichen für *bu* jedoch als Verweis auf Angriff gedeutet, darauf »den Speer einzusetzen«. Der ursprüngliche Sinn ist aber offensichtlich defensiv.

Nicht nur das Karate, auch alle anderen Arten von Budō waren anfangs Methoden des Tötens, genauer gesagt, Kampftechniken zum Töten von Menschen. In diesem Punkt haben die Fähigkeit zum kriegerischen Kampf (*buryoku*) und die Fähigkeit zur Gewaltanwendung (*bōryoku*) etwas gemeinsam. Aber es gibt auch einen großen Unterschied: Ein und dieselbe Fähigkeit tritt einerseits als nicht legale, exzessive Gewalthandlung (*bōryoku*) in Erscheinung und dient andererseits dem Stoppen von Gewalt (*buryoku*). Das ist der problematische Punkt im Budō. In seinem Buch *»Angriffs- und Abwehrtechniken zur Selbstverteidigung im Karate Kempō«* schrieb mein Vater: »Wenn man die Fäuste tanzen und die Beine fliegen lässt, um Leuten ohne irgendeinen Grund Schmerzen zuzufügen, ist das nicht *bu* sondern *kyō*, also Missetat.« Und an anderer Stelle schrieb er: »Stellt man sich für eine gerechte Sache zum Kampf, ist das Tapferkeit (*yū*), verschreibt man sich jedoch dem Bösen, handelt es sich um Missetat (*kyō*).« Das scheint selbstverständlich zu sein, aber wenn man sich darüber nicht im klaren ist und nicht akzeptiert hat, dass das Wesen des *bu* Selbstverteidigung ist, kann man den Weg des *bu* nicht gehen.

In der traditionellen chinesischen Medizin gibt es bekanntlich die Energiebahnen, Meridiane, auf denen die Lebensenergie (*ki*) zirkuliert. Alle Krankheiten werden in der chinesischen Medizin durch Veränderungen in den Energiebahnen erklärt. Wenn sie verstopft sind, der Energiefluss ins Stocken geraten ist, wird man krank, das »*ki* beginnt zu leiden«. Nachdem man mit einer *myakushin* genannten Pulsuntersuchung Veränderungen

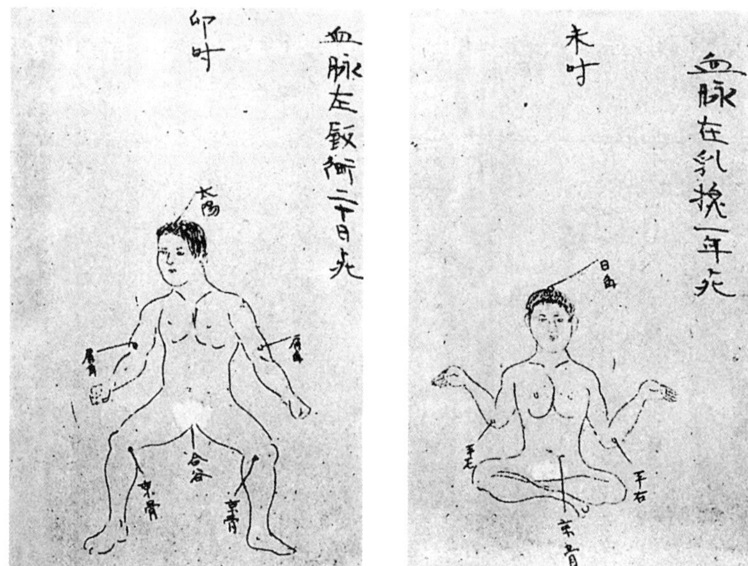

Abbildungen aus dem *Bubishi*: Vitalpunkte, dargestellt als Angriffspunkte.

des Energieflusses festgestellt hat, werden die für eine Einflussnahme wichtigen Energie- oder Akupunkturpunkte (*tsubo*) ausgewählt, die Schwachstellen (*kyō*) aufgefüllt oder energetischer Überfluss (*jitsu*) abgeleitet. Um zum Beispiel eine fiebrige Mandelentzündung zu behandeln, wird ein *shōyō* genannter Punkt an der Spitze des Zeigefingers genadelt, das heißt, an diesem Punkt wird in die Oberhaut vorsichtig eine Nadel gestochen, wobei gelegentlich auch ein bisschen Blut austreten kann. Nach dieser Behandlung sinkt das Fieber fast immer sehr schnell.

Solche *tsubo* genannten Vitalpunkte gibt es überall am Körper. Da sie Einflusspunkte sind, kann man sie auch als Schwachpunkte ansehen. Durch die Einwirkung auf die Meridiane kann man also sowohl vitalisieren als auch töten. Es handelt sich also um eine Heilmethode, die zugleich Tötungsmethode ist. Man könnte sogar soweit gehen zu behaupten, dass das eine das andere bedingt. Wenn man damit nicht töten kann, kann man auch nicht vitalisieren. Das Töten und das Beleben erscheinen als zwei Seiten einer Medaille. Als ich in Ōsaka die Mittelschule besuchte, nahm ich etwa ein Jahr lang an einer Ausbildung als Jūdō-Chiroprakti-

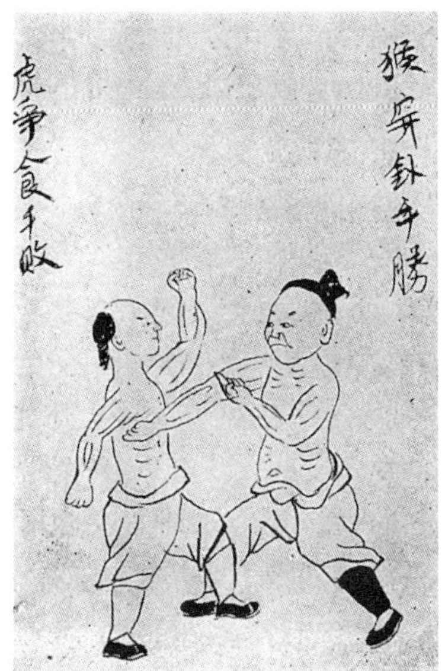

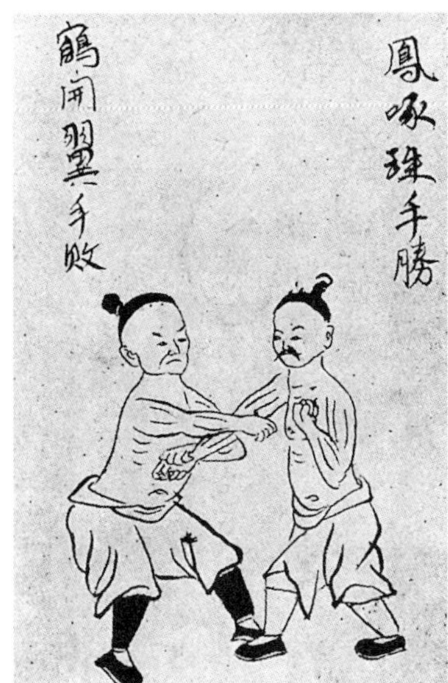

Abbildungen aus dem *Bubishi*: Kampfszenen.

ker bei Meister Konishi Yasuhiro in Tokio teil. Diese Ausbildung war sehr nützlich für mein Wissen über die Vitalpunkte.

Mein Vater hatte von Meister Itosu eine Geheimschrift über das chinesische Kempō geerbt, das *Bubishi*.[100] Auf zahlreichen Bildtafeln sind Hebel, Griffe, Würfe, Stöße und Tritte dargestellt. Am Bildrand steht, ob die rechte oder die linke Person gewonnen hat. Außerdem kann man zum Beispiel lesen, ob man infolge eines bestimmten Angriffs noch am gleichen Tag, in 20 Tagen oder nach einem Jahr stirbt. Als ich das sah, verstand ich, dass hier erklärt war, wie man die Vitalpunkte des Gegners genau trifft. Die Ausdrücke »Einjahrestötung« oder »Dreijahrestötung« stehen für Techniken gegen Vitalpunkte des Gegners, die Schäden bzw. Krankheiten verursachen, die im genannten Zeitraum zum Tod des Gegners führen.

Heute gibt es kaum noch Karateka, die die Meridiane studieren wollen. Ursprünglich war das Karate aber eine universelle Kampftechnik, mit der

[100] Siehe Habersetzer, R.: Bubishi – An der Quelle des Karatedō. 5. Aufl. Chemnitz: Palisander Verlag 2020.

man beleben und töten konnte.[101] Dieser Aspekt ist außerordentlich wichtig. Wie das Karate wirkt, darüber entscheidet die eigenen Seele. Ihrem Zustand folgend wird das Karate zu einer Methode des Tötens oder des Belebens. Das ist einer der Gründe dafür, dass im Karate das spirituell-seelische Moment so wichtig ist. Kampftechnik, die keinen spirituell-seelischen Regeln folgt, ist nichts weiter als Technik für Schlägereien, pure Gewalttätigkeit.

Karate und der Geist des Respekts (shurei)

Aber was ist eigentlich die spirituell-seelische Regel im Karate? Darauf antworte ich ohne Zögern: »Das sagt das Zeichen *rei*!«[102] Man kennt in Japan das Wort *shurei* aus dem Namen einer historischen Sehenswürdigkeit auf Okinawa, die als nationales Kulturgut anerkannt ist. Es ist das *Shurei mon*, die Rekonstruktion eines der Tore der Burg von Shuri, des Sitzes der Könige von Ryūkyū.[103] Dieses für die alte Ryūkyū-Kultur repräsentative Bauwerk (siehe Foto 89) ist auch auf der Rückseite der 2000 Yen-Scheine abgebildet. Auf dem Tor steht die Schrift *shurei no kuni*. Das bedeutet »Land, das den Ritus bewahrt«. Dieser Schriftzug ist ein Symbol für die Menschen von Okinawa und geistiger Orientierungspunkt. Der Geist des *shurei* wird im Karate, dem Budō, das sich auf Okinawa entwickelt hat, bewahrt und weitergegeben.

Meister Matsumura Sōkon, der Vollender des Shuri-te, den man auch Bushi Matsumura nannte, hinterließ aus seinen späten Jahren eine Schriftrolle mit dem Titel »Die sieben Morallehren des *bu*«[104]. Der Text beginnt mit den Worten: »Die sieben Regeln des *bu* sind folgende: Gewalttätigkeit ist verboten. Man meistert das militärische Fach, beschützt die Menschen, schafft sich Verdienste, befriedet das Volk, stiftet im Volk Harmonie und vermehrt sein materielles Vermögen. Das loben auch die Heiligen. Davon handelt dieses Buch.« Die erste Aussage, dass das *bu* Gewalttätigkeit ver-

[101] *Kassatsu jizai jutsu.*

[102] *Rei*: Schriftzeichen, das auf das Bedeutungsfeld »Ritus, Respekt, Dank, Höflichkeit« verweist. – Anm. d. Übers.

[103] Das Tor wurde 1527-1555 erbaut und im Jahre 1958 rekonstruiert.

[104] *Bu no nana toku.*

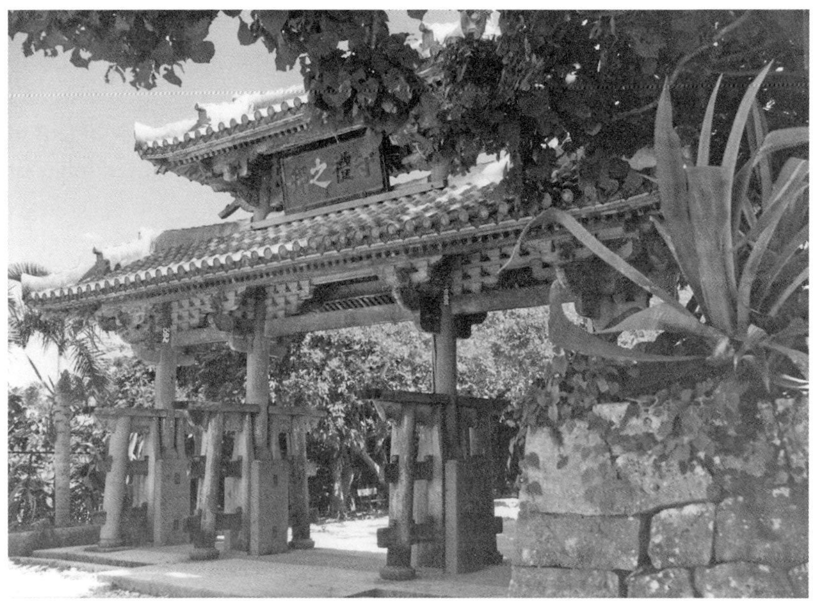

Foto 89: *Shurei mon*, die Rekonstruktion eines der Tore der Burg von Shuri, des Sitzes der Könige von Ryūkyū.

biete, steht im Zentrum des ganzen Werks und ist Ausdruck des Geistes des okinawanischen *shurei*.

Im Karate gibt es seit langem drei rituelle Äußerungen von Respekt bzw. Dank, die *san rei*. Ein *rei* gegenüber den Göttern, ein *rei* gegenüber den Lehrern und ein gegenseitiges *rei* oder *sōgokan no rei*. Im *dōjō* beginnt und endet jedes Training mit dieser Respektsbezeugung: *shinzen ni rei*[105] – *sensei ni rei – o tagai ni rei*. Der Dank gegenüber den Göttern ist nicht nur religiös im engeren Sinne gemeint. Es ist ein Dank für das Geschenk des Lebens, dafür, dass wir Menschen auf der Erde, gesegnet mit Sonnenlicht und Wasser, leben können.

Der Dank an die Lehrer gilt nicht nur demjenigen, den man unmittelbar vor sich hat, sondern richtet sich auch an die Lehrer der Lehrer, an alle, die ihre Kraft für die Entwicklung des Karate eingesetzt haben. Und auch die Gegner in einem Wettkampf, mit denen man seine eigenen technischen

[105] Auch *shōmen ni rei*; Der Sinn beider Grußformeln ist derselbe. – Anm. d. Lekt.

Fähigkeiten entwickelt, sind als Lehrende unverzichtbar. Sie ermöglichen es, aus den eigenen Fehlern zu lernen. Egal, ob man im Karate Anfänger oder Fortgeschrittener, Junior oder Senior ist, man sollte von jedem lernen. Auch ich lerne immer wieder aus den oft verblüffenden Fragen der Anfänger. Dafür muss man dankbar sein, Respekt zeigen. Mein Vater redete auch die jüngeren Schüler immer respektvoll nach ihren Namen mit *san* an und benutzte ihnen gegenüber sogar eine besonders höfliche Sprache. Auch Funakoshi und die anderen alten Meister sollen ihre Schüler so behandelt haben. Das bedeutet *rei* gegenüber den Schülern.

Das gegenseitige *rei* ist nicht nur an die anderen Karate-Kameraden gerichtet, sondern an die vielen Menschen, die dazu beitragen, dass man sich treffen und gemeinsam trainieren kann – an die Eltern, die die Mitgliedschaft im Karateverein erlaubt haben und finanzieren, an die Ehepartner, die während des Trainings allein zu Hause sind, an die Freunde, die mit viel Verständnis für das Karate bei der Arbeit helfen. Diesen Menschen Dank zu sagen, ist der Sinn des gegenseitigen *rei*.

Wer Karate praktiziert, darf unter keinen Umständen vergessen, im Geist des *shurei* seinen Respekt zu zeigen. Er darf seine Fäuste und Beine auch nur schwingen und seinen Gegner damit Gefahren aussetzen, wenn er ihm zuvor in dieser Weise seinen Respekt erwiesen hat. Das Karate fordert sogar, dass wir gerade auch einem Feind, dem wir Schaden zufügen wollen, Respekt erweisen.

Meister Funakoshi Gichin soll seinen neuen Schülern zu Beginn immer erklärt haben, dass die Karate-Kata mit ihren Bewegungen folgendes ausdrücken: »Ich schwöre im Lichte der Götter dieser Welt, dass ich nicht kämpfen will. Aber ich kann auch nicht ausweichen. Wollen Sie nicht lieber aufhören? Allerdings, wenn es sein muss, stelle ich mich Ihnen.« Das ist der Grund, warum alle Karate-Kata mit einem Block beginnen und mit einem Block enden. Sie vermitteln ohne Worte den Lehrsatz »im Karate gibt es keinen ersten Angriff« und damit auch den Geist des *shurei*.

Der Sinn der Karate-Techniken

Wie bereits dargestellt, war den Menschen auf Okinawa unter der Herrschaft des Shimazu-Klans aus dem Fürstentum Satsuma der Waffenbesitz unter Androhung der Todesstrafe verboten. Unter sehr bedrückenden Lebensumständen, in vielen Kämpfen auf Leben und Tod, entwickelten und systematisierten sie die Selbstverteidigungstechniken des Karate.

Im Gegensatz zum Karate standen die Hausstile der Schwertkunst der verschiedenen Samurai-Klane unter dem Schutz der Tokugawa-Zentralregierung bzw. der Fürstenhäuser. Das ist der Grund, weshalb über den Schwertkampf eine hervorragende schriftliche Hinterlassenschaft existiert. So gibt es das »Buch der fünf Ringe« (*»Gorin no sho«*)[106] des berühmten Samurai Miyamoto Musashi (1584-1645) sowie das »Buch über die in den Fürstenhäusern überlieferten Regeln des Kriegers« (*»Heihō kaden sho«*)[107] des großen Schwertkämpfers Yagyū Munenori (1571-1646). Diese Werke sind außerdem in einer sehr reichen Sprache gestaltet. Die Autoren konnten die technischen und spirituellen Aspekte mit einer reinen, metaphysisch geprägten Sprache erklären, da die in Konfuzianismus und Zen-Buddhismus gebildeten Samurai solch eine Sprache beherrschten.

Für das Karate sind leider keine Schriften überliefert, die dessen Essenz so ausdrucksvoll darstellen würden wie die verschiedenen Bücher über die Schwertkunst oder über das Jūjutsu. Was wir aber haben, sind die Kata, die die alten Meister, unsere Vorgänger, unter Einsatz ihres Lebens, mit ihrem Blut und ihren Herzen geschaffen haben. Für die Karate-Kata haben sie viele erprobte Techniken zusammengestellt, die Schwächen ausgemerzt und die Stärken herausgearbeitet. Auf diese Weise ist es ihnen gelungen, eine vollendete Ausdrucksform für ihre Kampftechniken und deren geistigen Gehalt zu entwickeln.

Die Kata des Karate sind länger als die Kata des Schwertkampfes oder des Jūjutsu. Sie stellen eine Szenenfolge dar und sind fast wie kleine Dra-

---

[106] Miyamoto, Musashi: Das Buch der fünf Ringe. Klassische Strategien aus dem alten Japan. Neuenkirchen: Phänomen Verlag 2004.

[107] Yagyū, Munenori: Der Weg des Samurai. Anleitung zum strategischen Handeln. 4. Aufl. München: Piper 2004.

men gestaltet. Lange Karate-Kata enthalten bis zu 70 verschiedene Handlungen. Die Kata des Kendō und des Jūjutsu sind hingegen nur einzelne, kurze Angriffs- oder Abwehrhandlungen. Sie stellen statische Formen dar und nicht, wie im Karate, dynamische. Man verwendet für die beiden Kata-Begriffe tatsächlich auch unterschiedliche Schriftzeichen.

Es ist sehr wichtig, den Sinn der Karate-Kata gründlich zu verstehen. Das Karate entstand und entwickelte sich während der Tokugawa-Herrschaft und wurde von diesem Herrschaftssystem nicht wie die Schwertkunst geschützt und gefördert, sondern eher erheblich eingeschränkt. Das technische und seelisch-spirituelle Wissen konnte nicht wie in der Schwertkunst in kultivierter Sprache überliefert werden. Um die Techniken anhand der Kata zu erklären, um zeigen zu können, worauf man achten muss und was man falsch macht, brauchte man lange Handlungsabläufe. Die alten Meister mussten die Techniken, die sie nicht in Schriftform fixieren konnten, eben in den Kata ausdrücken und dafür sehr viel Verstand aufbieten. Darüber hinaus mussten die Kata auch die spirituelle Fähigkeit, die Techniken des Tötens in Techniken der Lebensbewahrung zu verwandeln, ohne Worte lehren.

Die missverständliche Annahme, Karate sei, verglichen mit Kendō oder Jūdō, keine feine, sondern eine eher grobe Kampftechnik, etwas Einfaches für den »realen Kampf« oder gar für Schlägereien, resultiert aus der besonderen Situation, dass es eben keine schriftlichen Überlieferungen gibt. Als die Meiji-Zeit anbrach, verlor das Karate den Status einer Geheimwissenschaft. Mein Vater, der auf die Hauptinseln zog, um seine Kampfkunst zu verbreiten, bemühte sich sehr, Techniken und Geist des Karate in Worte zu fassen. Um auf Schulterschluss mit den anderen japanischen Kampfkünsten zu kommen, musste man auch das Karate mit Worten erklären können, die für die Masse verständlich und überzeugend waren. Sowohl die Bücher meines Vaters als auch die Schriften von Meister Funakoshi lassen das Bemühen darum erkennen.

Doch die Zeit dafür war knapp in jenen Anfangsjahren des Karate in Japan. Mit dem Ausbruch des Großen Ostasiatischen Krieges im Jahre 1941 wurde Japan in die Einheitsfarbe des Krieges getaucht, und ein Land im Kriegszustand ist kein guter Ort für Karate.[108] Nach dem Krieg war

---

[108] Siehe Fußnote 9 auf S. 16.

das Karate unter der alliierten Besatzung zunächst vollkommen verboten und erst 1951, als Japan seine Unabhängigkeit zurückerlangte, wurde es wieder zugelassen.

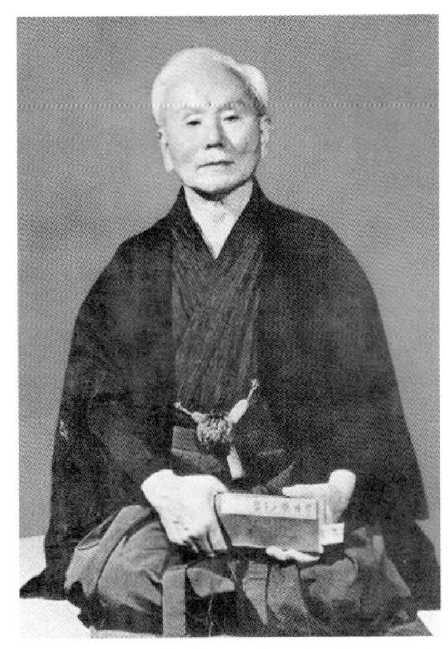

Foto 90: Funakoshi Gichin (1868-1957).

1952 verließ mein Vater diese Welt. Schon bald folgten ihm Meister Miyagi (1953) und Meister Funakoshi (1957). Kurz bevor Funakoshi Gichin starb, hatte er in der Zeitschrift *Nihon shūhō* seinen letzten Artikel veröffentlicht, und seine letzten geschriebenen Worte lauteten: »Die Fäuste zu lieben, Techniken einzusetzen – das ist ein Prozess, in dem der menschliche Charakter geformt und der Gerechtigkeitssinn erzogen wird. Das ist das eigentliche Ziel des Budō. Faust und Zen sind eins (*ken zen ichi*). Für das Meistern des Karate-Weges müssen wir das Äußerste anstreben, bis in den Glauben gehen. Ergebt euch dem Glauben (*kenkyo tare*)! So reden wir Kameraden miteinander.«

»Karate ist Zen in Bewegung.« Diesen Gedanken hatte mein Vater schon in seiner Zeit auf Okinawa gefasst. Das war einige Jahrzehnte bevor Meister Sō Dōshin (1911-1980), der in der Nachkriegszeit das Shōrinji-Kempō gründete, inspiriert von dem Gedanken des Zen-Meisters Takuan (1573-1645), »Schwert und Zen sind eins«, den Satz prägte: »Faust und Zen sind eins«.

Dass mein Vater so früh starb, lag sicher an den damaligen Zuständen, an Unterernährung und Überarbeitung. Hätte er länger gelebt und noch die Zeit gehabt, den seelisch-spirituellen Aspekt des Karate methodisch darzustellen, hätten wir heute sicher ein ganz anderes Karate. Aber leider ist es nicht dazu gekommen.

Die »übermenschlichen Techniken« des Ueshiba Morihei

Ueshiba Morihei (1883-1969), der Begründer des Aikidō, wurde nach seinem Tode »Gott des Budō« genannt. Wahrscheinlich gibt es keinen Meister der japanischen Kampfkünste, über den so viele geheimnisvolle Geschichten kursieren wie über ihn. Zu den vielen Heldengeschichten gehört, dass der berühmte Sumōkämpfer Tenryū Saburō (1903-1989), der sich aus dem japanischen Sumō verabschiedet hatte und in die Mandschurei gereist war, um dort ein eigenständiges Sumō zu begründen, nicht in der Lage war, Ueshiba Morihei unter Einsatz all seiner Kräfte auch nur im mindesten von seinem Platz zu bewegen. Meister Ueshiba hat auch mit mehreren Kendō-Meistern gekämpft, ohne dass sie ihn auch nur einmal mit dem Bambusschwert treffen konnten. Er war sehr vertraut mit Meister Konishi Yasuhiro aus Tokio, dem auch ich viel zu verdanken habe. Bei diesem traf er einst auf Piston Horiguchi[109], der ein hervorragender Boxer war. Ueshiba soll einen Schlag von ihm blitzschnell mit dem kleinen Finger aufgefangen und Horiguchi nach vorn zu Fall gebracht haben. Auch Meister Motobu Chōki (1871-1944), der in den Kreisen des Realkampf-Karate als »Motobu, der Affe« (Motobu Sāru) bekannt war, trat in einem Übungskampf gegen denselben Boxer an. Er vermochte ganze Schlagserien abzufangen, die Horiguchi auf ihn einprasseln ließ; der Boxer konnte keinen einzigen Treffer landen. Ebenso wie Meister Ueshiba war Meister Motobu zu jener Zeit schon ein älterer Mann. Ihre Stärke kann also nicht in ihrer Körperkraft gelegen haben.

Meister Ueshiba hat das Aikidō sehr esoterisch, auf religiöse und mystische Weise erklärt. Es ist bekannt, dass er unter starkem Einfluss der religiösen Lehren von Deguchi Onisaburō[110] stand. Für Ueshiba Morihei bedeutete Aikidō in nicht geringem Maße die Ausübung einer Art des

[109] Piston: (engl.) der Kolben. – Anm. d. Übers.

[110] Deguchi Wanisaburō (Onisaburō) (1871-1948). Japanischer Mönch, Mitglied der durch Deguchi Nao (1836-1918) gegründeten Sekte Ōmoto kyō, die auf Lehren des Shintō, des Buddhismus und des tibetischen Schamanismus beruhte. Die Sekte lehrt die Existenz eines universellen Gottes, der sich in der gesamten Natur manifestiert durch das Pulsieren der Lebensenergie (*ki*). Meister Ueshiba Moriha trat der Sekte 1922 bei. – Habersetzer, R. u. G.: Enzyklopädie der Kampfkünste des Fernen Ostens. Chemnitz: Palisander Verlag 2019.

Shintō. Sein Sohn Kisshōmaru, nach dem Tode seines Vaters der Vorstand des Hauses Ueshiba, beschreibt in seiner Biographie über den Gründer des Aikidō (*Aikidō kaiso Ueshiba Morihei den*) eine Episode von 1924, als Ueshiba seinen religiösen Führer Deguchi auf eine Reise in die Mongolei begleitete. Damals wanderte er buchstäblich auf der Linie des Todes und wurde durch dieses Erlebnis erleuchtet.

> *Als die Truppe einmal durchs Gebirge marschierte, wurde sie plötzlich von rechts und links aus dem Bergschatten heraus heftig beschossen. Die Schützen zielten vor allem auf die Sänfte des religiösen Lehrers Deguchi. Eine Kugel hatte sie bereits gestreift. Da begab sich Meister Ueshiba vor die Sänfte, um den Lehrer mit seinem Körper vor den feindlichen Kugeln zu beschützen. Später berichtete er: »Ich konnte keinen Schritt weggehen. Also musste ich mit Kopf und Körper den anfliegenden Kugeln ausweichen. Mit starren Augen sah ich die Kugeln mal von links, mal von rechts anfliegen. Ich sah sie intuitiv ganz klar. Einen Moment eher als die Kugel selbst, sah ich ein weißes Licht heranfliegen. Kaum, dass ich meinen Körper weggedreht hatte, kam die Kugel vorbeigepfiffen. Ich habe schon oft ähnliches erlebt, und in diesem Augenblick eröffnete sich mir auf ganz natürliche Weise das Wesen des Budō. Ich verstand, dass ich die Tötungsabsicht des Feindes intuitiv wahrnehmen kann, und das um so besser, je klarer und ruhiger meine Seele wird.«*

Seit dieser Begebenheit gewann bei Meister Ueshiba die spirituelle Erklärung der Kampfkunst im Vergleich zur technischen das Übergewicht. Auf kampftechnischem Gebiet war er direkter Schüler des außerordentlich berühmten Jūjutsu Meisters Takeda Sōkaku (1858-1943). Die von Takeda repräsentierte Kampfkunst Daitō ryū Aiki Bujutsu wurde Ende des 16. Jahrhunderts zum Hausstil der Aizu, einer Linie des Takeda-Fürstengeschlechts[111], und sie wurde ausschließlich Mitgliedern der Fürstenfamilie und der Oberschicht der Samurai im Geheimen gelehrt. Es war eine komplexe Kampfkunst, in der das *aiki* eine besondere Rolle spielte.[112] Erst in der Meiji-Zeit

[111] Die Aizu herrschten in einem nordöstlich von Tokio gelegenen Aizu-Gebiet, im Westteil der heutigen Präfektur Fukushima. – Anm. d. Übers.

[112] *Aiki*: (jpn.) »Vereinigung der Energie (*ki*)«. Geisteszustand und Haltung, die durch jeden Praktiker einer Kampfkunst angestrebt wird durch Konzentration auf das Zentrum seiner »Vitalenergie« (*hara*). Das Konzept bezieht sich auf die Freisetzung und Kontrolle dieser inneren Energie, einer Teilmenge der kosmischen Energie, die der Kämpfer gegebenenfalls im

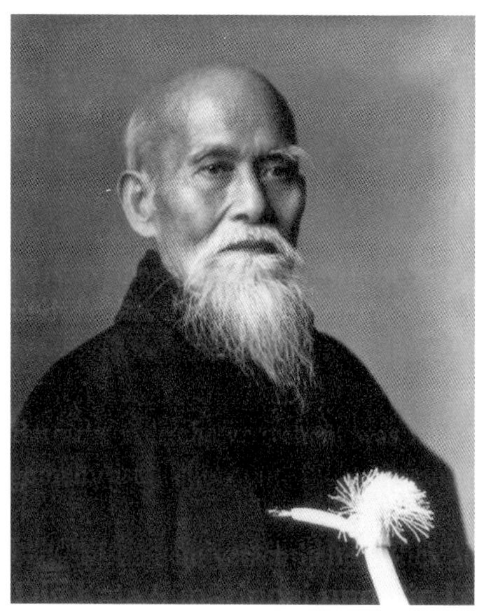

Foto 91: Ueshiba Morihei (1883-1969).

wurde die Daitō-Kampfkunst über die Grenzen der Aizu-Region hinaus öffentlich bekannt. Das war das Verdienst von Meister Takeda. Ihm sagte man nach, er habe eine Vielzahl von gleichzeitig angreifenden Gegnern mit einem Wurf durch die Gegend geschleudert oder alle Angreifer bewegungslos gemacht, indem er einem von ihnen gegen die Beine trat. Man erzählt auch, er sei in der Lage gewesen, gleich mehreren Gegnern auf einmal die Bambusschwerter zu entreißen.

Einer seiner Schüler war Sagawa Yukiyoshi (1902-1998), der selbst ein berühmter Meister war. Im Juli 1998 erschien die Zeitschrift *Karate dō* als Sonderausgabe über mich und das Shitō-Karate. In derselben Ausgabe waren außerdem zu Ehren des kurz zuvor mit 95 Jahren verstorbenen Meisters Sagawa Fotos von seinen Vorführungen und Artikel von ihm enthalten. Bereits zu seinen Lebzeiten hatte einer seiner Schüler, Kimura Tatsuo, über ihn ein Buch mit dem Titel »Die unsichtbare Kraft« (*tōmei na chikara*) beim Verlag Kōdansha veröffentlicht. Darin zeigt er, dass sich Meister Sagawa im Gegensatz zu Meister Ueshiba auf die technische Interpretation des Aikidō konzentriert hat: Er zitiert ihn darin mit Aussagen wie: »Das Aikidō ist eine

Kampf einsetzen kann, indem er sie nach außen projiziert (*kime*). Weiter gefasst handelt es sich auch um eine sowohl physische als auch geistige Haltung, die es ermöglicht, zu siegen, ohne zu kämpfen – so sehr kann man mit dieser auf diese Weise konzentrierten Energie auf einen potentiellen Gegner einwirken. Man sagt in diesem Fall, diese Haltung sei »vom *kiai* angefüllt«. Wird diese Energie auf explosive und dynamische Weise eingesetzt, sagt man, der Kämpfer »stoße den *kiai* aus«, was lautlos erfolgen kann oder durch einen die Aktion begleitenden kurzen und kraftvollen Schrei. (vgl. Fußnote 36 (*kiai*) auf S. 39). – Habersetzer, R. u. G.: Enzyklopädie der Kampfkünste des Fernen Ostens. Chemnitz: Palisander Verlag 2019.

Technik, mit der man den Gegner kraftlos macht«, oder »Das *aiki* ist keineswegs etwas Unbegreifbares, es ist eher sehr rational. Meine Techniken enthalten alle einen Moment des *aiki*, mit dem der Gegner ausgehoben wird. Wenn ich die Techniken ansetze, nachdem der Gegner destabilisiert ist, habe ich freie Hand. Lange habe ich darüber nachgedacht, was man machen kann, wenn man festgehalten wird und sich überhaupt nicht bewegen kann. Schließlich bin ich zu der Erkenntnis gekommen, dass das *aiki*, das man in solchen Situationen einsetzt, etwas Physisches ist. Von diesem Augenblick an war das *aiki* kein Geheimnis mehr für mich. Was zählt, ist, mit dem Studium solcher Dinge fortzufahren.« Meister Sagawa richtete mit diesen Worten den Blick auf den rationalen Aspekt des *aiki* und zeigte, dass jede Technik auf natürliche Weise erklärbar ist und nichts Mystisches an sich hat.

Im Daitō-Stil gibt es für das Verstehen des *aiki* eine Übung, die man *aiki age* nennt. Bei dieser Übung hebt man die vom Gegner festgehaltenen Handgelenke hoch und zieht sie gleichzeitig weg. Wenn man mit dieser Übung die *aiki*-Technik richtig trainiert hat, kann man den Gegner im Moment der Berührung kraft- und widerstandslos machen, egal mit welcher Technik er auch angreifen mag.

Der wichtigste Grundsatz des Karate: »Der Körper folgt dem Geist«

Als ich mich mit dem Herausgeber des vorliegenden Buches[113] über dieses Problem unterhielt, meinte er: »Sensei, Sie sollen doch auch schon einige starke Ausländer und Leute mit dem fünften und sechsten Dan vorgeführt haben. Könnten Sie nicht mal einige Techniken zeigen, mit denen so etwas möglich ist?« Solche Techniken gibt es zwar eigentlich nicht, aber ich sagte: »Na gut, wir können das ja ausprobieren. Ziehen sie mal an meinem Arm, so wie sie wollen.« Der Herausgeber ist jetzt in den 30ern. Er trainiert schon seit 25 Jahren Karate und trägt einen schwarzen Gürtel, allerdings nicht im Shitō-Karate. Obwohl er mit aller Kraft versuchte, den Arm zu ziehen und zu verdrehen, konnte er ihn nicht das kleinste bisschen

[113] Yokoyama Masahiko, Herausgeber der japanischen Ausgabe. Siehe Nachwort, S. 242 ff.

bewegen. Das kann man »Kraft des *ki*«, Lebensenergie, oder auch einfach »Technik« nennen. Das sind nur verschiedene Wörter, die gleichermaßen zutreffen. Ich bin schon weit über 80 Jahre alt und 1,58 m groß, also körperlich keineswegs überlegen.

An anderer Stelle habe ich festgestellt, dass die Stöße und Tritte im Karate dem Gesetz des »fallenden Baumes« (*tōboku hō*) folgen. Ich kenne mich in den Naturwissenschaften nicht besonders aus, aber wenn man den natürlichen Fall bzw. die Schwerkraft für sich maximal mobilisiert, daraus Geschwindigkeit und Kraft gewinnt, dann bedeutet das doch nichts anderes, als »eins mit der Erde werden, sich die Kraft von ihr leihen«. In seinem Buch »*Angriffs- und Abwehrtechniken zur Selbstverteidigung im Karate Kempō*« schrieb mein Vater: »Das Wesen des Budō ist Geist, die Techniken sind nur dessen Spiegelbild.« Der wichtigste Grundsatz des Karate heißt, wie weiter oben bereits erklärt wurde: »Der Körper folgt dem Geist«.[114] Um mit der Erde eins zu werden und aus ihr Kraft zu gewinnen, muss man zuerst seelisch-spirituell eins mit ihr werden. Die Sphäre dieser seelischen Einheit ist die gleiche wie die Sphäre der »Leere« (*kū*), von der man im Zen-Buddhismus spricht. Aus diesem Grund sagt man, dass Karate »Zen in Bewegung« sei, und es bedeutet ja auch nicht zufällig *leere* Hand. Aber das ist nicht alles. Während man im Zen aus der seelischen Einheit mit der Erde innere Ruhe gewinnt, agiert im Karate der Körper in dieser Einheit und bringt das *bu*[115] zum Ausdruck. Nach meiner Ansicht ist das *aiki* das gleiche. Meister Ueshiba erklärte es religiös bzw. mystisch. Meister Sagawa verstand es als Technik. Bei beiden gehört das *aiki* letztlich zur Sphäre der seelischen Einheit. Aber in dieser Einheit von Geist und Technik ist dem einen die spirituell-seelische Seite und dem anderen die technische Seite stärker bewusst. Sie unterscheiden sich darin, mit welchen Worten sie es ausdrücken.

Die Techniken des Budō sind rational, aber diese Rationalität entspricht nicht unbedingt dem westlichen Rationalismus. Es ist schwer, solche Dinge verständlich in Worte zu fassen. Man kann wissenschaftliche Sachverhalte objektiv durch Formeln und Zahlen ausdrücken, nach denen man

---

[114] Siehe S. 121 f.

[115] *Bu*: das Vermögen zu kämpfen, eigentlich, sich zu verteidigen. – Anm. d. Übers.

jedes beliebige Ereignis kalkulieren kann. Zu versuchen, auf ähnliche Weise das *aiki* rationalistisch als eine Kausalbeziehung zu verstehen, halte ich nicht für sinnvoll.

1.2 Jenseits der gewohnten Körperbewegungen

Auf natürliche Veränderungen reagieren

In jüngster Zeit wird das Karate immer mehr von der Sportphysiologie beherrscht, und alles wird auf Daten reduziert. Man berechnet Trainingsprogramme und analysiert die Siegraten. Auch wenn man abertausend Mal am *makiwara* übt, den richtigen Stoß gegen den Gegner zu führen, oder wenn man auf eine bestimmte Stoßgeschwindigkeit oder das Zerschlagen einer bestimmten Zahl von Ziegeln hin trainiert, nützt das doch nichts, wenn man auf einen wirklichen Gegner trifft. Denn der bewegt und verändert sich unaufhörlich.

Es verhält sich vielleicht ähnlich wie bei einer Aufnahmeprüfung für eine höhere Schule. Jemand kann mit vollem Einsatz dafür lernen und einen solchen Wissensstand erreichen, dass die Lehrer sicher sind, dass er die Prüfung besteht. Trotzdem ist das keine Garantie dafür, dass er tatsächlich an der von ihm gewünschten Schule angenommen wird. Er könnte ja kurz vor der Prüfung krank werden, die Firma des Vaters könnte bankrott gehen oder irgend etwas anderes Unerwartetes könnte passieren, so dass er die Prüfung nicht schafft.

Es gibt eine Kraft, die Ursache und Wirkung verbindet. Im Buddhismus nennt man diese Kraft Karma[116] oder Schicksal (*en*). Gemäß der Karma-Lehre ist eine gute Ursache verbunden mit einer guten Wirkung und

---

[116] Karma: (Sanskrit) Gesetz der Kausalität, gemäß welchem alle Handlungen, Worte und Gedanken über eine Dichte und eine dynamische Kraft verfügen, die im Verlauf aufeinanderfolgender Existenzen (Samsura) zum Ausdruck gebracht wird, bis das Karma vollständig aufgebraucht (zerstört) ist, was zur endgültigen Erlösung (Nirwana) führt. Dieses religiöse und philosophische Konzept stammt aus dem Hinduismus (Upanishaden) und wurde von Buddhismus und Zen übernommen. – Habersetzer, R. u. G.: Enzyklopädie der Kampfkünste des Fernen Ostens. Chemnitz: Palisander Verlag 2019.

eine schlechte Ursache mit einer schlechten Wirkung. Um einen Menschen niederwerfen zu können, ist es sicher nicht von Nachteil, wenn man zehn aufeinander geschichtete Dachziegel zerbrechen kann. Ob man den Gegner dann aber wirklich überwindet, hängt vom Karma ab.

Das Kannon-Sutra erklärt die Kraft der Kannon, der Göttin der Barmherzigkeit. Diese Kraft ist das Karma:

Will jemand dich in die Flammen eines großen Feuers stoßen,
denke an die Kraft der Kannon,
und sie wird das große Feuer in einen Teich verwandeln.
Will dich jemand vom Gipfel eines Berges stoßen,
denke an die Kraft der Kannon,
und sie wird dich wie die Sonne aus der Leere aufsteigen lassen. [117]

In dem Sutra gibt es viele solcher Sätze. Es ist natürlich möglich, dass sie dem einen oder anderen heutigen Leser unsinnig erscheinen. Das Sutra besagt, dass die Göttin Kannon die Beziehung schaffe, die als Karma Ursache und Wirkung verbindet. Wegen dieser Kraft solle man an sie glauben. Die Ursache und Wirkung verbindende Kraft könnte man auch das »Dazwischen« (*ma*) oder »Glück« (*anbai*) nennen. So formuliert, klingt das etwas vage. Dennoch ist es genau bestimmbar. Vielleicht können die folgenden Beispiele helfen, es zu verstehen.

Ein Tempelbau-Zimmermann zum Beispiel schlägt die Nägel genau in der Mitte eines Holzbalkens ein, ohne vorher irgend etwas abzumessen. Wenn man nachmisst, sind die Abstände zu allen Seiten absolut gleich. Auch bei hundert Nägeln geht keiner daneben. Ein befreundeter Schreiner, der Sägengriffe baut, erklärte mir einmal, dass er geringste Abweichungen von ein paar Zehntel Millimetern allein dadurch feststellen kann, dass er einen Griff in die Hand nimmt. Einem Anfänger wird das wahrscheinlich geradezu übernatürlich vorkommen, für den geübten Zimmermann oder Schreiner ist solches aber eine Selbstverständlichkeit.

Sicher erinnert sich jeder daran, wie er das erste Mal Fahrrad gefahren ist. Man hat immer wieder vergeblich versucht, mit dem Fahrrad zurecht-

---

[117] *Ke shi kō gai i suiraku da kakyō nenpi kannon riki kakyō henjō chi. / Wakuzai shumibu ininsho suida nenpi kannon riki nyochi ko kū jū.*

zukommen, und neidvoll auf die Leute geschaut, die das schon konnten. Aber irgendwann ist man dann aufs Rad gestiegen und einfach losgefahren. Das kann man nicht rational erklären. Man erlernt das Radfahren eben nicht durch Erklärungen: »Mach's so und so …« Solche Erklärungen stören dabei eher.

»Göttliche« Techniken und der »fallende Tautropfen«

Im Japanischen gibt es den Ausdruck »seelischer Zustand des fallenden Tautropfens« (*rakuro no ki*). Er beschreibt den energetischen Moment, in dem sich ein Tautropfen von der Spitze eines Blattes löst und fällt. Das ist ein völlig absichtsloses Geschehen. Der Tautropfen plant nicht, in einem bestimmten Moment zu fallen, er fällt einfach. Der Moment, in dem es einem zum ersten Mal gelingt, mit dem Fahrrad zu fahren, ist genau das gleiche. Als dies geschah, hatte man sehr wahrscheinlich das Gefühl, mit diesem Ding, das bis dahin etwas Separates war, plötzlich eins geworden zu sein. Genau diesen Moment, in dem man sagt: »Jetzt ist es soweit«, dieses geradezu überirdische Timing bezeichnet man als *rakuro no ki.* Hat man das einmal bewusst wahrgenommen, erkennt man in dem, was bis dahin einfach nur Zufall schien, die Notwendigkeit. Nichts anderes meinte Meister Sagawa, als er sagte: »Wenn man die Rationalität des *aiki* verstanden hat, versteht man auch, dass es keine übernatürlichen Techniken gibt.«

Dennoch ist das alles keineswegs einfach. In einer Budō-Begegnung steht einem schließlich ein lebendiger Gegner gegenüber. Es ist immer eine wechselseitige Angelegenheit, etwas Relatives, und es ist nicht leicht, in diesem Relativen das Absolute zu finden, um das es letztendlich geht.

Den Namen für die Göttin der Barmherzigkeit, Kannon, schreibt man mit den Zeichen für »sehen« und »Ton« oder »Laut«. Der Name bedeutet also »einen Ton sehen«. Das Zeichen für »sehen« verweist aber auf einen bestimmten Aspekt oder eine Variante des »Sehens«, und zwar das beobachtende und verstehende Sehen von einem hohen Blickpunkt aus.[118] Die Göttin Kannon sieht oder versteht demnach die verschiedenen Er-

[118] Das Sehen des Storchenvogels. – Anm. d. Übers.

scheinungen der menschlichen Welt aus einer absoluten Welt heraus, die über die fünf Sinne (*gen ni bi setsu shin*), und selbst über das Wollen und Denken hinausgeht. Der Blick der Kannon ist nichts anderes als der Blick des Budō. Auch das »Sehen« von Miyamoto Musashi war nicht das bloße physische Sehen, sondern das verstehende Sehen der Kannon.

Die sogenannten übernatürlichen oder »göttlichen« Techniken entstehen also aus einer Situation heraus, die man mit dem Blick der Kannon als »Fallen des Tautropfens« verstehen kann und die nur einen flüchtigen Augenblick lang anhält. Um den Kampf mit einem Gegner, der sich unaufhörlich verändert, wie auch ich selbst mich dabei natürlich ständig verändere, mit einem solchen Blick zu sehen, muss ich mich von meinem Selbst distanzieren und über den von Ursache und Wirkung bestimmten dualen Gegensatz hinausgehen. Symbolisch gesehen bedeutet das, seelisch eins mit Himmel und Erde zu werden. Das ist der Aspekt des *shin* in der Kampfkunst. Gäbe es nur diesen Aspekt, dann wäre das Budō vollkommen mit dem Zen identisch. Aber im Budō muss man im Zustand dieser seelischen Einheit mit der Welt den Körper (*tai*) bewegen und Techniken (*gi*) entfalten, um so der Fähigkeit zum Kampf (*bu*) Ausdruck verleihen zu können. Wirken *shin*, *gi* und *tai* harmonisch zusammen, kann man die »göttlichen Techniken« (*kami waza*) hervorbringen.

Nach diesen Erläuterungen versteht man vielleicht besser, dass der einzige Unterschied zwischen den Meistern Ueshiba und Sagawa in der mehr oder weniger stärkeren Betonung der seelischen oder der körperlich-technischen Seite dieser Beziehung lag.

Der magische Moment der Manipulation des Schwerpunkts

Vor relativ langer Zeit habe ich einmal Mexiko besucht. Anschließend war ich in die USA zu einem nationalen Wettkampf eingeladen. Dort trat auch ein Japaner auf, mit dem ich mich anschließend unterhielt. Er erzählte mir, dass er seine Hände täglich mit Hammerschlägen abhärte. Dadurch seien seine Fäuste größer geworden. Er meinte: »Eigentlich habe ich keine Ahnung vom Karate, aber ich weiß, mit diesen Fäusten haue ich jeden Gegner um.« Der Einsatz seiner Fäuste gegen einen Gegner garantiert jedoch nicht, dass aus der Ursache seines unvergleichlich starken Stoßes auch die Wirkung eines vernichtenden Treffers resultiert. Auch das Gegenteil kann der Fall sein, dass nämlich, dem Karma folgend, ein ganz unbedeutender Stoß oder Tritt für den Gegner verheerend wird. Im Boxen zum Beispiel kennt man das als *lucky punch*, als Glückstreffer. Das, worum es geht, ist die positive Beeinflussung seines Geschicks, des Karma.

Dass Meister Motobu die Schläge von Piston Horiguchi abschmetterte, lag daran, dass er das sogenannte *mi kiri* besaß, das heißt, dass er die Fähigkeit zu schnellen und klaren Entscheidungen hatte. Auf diese Weise konnte er das eigentlich »folgerichtige« Ergebnis, dass der junge und starke Boxer ihn niederschlug, abwenden. Den wundersamen Augenblick, in dem ein potentiell vernichtender Schlag keine verheerende Wirkung entfaltet und vielleicht sogar einen ganz anderen Effekt hat, gibt es kein zweites Mal. Diesen einen Moment muss man ganz klar *sehen* und entsprechend zuschlagen oder abwehren. Ob man einen Wurf macht oder einen Hebel ansetzt oder einen Stoß blockt, immer gibt es den Punkt, an dem man die Kraft des Gegners neutralisieren kann. Um es etwas konkreter auszudrücken: Das Zentrum des Raumes, den die beiden Gegner bilden, ist der Schwerpunkt. Diesen Schwerpunkt muss man kontrollieren. Bei einem Stoß beispielsweise ist der Augenblick, kurz bevor der Arm des Gegners voll ausgestreckt ist, entscheidend. Genau in diesem Moment muss man seinen Gegenangriff führen.

In jedem Fall muss man verhindern, dass das vom Gegner erwartete Resultat entsteht. Zuvor hatte ich erzählt, wie der Herausgeber dieses Buches vergeblich versucht hatte, meinen Arm herunterzudrücken und wegzuziehen. Er konnte meinen Arm nicht bewegen, weil ich den Schwerpunkt in unserem gemeinsamen Raum bestimmt habe. Ich habe mit meinem Arm den Schwerpunkt zwischen uns gestaltet und konnte so die Schwerkraft zu meinen Gunsten nutzen. Das ist mit Worten natürlich sehr schwer darstellbar.

Ich bin der Ansicht, dass dies auch auf das *aiki* zutrifft. Das *aiki* ist nichts anderes als die Manipulation oder Führung des Schwerpunkts. Durch diese Führung des Schwerpunkts gewinnt man Kontrolle über die eigenen Bewegungen und die des Gegners. Dabei ist es völlig gleichgültig, mit wie vielen Gegnern man konfrontiert wird.

Meister Takeda Sōkaku soll einmal gefragt worden sein, ob man *aiki* auch erreichen kann, wenn man sich in der Luft befindet. Er ließ sich von fünf oder sechs Leuten hochheben. Aus dieser Position drückte er sie zusammen, trat einem gegen die Beine und behielt allein dadurch die Gegner unter Kontrolle. In dem Buch »Das geheime japanische Jūjutsu«[119] ist ein Foto zu sehen, das Meister Sagawa mit einer ähnlichen Technik zeigt. So etwas wird möglich, wenn man den Schwerpunkt des Raumes beherrscht, der von einem selber und den Gegnern eingenommen wird.

Egal, wie groß und fest ein Gebäude auch sein mag, wenn man gegen den Schwerpunkt stößt, der das Gleichgewicht aufrecht hält, kann man es mit kleinstem Krafteinsatz zum Einsturz bringen. Wird dagegen das Gleichgewicht nicht untergraben, hält das Gebäude auch das stärkste Erdbeben aus.

Es geht im Budō also darum, im Bruchteil einer Sekunde das Zentrum des Gleichgewichts wahrzunehmen und zu kontrollieren bzw. die Balance zu kippen. Wenn man das Problem des Schwerpunkts verstanden hat und lernen will, es zu beherrschen, reichen natürlich theoretische Studien nicht. Wie im Falle des »Glücks« (*anbai*) des Zimmermanns muss der Kampfkünstler dies auf körperlicher Ebene lernen. Am Anfang dieses Prozesses befindet man sich in einem Zustand, in dem Körper und Geist noch uneins sind. Durch das Erleben des Karate beginnt man unbewusst, sich in der richtigen Weise zu bewegen. Und das ursprüngliche okinawanische Karate vermittelt die Methoden, die diesen Lernprozess ermöglichen.

Passgang und Parallelstoß

Wir haben schon erörtert, dass es im Karate keinen Taktschlag gibt. An dieser Stelle möchte ich den Leser fragen, wie er normalerweise läuft. Jeder wird zustimmen, dass man selbstverständlich so läuft, dass die Arme rechts und links am Körper in entgegengesetzter Richtung vorbeischwenken, und die Beine entgegen der Armbewegung abwechselnd nach vorn gesetzt werden. So lernen schon die Kleinsten im Kindergarten das richtige und

[119] *Hiden Nihon jūjutsu* von Matsuda Ryūchi.

gesunde Laufen. Auch bei Sportveranstaltungen und anderen Zeremonien an der Schule wird natürlich so marschiert, das Arme und Beine sich gegenläufig bewegen. Werden Arme und Beine parallel bewegt, wird das als »verkrampft und unnatürlich« ausgelacht. Früher jedoch war dies die normale Art zu gehen. Das Marschieren mit gegenläufiger Bewegung von Armen und Beinen wurde erst während der Meiji-Reform (*Meiji-Ishin*) nach deutschem Vorbild eingeführt. Zuvor bewegte man beim Gehen Arme und Beine gleichzeitig in die gleiche Richtung.

Ethnologen nennen diese Art zu gehen *nanba aruki*. Man kann sie heute noch im *kabuki-* oder *nō-*Theater oder bei den *bon-*Tänzen sehen. *Nanba* ist eine Grundfigur in der japanischen Volkskunst. Sie zeigt die rechte Hälfte des Körpers, Arm und Bein nach vorn gestreckt. Es ist die Körperhaltung, mit der die Bauern auf dem Trockenfeld die Hacke halten. Diese Körperhaltung ist sehr spezifisch japanisch. Man findet sie zum Beispiel weder in Korea noch in China. Trägt man traditionelle japanische Kleidung und läuft zugleich auf westliche Weise, so löst sich durch das Verdrehen der Hüfte die Kleidung.

Aufgrund der traditionellen Fußbekleidung traten die Japaner früher mit der Fußspitze zuerst auf und hatten einen schleifenden oder schlurfenden Gang (*suri ashi*). Die Zehenbänder an den *zōri*[120] und *geta*[121] hielten die Sandalen nur fest, wenn man im Passgang ging. Aber es war keineswegs so, dass der Passgang sich durchsetzte, um sich der Kleidung aus Kimono und *geta* anzupassen, sondern die Kleidung entwickelte sich entsprechend der Art zu gehen. Neuere Forschungen haben ergeben, dass es sehr gesundheitsfördernd ist und dass das Gehen weniger ermüdet, wenn man dabei mit den Zehen die Zehenbänder der *geta* halten muss. Das hat seine

---

[120] *Zōri*: (jpn.) Strohsandalen mit zwei Riemen (*hanao*) zur Befestigung am Fuß; die Befestigung verläuft zwischen dem großen Zeh und den anderen Zehen. Man trägt sie generell mit Tabi – Socken mit abgeteiltem großen Zeh. – Habersetzer, R. u. G.: Enzyklopädie der Kampfkünste des Fernen Ostens. Chemnitz: Palisander Verlag 2019.

[121] *Geta* sind japanische Holzsandalen mit (abgerundet) rechteckigem Querschnitt, die durch kleine Querhölzer erhöht werden, um Abstand zum Boden zu schaffen. Die Befestigung am Fuß erfolgt auf gleiche Weise wie bei den *zōri*. *Geta* werden traditionellerweise zum Kimono getragen. – Habersetzer, R. u. G.: Enzyklopädie der Kampfkünste des Fernen Ostens. Chemnitz: Palisander Verlag 2019. – Siehe auch Foto auf S. 57.

Ursache darin, dass man auf diese Weise beim Gehen zuerst mit den Zehenspitzen auftritt, während man beim Gehen mit geschlossenen Schuhen die Ferse zuerst aufsetzt.

Vom Standpunkt des *Bujutsu* aus betrachtet, führt der Passgang dazu, dass eine bestimmte Haltung immer eine ganze Körperhälfte erfasst. Wird man angegriffen, kann man sofort reagieren und zum Beispiel einem plötzlichen Schwerthieb ausweichen. Reagiert nicht die ganze Körperhälfte, trifft das Schwert beispielsweise trotz Ausweichmanöver das Bein.

Im Passgang zu rennen, erscheint auf den ersten Blick schwierig. Begibt man sich jedoch in einen tieferen Stand, indem man die Hüfte absenkt, stellt sich heraus, dass es doch funktioniert. Man läuft mit gleitenden Schritten und leiht sich dabei wiederum gewissermaßen Kraft vom Erdboden, auch wenn man sich dessen, im Gegensatz zur Budō-Methode des »fallenden Baums« (*tōboku hō*), nicht bewusst ist. Die Geschwindigkeit, die man auf diese Weise erreicht, ist vergleichsweise gering, aber die in der japanischen Feudalzeit als *hiyaku* bekannten Boten konnten mit diesem Laufstil täglich zwischen 200 und 300 Kilometer Strecke überwinden. Mit dem heutigen Marathon-Laufstil könnte man das nicht.

Im Karate findet man das Prinzip des *nanba aruki* im *jun zuki*[122] , einem Stoß mit der Faust auf der Körperseite, deren Bein sich vorn befindet. Das ist die im traditionellen Karate grundlegende Methode für den geraden Angriff mit der Faust. Für Anfänger ist diese Technik oft schwierig, ihnen fällt der Stoß mit der Faust, bei dem das andere Bein vorn steht (*gyaku zuk*i), der traditionellen Methode für den Gegenangriff, leichter. Aber nicht nur Anfänger empfinden beim *jun zuki* ein gewisses Unbehagen. Auch für die heutigen Bruchtests, beim Bretter- oder Ziegelbrechen, nutzt man vorrangig den *gyaku zuki*. Dabei handelt man aber eher nach Art des Boxens oder des Kickboxens, bei der der Körper nach den Prinzipien des Sports eingesetzt wird, und nicht nach traditioneller Karateart. Das ist außerordentlich symbolisch für die Aushöhlung des Karate. Die einzelnen Bewegungen und die Prinzipien der Körperkontrolle beim Karate gehorchen inzwischen mehr und mehr den Prinzipien des westlichen Sports.

Heute schämen sich Japaner, wenn sie im Passgang laufen, und es wäre

[122] Im Shōtōkan-Karate wird diese Technik als *oi zuki* bezeichnet. – Anm. d. Lekt.

auch nicht mehr sinnvoll, weil sie inzwischen westliche Kleidung und Lederschuhe tragen. Kultur ist eben etwas sehr Komplexes. Sie beinhaltet die verschiedenen Arten sich zu kleiden, zu ernähren, zu wohnen, das Geistige und das Körperliche entsprechend den historischen, geographischen und ethnischen Besonderheiten. Karate ist davon nicht ausgenommen; es hat sich im Rahmen einer großen Kultur entwickelt und wird mehr und mehr zu einer Form moderner »Körperkultur«. Es ist höchste Zeit, sich bewusst zu machen und deutlich zu sagen, wie die Modernisierung das Karate beeinflusst hat.

Das Freisetzen der Kraft in Budō und Sport

Arme und Beine gegenläufig zu positionieren und eine Armbewegung nach vorn auszuführen, während das Bein auf derselben Körperseite nach hinten abstützt, könnte man als obersten Grundsatz im Sport bezeichnen, gleichgültig, ob es sich dabei um Baseball, Tennis, Golf oder etwas anderes handelt. Nach dem Gesetz von Wirkung und Gegenwirkung wird die Gegenbewegung natürlich um so stärker, je fester der Stand ist. Den Schwung für die Gegenbewegung holt man aus einer Hüftdrehung. Wie ein Pendel nutzt man die Fliehkraft, die aus der Drehung des Körpers entsteht. Das geschieht auch beim Boxen und Kickboxen.

Vom Standpunkt der Mechanik aus betrachtet, ist das die rationalste Methode, Geschwindigkeit und Kraft zu erzeugen. Natürlich existiert das Prinzip der Wechselbeziehung aus Wirkung und Gegenwirkung auch im Budō. Man versucht hier aber, im Einklang mit der japanischen Kultur, die Kraft aus der Natur zu schöpfen und nicht aus dem eigenen Körper. Die Art, wie die erste Bewegung erzeugt wird, ist in Budō und Sport verschieden. Das zu erklären ist sehr schwierig. Sowohl beim *jun zuki* als auch beim *gyaku zuki* stemmt sich das stützende Bein nicht gegen den Boden, sondern gibt einen kurzen Moment in der Kniegelenkmuskulatur nach und setzt dort Kraft frei. Dadurch wird der Körper einen Augenblick lang von der Erdoberfläche angezogen und fällt. Man überlässt den Körper der Schwerkraft und nutzt für den Schlag die Kraft, die von der Erdanziehung ausgeht. Diese Bewegung kann man von außen kaum wahrnehmen. Umgangssprachlich nennt man sie »das Knie herausnehmen« (*hiza o nuku*). Durch diese Technik der »herausgenommenen Knie« fällt man in den Schwerpunkt des Raumes, in dem sich die Gegner gegenüberstehen. Die für den Schlag erforderliche explosive Bewegungsenergie wird also nicht wie im Sport durch Drehung der Hüfte gewonnen, sondern durch deren Absenken. Unter dem Aspekt von *gi* und *tai* betrachtet, wird man auf natürliche Weise in den Punkt hineingezogen, welcher der Schwerpunkt des Raumes ist, den die beiden Gegner bilden und an dem sie sich im Gleichgewicht befinden. Das ist mit dem Gefühl verbunden, dass sich der Schwerpunkt immer vor der Hüfte befindet. Man muss dieses Gefühl bewusst erzeugen. Es ist das gleiche Empfinden, wie es sich beim Passgang einstellt: Um voranzukommen, muss sich erst die Hüfte nach vorn bewegen, und der Körper folgt nach, als würde er von ihr gezogen. Das ist die Technik des »fallenden Baumes« (*tōboku hō*).

Betrachtet man dies auf philosophische Weise, unter dem Aspekt des *shin*, so kann man sagen, dass durch das Fallenlassen des Körpers das Ich aufgehoben und eins mit der Erde wird. Dabei gibt es weder Subjekt noch Objekt.

Der Krabbengang und das »Herausnehmen der Knie«

Das ist der Grund, weshalb es, wenn erfahrene Karateka Kata vorführen, so aussieht, als bewegten sie nur die Arme und Hände, während ihre Beine wie auf einer Wolke über den Boden gleiten. Im realen Kampf kann der Gegner solche Bewegungen nicht voraussehen. Ein erfahrener Kämpfer nähert sich seinem Gegner ganz unverhofft, als »schwebe« er urplötzlich auf ihn zu.

In der Kata *Kōsōkun* des Shuri-te und in der Kata *Sūpārinpai* des Naha-te gibt es einen gesprungenen Doppeltritt (*nidan geri*). Bei Kata-Wettkämpfen springen die Vorführenden dabei immer sehr hoch. Aber eigentlich, führt man die Technik auf traditionelle Weise aus, sollte es so aussehen, als ob man aus einem festen Stand heraus plötzlich auftauche. Tatsächlich hat der Kämpfer selbst dabei auch das Gefühl des Auftauchens und nicht das Gefühl, mit der eigenen Sprungkraft hochzuspringen. Wenn man dazu in

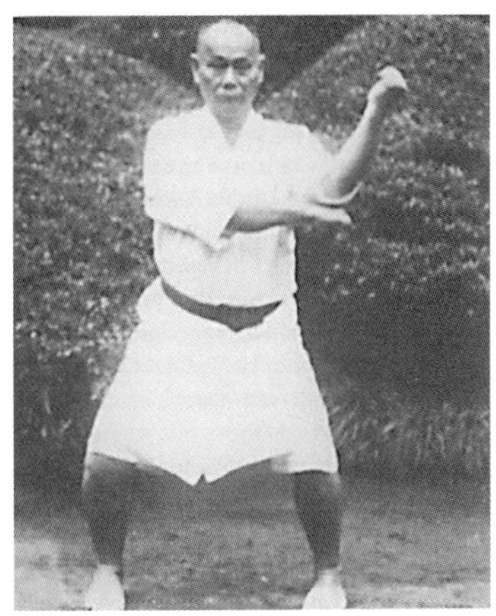
Foto 92: Motobu Chōki in einer Haltung der *Naihanchi kata*.

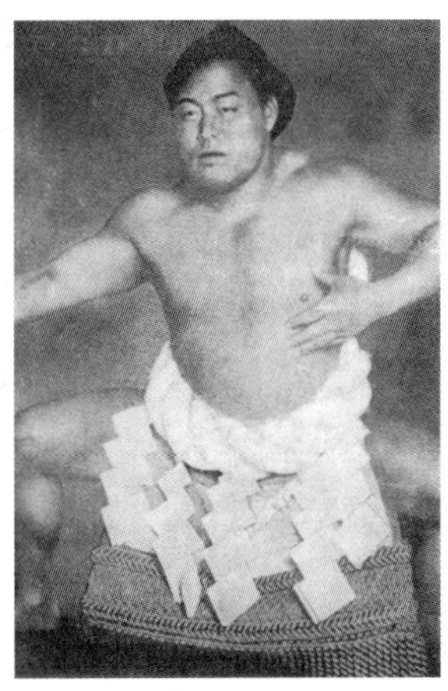
Foto 93: Der 27. *Yokozuna* Tochigiyama Moriya (1892-1952) im *shiko dachi*.

der Lage ist, kann man den Schwerpunkt schon frei kontrollieren. Eine Voraussetzung dafür ist jedoch, dass man die Technik des *hiza o nuku* bereits beherrscht.

Auch die berühmten Großmeister des Sumō, die *Yokozuna*[123] Taihō Koki (geb. 1940) und Kitanoumi Toshimitsu (geb. 1953), zeigten beim Betreten des Kampfringes das »Herausnehmen der Knie« immer auf sehr spektakuläre Weise. Aus dem *shiko dachi*, einer Körperhaltung mit sehr tief abgesenkter Hüfte[124], die nach dem anfänglichen rituellen Aufstampfen eingenommen wird, konnten sie plötzlich ohne jede Bewegung des Oberkörpers die Beine abwechselnd sehr weit hochreißen.

Mit einer der elementaren Kata des Shuri-te, der *Naifanchi* (*Naihanchi*), kann man sich die Technik des *hiza o nuku* bewusst machen und sie trainieren. Bei dieser Kata nutzt man eine besondere Stellung (*naihanchi dachi*), um wie im Krabbengang (*kani aruki*) quer nach rechts oder links zu gehen. Bei dieser Kata darf sich aber der Kopf nicht im mindesten nach

[123] *Yokozuna*: (jpn.) Großmeister des Sumō. Titel, der seit dem 17. Jh. verliehen wird. Bisher erhielten rund 70 Sumō-Meister diesen außerordentlich hochangesehenen Titel. – Habersetzer, R. u. G.: Enzyklopädie der Kampfkünste. Chemnitz: Palisander Verlag 2019.

[124] … mit fast waagerecht stehenden Oberschenkeln, siehe obiges Foto. – Anm. d. Übers.

oben oder unten bewegen, er muss immer auf der gleichen Höhe bleiben. Diese Kata belegt die Bedeutung des *hiza o nuku* im Karate. Meines Wissens gibt es keine andere Kampfkunst, in der diese Technik systematisch gelehrt wird.

Früher hat man diese Kata immer als eine der ersten trainiert. Das Training fand anfangs auf einem Reisfeld statt, also in schlammigem Gelände.[125] Der herausragende Meister des Realkampf-Karate, Motobu Chōki, soll nur diese eine Kata gekannt haben. Sie ist sehr wichtig. Denn sie lehrt das Gehen, das die Grundlage aller Kata bildet. Meister Itosu soll immer gesagt haben: »Das Gehen ist *Naifanchi*.« Das heißt natürlich nicht, dass man sich immer nur im Krabbengang bewegen soll. Das Gehen mit »herausgenommenen Knien« muss dem täglichen Leben angepasst und praktikabel sein.

Das japanische Budō ist ein Kulturgut, das vom Geist der Japaner geschaffen wurde, dessen Ideal darin besteht, eins mit der Natur zu sein. In dem von dreihundertjähriger Herrschaft der Satsuma-Fürsten geprägten besonderen Umfeld der einseitigen Waffenlosigkeit entwickelte sich das Karate als reine Kampfkunst der bloßen Hand. Es wurde zu einem Budō, das die Körperkontrolle auf höchstem Niveau entfaltet, indem man körperlich und seelisch eins wird mit der Erde und so ihre Energie für sich mobilisiert.

Auch Menschen mit geringem körperlichen Selbstvertrauen und kämpferischen Talent können die Erfahrung der seelischen Einheit mit der Erde machen, teilhaben an ihrer unerschöpflichen Fülle, wenn sie nur die alten Kata des okinawanischen Karate sorgfältig üben.

[125] Reisfelder (Nassfelder) stehen den größten Teil des Jahres unter Wasser. – Anm. d. Lekt.

2 Sieg oder Niederlage

2.1 So trugen sie die berühmten Kämpfe aus

Oyama Masutatsus Bericht

Oft werde ich gefragt, ob ich nicht einmal ein paar Heldengeschichten aus dem Leben des Familienoberhauptes des Shitō-Karate oder über seine berühmten Kämpfe erzählen könnte. Aber nicht nur mein Vater, auch Meister Funakoshi oder Meister Miyagi waren sehr sanftmütige Leute und mochten das Kämpfen eigentlich gar nicht. Mein Vater pflegte zu sagen: »Über Karate redet man nicht außerhalb des *dōjō*.« Vor allem, wenn man irgendwo beim Trinken anfing, über Karate zu reden, konnte man nie wissen, ob nicht irgend jemand auf die Idee kam zu sagen: »Na, dann wollen wir mal sehen, wer der Stärkere ist!« Während seiner Zeit als Polizist auf Okinawa hat mein Vater sich oft bei Festnahmen von Verbrechern ausgezeichnet und dabei natürlich seine Kampfkunst eingesetzt. Für den privaten Kampf hat er das Karate aber nie genutzt. Auch ich wurde häufig gefragt: »Nicht zu glauben, Sie machen wirklich Karate?!« Selbstverständlich denke ich gar nicht daran, das zu verbergen, aber man sieht es mir eben nicht an.

Von den Lehrern meines Vaters, Itosu und Higaonna, ist nicht eine Heldengeschichte überliefert. Über den letzten Meisterschüler von Meister Itosu, Chibana Chōshin, der das Kobayashi ryū[126] gründete, erzählte man, er habe eine sanfte Art gehabt, sich zu bewegen und zu sprechen, wie eine Frau. Aber auch sein Meister habe ihn immer mit seinem Kindernamen, Yamatō, gerufen und in sehr weiblicher Art Sätze gesagt wie: »Und trödele unterwegs nicht rum, geh gleich nach Hause!« Meister Itosu und Meister Chibana waren eben Bushi mit ausgeglichenem Charakter.

Mit Meister Ōyama Masutatsu, dem Begründer des *Kyokushin-kai*-Karate, habe ich in jungen Jahren häufig zusammen Vorführungen ge-

---

[126] Kobayashi ryū: »Schule des kleinen Waldes«, okinawanischer, zum Shōrin ryū gehörender Karatestil, den Chibana Chōshin (1885-1965) im Jahre 1920 gründete. »Kobayashi« ist eine okinawanische Lesart der Schriftzeichen für »Shaolin« (»kleiner Wald«). – Habersetzer, R. u. G.: Enzyklopädie der Kampfkünste. Chemnitz: Palisander Verlag 2019.

macht. Auch in unseren späten Jahren haben wir oft gemeinsam in Ōsaka-Nord im »Kandagawa« gegessen. Vor kurzem hat mir ein Schüler dessen Memoiren gezeigt, die unter dem Titel »Wind und Faust« erschienen sind. In diesem Buch gibt es eine Episode um meinen Vater, die Meister Ōyama dazu angeregt hat, sich im »Totschlagen von Stieren« zu versuchen.[127]

Auf der Suche nach einer Herausforderung

Dabei muss ich an eine Episode mit Mabuni Kenwa denken, der das Shitō-Karate begründete. Mabuni stammt aus Okinawa. Okinawa gehört zwar auch zu Japan, aber die Leute von dort wurden auf den Hauptinseln wie Fremdlinge behandelt. Einmal besuchte ihn ein hoher Regierungsbeamter. Als dieser in der Sitzbadewanne saß und Mabuni ihm gerade das Bad heizte, hörte er den Beamten plötzlich herausfordernd sagen: »Na, wer von uns beiden ist wohl der Stärkere?« Daraufhin zerbrach er das Feuerholz mit der flachen Hand, genau mit der Stelle, wo ein großer Bluterguß war. Da wurde dem Beamten ziemlich mulmig zumute, und er meinte: »Du willst mir wohl Angst einjagen?!« Das war eine lehrreiche Lektion für den überheblichen Gast.

Wenn der Herbst beginnt, wird Okinawa von Taifunen heimgesucht. Dann wüten gewaltige Regenstürme. Mabuni stellte sich dann immer mit einer tatami-Matte gegen den Sturm, um seine Widerstandkraft zu trainieren. Manchmal soll er es bis zu zwei Stunden in dieser Position ausgehalten haben. Durch solche Übungen war sein Körper abgehärtet wie kein anderer. Sein Fauststoß war mächtig, er hätte sogar ein Rind umhauen können. [...] Und ich fragte mich, ob Meister Mabuni und andere Könner so etwas wirklich geschafft hätten. Und damit fand ich meine Herausforderung.[128]

[127] Ōyama Masutatsu (1923-1994) war ein koreanischer Karatemeister, sein ursprünglicher Name war Hyung Yee. 1955 gründete er in Japan, wo er seit 1938 lebte und zunächst im *dōjō* von Funakoshi Gichin Shōtōkan-Karate studiert hatte und später bei Sō Neishu Gōjū ryū, den Stil des Kyokushin-kai (anfangs unter der Bezeichnung Ōyama ryū). Ōyama war berühmt für seine Kämpfe mit Stieren. Seit 1951 hat er in etwa 50 derartigen Kämpfen drei Stiere mit seinem Faustschlag getötet und mit seiner »Schwerthand« mehrere andere ihrer Hörner beraubt. – Habersetzer, R. u. G.: Enzyklopädie der Kampfkünste des Fernen Ostens. Chemnitz: Palisander Verlag 2019.

[128] Um zu verstehen, weshalb Meister Ōyama durch die erwähnte Episode auf den Gedanken verfiel, Stiere totzuschlagen, muss man bedenken, dass Ōyama Masutatsu als gebürtiger Koreaner im nationalistischen Japan der damaligen Zeit sehr um Anerkennung bemüht

Also, ich weiß nichts davon, dass mein Vater je ein Rind umgehauen hätte …

Vor langer Zeit, bei der okinawanischen Landsmannschaft in Ōsaka, sagte mir einmal jemand: »Dein Vater ist wirklich ein Könner. Der springt aus dem Sitz so weit hoch, dass er gegen die Decke treten kann.« Ich habe damals geantwortet, dass ich so etwas nie gesehen habe. Ich nehme aber an, dass er dazu in der Lage gewesen ist. Vor meinen Augen hat er es allerdings nicht gemacht. Die Leute im Shitō-Karate, die meinen Vater noch gekannt haben, kann man heute an einer Hand abzählen. Aber wen ich auch gefragt habe, alle bestätigten, dass mein Vater ein warmherziger und sanftmütiger Mann war, der mit seinen kämpferischen Fähigkeiten nicht angegeben hat.

Ein Mangel an Heldengeschichten

Meister Funakoshi wurde von Toku Sanbō (1886-1945), dem wilden Mann des Kōdōkan, dreimal zum Zweikampf herausgefordert. Jedesmal antwortete Funakoshi, dass Karate für so etwas nicht gemacht sei. Da Toku auf seine Argumente nicht hören wollte, wandte sich Meister Funakoshi an dessen Lehrer Kanō Jigorō und teilte diesem mit, dass Toku »Probleme machen würde«. Selbst, als Toku ihn daraufhin mit der Äußerung öffentlich beleidigte, Funakoshi wäre dem Kampf aus Angst ausgewichen, berührte das Funakoshi nicht im geringsten. Früher war es ganz natürlich, dass nicht nur im Karate, sondern auch im Kenjutsu oder Jūjutsu die Könner, die die Sphäre des *isshin*, der seelisch-spirituellen Einheit mit der Erde, erreicht hatten, dem Kampf auswichen. Sie verkörperten das Prinzip der Harmonie, so dass in ihrem Umfeld Kämpfe nicht mehr entstehen konnten.

Meister Miyahira Masahide vom Shōrin ryū, der als *ti*-Bushi galt, also als Meister des Okinawa-te anerkannt war, soll sich einmal darüber be-

---

war und er dabei im gebürtigen Okinawaner Mabuni Kenwa ein besonderes Vorbild sah. Die Tatsache, dass Mabuni Kenwa dem arroganten Beamten durch eine Demonstration seiner Kraft Respekt einflößte, brachte Ōyama Masutatsu offenbar auf die Idee, seinerseits ebenfalls durch Demonstrationen seiner Kraft, also durch den Kampf mit Stieren, Respekt in den Augen der Japaner zu erlangen. – Anm. d. Übers.

klagt haben, dass man im Karate trotz langjährigen Trainings nicht zum realen Kampf komme: »Ich verstehe nicht, wozu man eigentlich Karate lernt. Das ist doch Vergeudung.« Wahrscheinlich hatte er selbst gar nicht wahrgenommen, wie sich sein Charakter in der langen Zeit des Studiums auf dem Weg zur Essenz des Karate entwickelt hatte. Das Ergebnis einer solchen Entwicklung ist stets eine Persönlichkeit, die das Karate gar nicht mehr als Mittel des Kampfes braucht. Eine solche Charakterentwicklung sollte man doch eher hochschätzen.

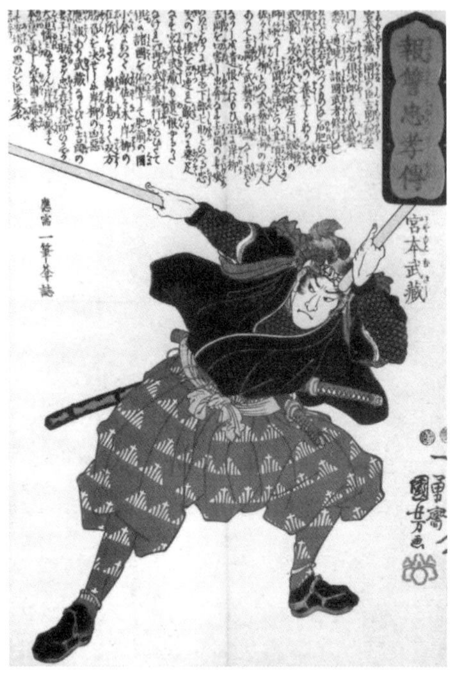

Miyamoto Musashi mit zwei Holzschwertern (*Boku-tō*). Holzschnitt aus dem 19. Jahrhundert.

Auch in der Welt des Schwertkampfes geht es in den Berichten von berühmten Kämpfen meist um die spirituellen Aspekte, um den Ausdruck des *bu*, des Vermögens zu kämpfen, ohne unmittelbar physischen Kampf. Bei Miyamoto Musashi war es nicht anders. Der berühmte Kampf mit dem Yoshioka-Klan oder das bereits erwähnte Duell auf der Insel Ganryū Jima mit Sasaki Kōjirō[129] sind Episoden aus seiner Jugendzeit. Damals war er noch ein leidenschaftlicher Kämpfer. Nach dem Kampf auf Ganryū Jima (er war damals erst 28 Jahre alt) verschrieb er sich ganz der Entwicklung des Nitō ryū[130]. In seinen späten Lebensjahren zog er sich in die Rei-

[129] Siehe S. 86 f.

[130] Auch Niten ichi ryū. Technik des Kampfes mit zwei Schwertern, die Miyamoto Musashi in seiner Abhandlung Gorin no sho (»Das Buch der fünf Ringe«) beschrieben hat. Niten (»zwei Himmel«) war auch das Autorenpseudonym von Miyamoto. – Habersetzer, R. u. G.: Enzyklopädie der Kampfkünste des Fernen Ostens. Chemnitz: Palisander Verlag 2019.

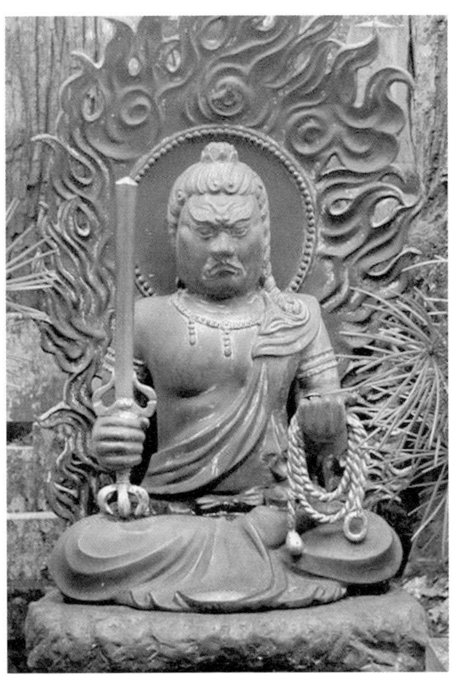

Foto 94: Statue des Fudō Myō Ō am Okuno-in auf dem Berg Kōya in Japan.

gandō-Grotten im Berg Iwato in der Nähe von Kumamoto zurück. Hier befasste er sich mit Zen-Übungen, vollendete das berühmte »Buch der fünf Ringe« und schuf eine Statue des Fudō Myō Ō[131]. In dieser Statue stellte sich Musashi selbst dar. Das Schwert in seiner Hand wurde dabei zu einen Symbol Buddhas. Das zeigt, wie sehr er den Zen-Buddhismus verinnerlicht hatte.

Aus der Welt des Karate gibt es, verglichen mit der Schwertkunst, so gut wie keine Berichte über berühmte Kämpfe oder sonstige Heldengeschichten. Das hat sicher auch viel mit der besonderen Situation der Ryūkyū-Inseln unter der Herrschaft der Satsuma-Fürsten zu tun. Das Karate war eine Kampfkunst, die nur Menschen mit beherrschtem Charakter gelehrt wurde. Der Unterricht erfolgte ausschließlich nachts, im Verborgenen, er war streng geheim. Das Wissen und die Geschichten der Meister wurden nur mündlich weitergegeben. Dass man schon über die Meister, die vor hundert Jahren lebten, nichts Genaues weiß, liegt einfach daran, dass es keine schriftlichen Überlieferungen gibt. Bei den Meistern, die

[131] Fudō Myō Ō (Sanskrit: Vidya-raja), auch Acala oder Acalanatha: japanische Gottheit, einer der fünf mächtigen Bodhisattwa, die durch *kuji-kiri* (Fingerhaltungen der verschränkten Hände mit magischer Wirkung) beschworen werden. Dieser Bodhisattwa wird als der »ewige und unerschütterliche Diamant« bezeichnet, und seine Geisteshaltung ist die des *fudōshin* der Kampfkünste (siehe S. 238). Er trägt ein Schwert (*ken*) als Symbol des Sieges des Wissens (*myō*) über den Irrtum und ein Schnürband, um die Dämonen in Fesseln zu legen. – Habersetzer, R. u. G.: Enzyklopädie der Kampfkünste. Palisander Verlag 2019.

zur gleichen Zeit die moderne Schwertkunst und das Jūdō begründeten, ist die Situation ganz anders. Allerdings begannen in der Shōwa-Zeit, seit Mitte der 20er Jahre des 20. Jahrhunderts, Schriftsteller und andere Intellektuelle auf Okinawa den mündlich überlieferten Stoff über die Karate-Meister aufzuzeichnen und in Büchern herauszugeben. Ich besitze zum Beispiel aus früherer Zeit das Buch »Die Geschichte vom Ryūkyū-Karate« oder aus unseren Tagen die »Biographien berühmter Karate-Kämpfer«. Die gleichen Episoden finden sich in den verschiedenen Werken mit ganz unterschiedlichen Interpretationen und Lehren, aber auch mit recht unterschiedlicher Darstellung der Tatsachen. Manchmal erscheinen die Schilderungen der Schüler in der Erinnerung an ihre verehrten Lehrer dramatisiert oder verklärt.

Von Meister Funakoshi wird berichtet, dass er den Wunsch seines Neffen Kabuta, bei ihm Unterricht nehmen zu dürfen, mit folgender Begründung ablehnte: »Er ist ein grober Mensch, randaliert, wenn er Alkohol trinkt und soll sich immer nur herumprügeln. Wozu soll ich dem Karate beibringen?!« – Heute kann jeder Karate lernen, wenn er nur seine Vereinsbeiträge ordentlich zahlt. Früher nahm man kein Geld. Dafür wurden die Schüler streng ausgewählt. Dass es von den großen Meistern früherer Zeiten keine Heldengeschichten gibt, liegt eben einfach daran, dass sie ausnahmslos keine Freunde von Streitereien und Prügeleien waren. Wilden Gesellen, die Gewalttätigkeiten lieben, wurde der Zugang zu ihren Kreisen verwehrt.

Wie mein Vater hatte auch Meister Funakoshi mit dem Karate begonnen, weil er seinen schwächlichen körperlichen Zustand verbessern wollte. Für dieses Ziel trainierte er unermüdlich Tag für Tag. Nicht nur das Karate, jede Art von Budō erfordert jahrelanges Üben, um zu wirklichem Können zu gelangen. Heute erlebt man oft, dass Leute Karate nur deshalb lernen wollen, weil sie in Prügeleien gut dastehen wollen. Solche Leute haben keine Geduld für langwieriges Training und halten meist nur einige Monate durch.

Matsumuras Kampf mit seiner Braut

Meister Matsumura Sōkon, der das Shuri-te eigentlich begründete, trug schon als junger Mann den Ehrennamen »Bushi Matsumura«, der ihm wie Gewitterdonner vorauseilte. Er galt als Heiliger der Faust, vor dem es keinen Seinesgleichen gab und nach dem es keinen Seinesgleichen geben würde. Von ihm erzählt man, dass er in seinem ganzen Leben eigentlich nur mit einem Menschen gekämpft habe, nämlich mit seiner Frau Ume.[132]

Darüber gibt es alle möglichen Geschichten, von denen viele wohl etwas übertrieben sind. Ich möchte eine Version dieser Geschichte erzählen, die mir am wahrscheinlichsten vorkommt.

Anfang des 19. Jahrhunderts, als Meister Matsumura zwischen 17 und 18 Jahren alt war, begannen die europäischen Großmächte China und Japan zu bedrängen. Die Atmosphäre wurde erregter, und auch auf Okinawa verbreitete sich eine Stimmung des Umbruchs. In Shuri und Naha, überall auf der Insel, fingen die Gemeinen, die Bauern, Handwerker und Kaufleute, aber auch die Frauen der Adligen an, heimlich Karate zu trainieren. In jedem Haus konnte man *makiwara* zum Üben finden.

Zu dieser Zeit hörte Matsumura aus Shuri von dem Gerücht, der Ortsvorsteher von Yonabaru habe eine besonders schöne Tochter im Alter von 15 Jahren, die Ume heiße. Sie sei nicht nur gesegnet mit Schönheit und Verstand, sondern könne zudem ihre Fäuste sehr gut gebrauchen. Ihr Vater hatte gesagt: »Wer sie im Wettkampf (*kake dameshi*) besiegt, dem gebe ich sie zur Frau.« Natürlich kamen von überallher Herausforderer, aber keiner vermochte sie zu besiegen. Der Ortsvorsteher war eine Art Verwalter oder Stadthalter der Zentralregierung der Tokugawa. Es war schon etwas, die Tochter eines solchen Mannes als Braut zu bekommen.

»Wie stark ihre Fäuste auch sein mögen, sie ist doch eine Frau«, dachte sich Matsumura und meldete sich zum Kampf mit ihr. Ume dachte: »Mit einem Gegner wie Matsumura Sōkon, der als der stärkste Kämpfer in Shuri gilt, wird das heute abend wohl mein letzter Kampf. – Anderseits, wenn ich bereit bin, mit *ai uchi*[133] in seinen Angriff zu gehen, habe ich vielleicht trotzdem eine Chance zu siegen.« Mit diesen Gedanken richtete sie ihren Kragen, zog ihren Helmgurt fest und begrüßte Matsumura. In dem Mo-

---

[132] In der Literatur findet man zumeist den Namen Yonamine Chiru für Matsumuras Frau. – Anm. d. Lekt.

[133] *Ai uchi*: (jpn.) Gleichzeitige Aktion zweier Gegner, die ihre Ziele im selben Moment treffen. Dabei wird davon ausgegangen, dass derjenige dabei als Sieger hervorgehen wird, dessen Köper und Geist ausreichend stark sind, den Schlag des Gegners besser zu verkraften. – Habersetzer: Enzyklopädie der Kampfkünste. Chemnitz: Palisander Verlag 2019.

ment, in dem sie aufeinandertrafen, griff Matsumura mit einem Tritt an, und noch während sein rechtes Bein durch die Luft wirbelte, traf sie ihn mit der linken Faust voll ins Gesicht. Matsumura war besiegt, und dies aufgrund seiner Leichtfertigkeit. Denn eigentlich gehört es zum elementaren Wissen im *bujutsu*, dass Tritte nur gegen technisch schwache Gegner wirksam sind. Da sie langsamer sind als Fauststöße, schafft man eine große Lücke oder Schwachstelle (*kyō*).

In der höchsten Kata des Shuri-te, der *Gojūshiho*, gibt es überhaupt keine Tritte. Auch in der höchsten Kata des Naha-te, der *Sūpārinpai*, gibt es nur eine einzige Trittechnik, *nidan geri*, aber diese wird als letztmöglicher Angriff in Form einer Opfertechnik (*sutemi*) eingesetzt.

Matsumura konnte von Ume nicht annehmen, dass sie ein leichter Gegner sein würde. Dass er so unerwartet klar geschlagen wurde, lag nur an seiner Überheblichkeit und Leichtfertigkeit. Und es war ein Sieg ihres Kampfgeistes, ihrer Bereitschaft, in einen Kampf auf Leben und Tod zu gehen. Nachdem er einige Nächte, von Schamgefühlen gequält, nicht geschlafen hatte, rang er sich dazu durch, noch einmal zu Ume zu gehen. Er bat um einen zweiten Kampf. Ume wusste natürlich, dass sie nicht durch ihre Kraft gesiegt hatte und dass Matsumura wiederkommen würde. Bereitwillig nahm sie seinen Antrag an. Umes Vater sollte Schiedsrichter sein. Diesmal war Matsumura in der richtigen Geisteshaltung. Vorsichtig verringerte er die Distanz und schlug dann blitzartig mit der rechten Faust gegen die linke Brust von Ume. Da er annahm, sie würde mit einem halben Schritt zur Seite springen, führte er unverzüglich einen weiteren Stoß mit der linken Faust gegen ihre rechte Brust. Ume wollte wieder mit einem gleichzeitigen Stoß (*ai uchi*) sein Gesicht treffen. Aber Matsumura konnte ausweichen, indem er rechtzeitig zurücksprang. Die technisch und kräftemäßig schwächere Ume hätte auch dieses Mal nur eine Chance gehabt zu siegen, wenn sie wieder eine *sutemi-ai-uchi*-Technik eingesetzt, also ihren Körper mit vollem Risiko in einen gleichzeitigen Stoß hineingeworfen hätte. Doch Matsumura hatte auf einen Schwachpunkt, auf ihre Brüste gezielt. Deshalb konnte sie den Gegenschlag nicht frei wählen. Wie auch immer sie zurückschlug, es war klar, dass sein Angriff wieder ihre bereits stark angeschwollenen Brüste treffen würde. Da ertönte aber schon die Stimme des Ortsvorstehers: »Beendet den Kampf!« Damit war die Entscheidung gefallen. Matsumura hatte die Essenz des Gesetzes des Kriegers beherzigt: »Wenn man sich selbst kennt, kommt man in hundert Kämpfen nicht in Gefahr«, denn er hatte ihre Handlungen voraussehend, also im Sinne des *sensen no sen*[134], agiert.

Es gibt auch eine Überlieferung, nach der Ume ihm eigentlich gewachsen, ja sogar kampfstärker als Matsumura war. In dieser Version der Geschichte blockte sie seinen Angriff und verabschiedete sich sogleich von ihm mit einem kurzen *rei*. Danach bemerkte Matsumura, dass sein Kimono im Bereich des Solarplexus ein Loch hatte, was ohne Zweifel durch einen *nuki te* (Stoß mit der Speerhand), den er nicht einmal wahrgenommen hatte, bewirkt worden war. Hätte Ume ihren Stoß nicht abgebremst, hätte Matsumura auf diese Weise sein Leben verlieren können. – Mir erscheint diese Version der Geschichte, offen gesagt, übertrieben. Auf jeden Fall aber endete der Kampf damit, dass Ume Matsumuras Frau wurde. Bald darauf bestand er auf Anhieb die Prüfung zur Anstellung als Beamter für eine höhere Laufbahn im Königreich von Ryūkyū. Matsumura Sōkon war zu jener Zeit 20 Jahre alt.

Matsumura und der Stier, den sie »Mörder« nannten

Matsumura bekam das Amt des 2. Kammerherrn des 17. Königs der 2. Shō-Dynastie (1470-1879) der Ryūkyū-Inseln, Shō Kō[135], den man respektvoll *Ushu gana shii mee* nannte. Das entsprach dem *Kami sama* oder »Eure Hoheit«[136], mit dem der Tokugawa-Shōgun in Edo angeredet wurde. In dieser Funktion war Matsumura das Ryūkyū-Pendant zum japanischen Schwertmeister Yamaoka Tesshū.

König Shō Kō war während seiner Amtszeit ein Mann mit großer Weitsicht und mit dem Willen zur Modernisierung. Er stand in dieser Hinsicht dem Satsuma-Fürsten Shimazu Nariakira oder den Mitgliedern der Zent-

---

[134] Siehe S. 188.

[135] Shō Kō regierte von 1804-1834.

[136] Als Wortspiel auch »Eure Heiligkeit«, denn *kami* bedeutet auch Gott. – Anm. d. Übers.

ralregierung in Edo, die für eine Öffnung des Landes eintraten, in nichts nach. Allerdings war er auch der erste Ryūkyū-König, der nicht durch Tod aus dem Amt schied. Er litt nämlich an einer Krankheit, die man heute vielleicht manisch-depressive Gemütsstörung oder auch Vegetative Dystonie nennen würde. Im Okinawa-Dialekt hieß diese Krankheit *kami daari*. Nach seinem Rücktritt nannte man den König auch Shō Kō, der »Kindskopf« (*bōji ushu*, jpn: *bōzu onushi*). Matsumura war danach auch Kammerherr seines Sohnes Shō Iku und des darauffolgenden Königs Shō Tai. Bis in die Zeit der Meiji-Reformen diente er so unter drei Ryūkyū-Königen. Aber die einzige Kampfgeschichte, die von ihm überliefert ist, ist die vom Wettstreit mit seiner späteren Frau Ume.

Allerdings gibt es noch eine Episode, die seinen Ruf als »Bushi« Matsumura noch festigte. Sie ist recht bekannt und schildert seinen Kampf mit einem wilden Stier. Diese Episode möchte ich hier kurz wiedergeben, allerdings ohne die vielfältigen Ausschmückungen, die sich mit der Zeit angesammelt haben.

Matsumura war damals 24 oder 25 Jahre alt und König Shō Kō gerade zurückgetreten. Auf den Ryūkyū-Inseln herrschte zu dieser Zeit wegen Taifunen und Trockenheit Hunger. Fast 4000 Menschen waren gestorben. An einem frühsommerlichen Tag im Mai erschien plötzlich der alte König in der Burg von Shuri. Er erteilte drei Ministern des neuen Königs den Auftrag, gegen die Hungersnot Sagopalmen anzupflanzen und auf der Insel ein großes *bon*-Fest zu organisieren, um die Stimmung im Volk zu heben. Als Höhepunkt des Festes sollte Matsumura gegen einen wilden Stier kämpfen.

Als Festplatz wurde ein Ort namens Nakanishi ausgewählt, der in der Nähe einer kleinen Bucht lag und in einer Gegend, wo es gute Kampfstiere gab. Einer von ihnen hatte noch nie in einem Kampf gegen einen Menschen verloren. Man hatte ihm den Namen »der Mörder« verliehen. Er war unter den Stieren, was man im Sumō einen *Yokozuna*[137] nennt. Wegen seiner Stärke und Wildheit hatte er schon viele andere Stiere und Aufseher verletzt. Sein Besitzer wusste schon nicht mehr weiter, weil man diesen Stier weder zur Feldarbeit noch für Stierkämpfe einsetzen konnte. Der alte König dachte, wenn er den »Mörder« und Bushi Matsumura ge-

[137] Siehe Fußnote 123 auf S. 161.

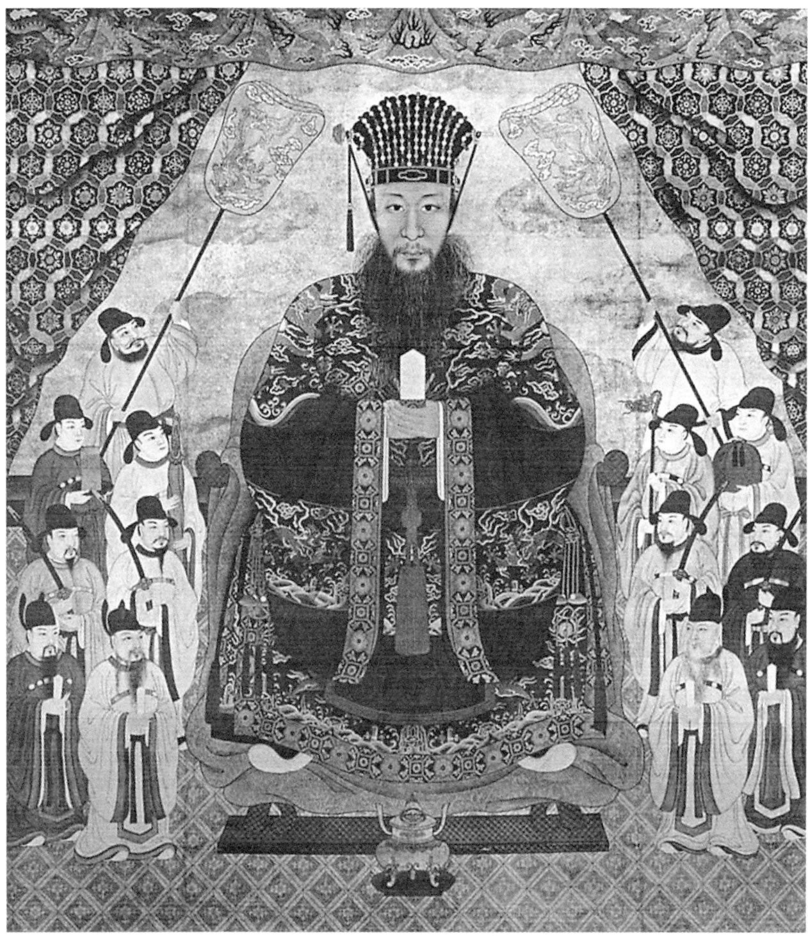

König Shō Kō. Gemälde von Mo Choki; 1837.

geneinander kämpfen ließe, würde das Fest sicher großen Zulauf haben. Alle dachten, der alte König wäre gerade wieder einmal im Zustand geistiger Verwirrung. Die drei Minister riefen Matsumura zu Shō Kō, der im Grunde nichts anderes von ihm verlangte, als sein Leben für das Land zu opfern. Sie rechneten damit, dass er ablehnen und sein Amt niederlegen würde. Aber wider Erwarten nahm Matsumura den Auftrag ohne Einwände an. Als die Minister Meister Matsumura nach seinen Gründen fragten, sagte er: »Ich habe dem alten König viel zu verdanken. Meine Treuepflicht erfordert, dass ich seine Würde nicht verletze.« Shō Iku, der Sohn des alten Königs, soll geweint haben, als man ihm von diesen Worten Matsumuras berichtete.

Die Nachricht vom Kampf Matsumuras gegen den bisher unbesiegbaren Stier machte schnell auf ganz Okinawa die Runde. Man hörte auch immer mehr kritische Stimmen gegen den alten König. In der Burg von Shuri gab es schon Überlegungen, den »Mörderstier« heimlich beiseite zu schaffen bzw. ihn eines »natürlichen Todes« sterben zu lassen. Aber Matsumura verhinderte das und hielt »für die Ehre des alten Königs und für die Ehre des neuen Königs« an seiner Entscheidung fest. Schließlich kam der Tag der Entscheidung. Das Fest begann um zwei Uhr nachmittags. Bereits in der Mittagszeit hatten sich schon mehr als 30 000 Menschen versammelt. Die Bevölkerung von Okinawa betrug zu Anfang der Meiji-Zeit etwa 150 000. Also war jeder fünfte davon bzw. die halbe Einwohnerschaft von Shuri und Naha zum Festplatz an der kleinen Bucht gekommen.

Meister Matsumura erschien, und er trug schwarzweiße Kleidung, einen weißen Hut ohne Krempe, einen weißen Kimono aus Abakatuch mit einem weißen Gürtel und darüber eine schwarze Wickeljacke, einen *haori* genannten Überwurf. In der rechten Hand hielt er einen eisernen Fächer. Allen stockte der Atem, als sie sahen, dass er sich »für den Tod gekleidet« hatte. Matsumura und der »Mörder« traten einander gegenüber. Man konnte nur den Wind hören, der vom Meer kam. Der Stier ging in Angriffsposition, senkte den Nacken, stampfte mit den Hufen in den sandigen Boden. Eine Weile starrten sich die Gegner feindselig an. Matsumura hob den eisernen Fächer langsam über den Kopf, wie ein Schwert in *dai-jōdan*-Position, und ging Schritt um Schritt auf den »Mörder« zu. Als er den gefährlichen Punkt erreichte, an dem es kein Zurück mehr gab, verlor der Stier plötzlich seinen Kampfwillen. Er ließ die Zunge aus dem Maul hängen und versuchte, sich aus dem Staub zu machen. Die Massen schrien vor Begeisterung.

Später erklärte Matsumura lachend dem äußerst zufriedenen alten König: »Das war Glück. So viele Menschen jagen wahrscheinlich selbst dem ›Mörder‹ Angst ein.« Den wirklichen Grund für sein Lachen kannten aber nur er, seine Frau Ume und der Besitzer des Stieres. Seit einiger Zeit nämlich war Matsumura jeden Tag heimlich in das Haus des Stierhalters gegangen. Er trug dabei die Kleidung, die er auch beim Kampf tragen würde. Im Stall schlug er dann einige Male mit einem geraden Fauststoß dem Stier zwischen die Augenbrauen, so, als würde er am *makiwara* üben. Er schlug zwar nicht mit voller Kraft, aber seine eiserne Faust zeigte natürlich Wirkung. In der ersten Woche hatte der Stier noch getobt und wild an seinem Nasenseil gezerrt. Nach zehn Tagen wurde er langsam friedlich und nach zwanzig Tagen ließ er gleich seinen Schwanz hängen und unterwarf sich, sobald er das Gesicht von Matsumura sah. Einige Tage später knickte der Stier schon ein, wenn er nur den Geruch von Matsumura wahrnahm und zeigte sich gefügig.

Jetzt fing Matsumura an, den Stier jeden Tag mit dem Eisenfächer zu schlagen. Das Tier hatte nun schon so viel Angst, dass es ihn bereits schmerzte, wenn der Fächer ihn nur berührte. Am Tag des Festes hatte der Stier vor Erregung unter den Blicken der 30000 Zuschauer Matsumura nicht gleich erkannt. Aber dann wurde ihm klar: »Oh, das ist ja schon wieder dieser furchtbare Kerl!« und er unterwarf sich sofort.

Von dieser Geschichte gibt es viele Varianten, die sich im Grunde aber gleichen. Man fragt sich, warum Meister Matsumura zum Kampf mit dem wilden Stier bereit war. Darüber sollte man ruhig etwas nachdenken. Einige seiner Schüler, die später von dieser Geschichte erfuhren, meinten allerdings hinter seinem Rücken ziemlich geringschätzig, mit Meister Matsumura sei nicht mehr viel los. Er hätte einfach nicht das Selbstvertrauen gehabt, einen Stier mit bloßen Händen niederzustrecken. Meiner Ansicht nach wollte Matsumura deutlich machen, dass man sich Mühe geben muss und nicht faulenzen darf, wenn man, wie das Gesetz des Kriegers rät, siegen will, ohne zu kämpfen.

Ein Schlag gegen den rasenden Stier

Mehr als 30 Jahre später gingen Matsumura, sein Meisterschüler Itosu und einige andere Schüler als Zuschauer zu einem Stierkampf. Matsumura war damals schon 58. Auf dem Heimweg kam ihnen ein wilder Stier entgegengerannt, der sich von seinem Besitzer losgerissen hatte. Meister Matsumura und seine Begleiter sprangen spontan zur Seite und suchten hinter den Kiefern am Straßenrand Deckung. Aber man konnte den Stier nicht so wüten lassen. Mit seinen scharfen Hörnern hätte er leicht jemanden töten können. Jemand musste sich ihm in den Weg stellen. Das machte Meister Itosu, der das Tier mit voller Kraft zwischen die Augenbrauen schlug. Der Stier taumelte, und Meister Itosu packte ihn an den Hörnern, verdrehte seinen Kopf und riss ihn zu Boden.

Meister Matsumura lobte den Mut und die stählerne Faust von Meister Itosu. Aber dann meinte er tadelnd: »Dass du bereit warst, dich so für dein Land aufzuopfern, ist nur deshalb zu tolerieren, weil die Sache glücklich ausgegangen ist. Du hast dich ziemlich leichtsinnig und gegen alle Regeln des Kriegers in diesen Kampf mit dem Stier gestürzt. Es hätte ja auch passieren können, dass du dich dabei verletzt hättest. Ja, du hättest sogar dein Leben verlieren können und damit deinem Volk wohl eher noch Schaden zugefügt. Wäre das nicht unverzeihlich gegenüber deinem Vaterland?« Meister Itosu entschuldigte sich mit den Worten: »Ich weiß. Wenn Sie vor 30 Jahren wirklich mit bloßen Händen gegen den Stier gekämpft hätten, hätten auch Sie nicht verlieren dürfen.« Auch diese Geschichte gibt es mit allen möglichen Ausschmückungen. Tatsache ist jedoch, dass Meister Itosu einen Stier mit einem Schlag erledigte und damit eine Gefahr von seinen Mitmenschen abwendete.

Meister Matsumura hatte den etwas ungewöhnlichen Befehl, als Festattraktion mit dem Stier zu kämpfen, vor allem deshalb angenommen, weil er dem alten König seine Treue zeigen wollte. Dass er dann tagelang in den Kuhstall ging, um dem »Mörder« gegen den Kopf zu schlagen, war praktizierte Weisheit gemäß der »Kriegskunst« von Sūnzi (Sun Tzu): »Ein guter Krieger fängt nicht an zu kämpfen, bevor er sich des Sieges gewiss ist. Wer dagegen in der Erwartung zu kämpfen beginnt, dass er den Kampf letztendlich auf irgendeine Weise gewinnen wird, hat bereits verloren.«[138] Geht man geradewegs auf den Gegner los, kann man unter

---

[138] 24. These. – Anm. d. Übers. – Sūnzi (eigtl. Meister Sun), auch Sun Tzu oder Sun Tsu, chinesischer Militärstratege, der im 6. Jahrhundert v. Chr. lebte. Sein Werk *Sunzi-bing-Fa* (Sunzi über die Kriegskunst), von dessen ursprünglich 82 Kapiteln 13 erhalten geblieben sind, ist der älteste bekannte Text über die Kampfkünste und über Militärstrategie und hat u. a. einen starken Einfluss auf die theoretischen Fundamente verschiedener Quanfa-Stile ausgeübt. – Habersetzer, R. u. G.: Enzyklopädie der Kampfkünste des Fernen Ostens. Chemnitz: Palisander Verlag 2019. – Deutsche Ausgabe des *Sunzi-bing-Fa*: Sunzi: Die Kunst des Krieges. München: Droemer Knaur 2001.

Umständen tatsächlich gewinnen, aber wenn man doch einmal verliert, ist nicht nur die eigene Ehre dahin, auch der Name seines Herren ist gemäß den Ehrvorstellungen der Samurai beschmutzt.

Im Gegensatz zu Meister Itosu hatte Matsumura dem Stier ja nicht plötzlich gegenübergestanden. Er hatte sich sozusagen in die Sphäre des Nichtverlierens begeben und bereitete sich gründlich auf den unbedingten Sieg vor. Im Ergebnis blieb die Ehre des alten Königs gewahrt, und die Stimmung der von Hunger geplagten Bevölkerung verbesserte sich erheblich. Außerdem, und das sollte man nicht vergessen, wurden weder Matsumura noch der Stier verletzt. Alle Beteiligten verließen aufrecht den Platz. Darin offenbart sich auch der tiefe Sinn der Grundregeln des Karate: »Im Karate gibt es keinen ersten Angriff« (*karate ni sente nashi*) und »aus der Defensive angreifen« (*go no sen*).

Wie schon gesagt, sind im Karate, anders als zum Beispiel in der Schwertkunst, so gut wie keine Geschichten über berühmte Kämpfe oder Heldentaten überliefert. Aber gerade die Tatsache des Mangels an solchen Geschichten ist kennzeichnend für die großen Persönlichkeiten des Karate, deren Kunst nicht umsonst die »Faust der Edlen« (*kunshi no ken*) genannt wurde.

2.2 Nicht zu verlieren, heißt siegen

Ein kampfloser Sieg

Neben Miyamoto Musashi gab es einen weiteren Großen unter den Schwertkämpfern. Er hieß Tsukahara Bokuden (1490-1571)[139]. Die Geschichte, die erzählt werden soll, ist im *Meiryō kōhan*[140] enthalten.

Als älterer Mann wurde Bokuden während einer Schiffsreise von einem betrunkenen herrenlosen Samurai (Rōnin) in einen Streit verwickelt. Der Rōnin provozierte den Meister auf immer aggressivere Weise. Damit am

[139] Siehe Habersetzer, R.: Die Krieger des alten Japan – Berühmte Samurai, Rōnin und Ninja. Chemnitz: Palisander Verlag, 3. Aufl. 2020.

[140] Sammlung von Erzählungen über die »Klugen und Guten«. – Anm. d. Übers.

Ende die anderen Mitreisenden nicht auch noch in die Sache hineingezogen würden, wies Bokuden auf eine kleine Insel und sagte: »Wir können uns ja dort schlagen.« Als der Kapitän das Schiff an die Insel herangesteuert hatte, zog der krakeelende Rōnin auch schon sein Schwert und sprang vom Schiff. Während er wild durch die Wellen platschend ans Ufer rannte, gab Bokuden dem Kapitän ein Zeichen, und dieser steuerte das Schiff, so schnell es ging, von der Insel weg. Als der Rōnin das sah, begann er zu toben und zu schreien: »Jetzt haust du ab! Du feiger Kerl! Kommt mit dem Schiff zurück! Kommt zurück!« Bokuden musste laut loslachen: »Dem gnädigen Herren ist nichts passiert und mir, dem unwürdigen Knecht, ist auch nichts passiert. Das nenne ich siegen ohne zu kämpfen (*mute shōryū*)!«

Diese Geschichte ist möglicherweise erst von späteren Generationen erdichtet worden, aber sie zeigt dennoch gut das Wesen des Budō. Nicht nur für das Karate, für das Budō allgemein gilt, dass es dazu dient, sich selbst zu verteidigen. Folglich hat man den Gegner auch »niedergerungen«, wenn man sich nur erfolgreich selbst verteidigt. Wenn es keinen anderen Weg gibt, dann macht man es eben auf solche Weise.

Sieg durch Flucht

In Japan gibt es unzählige Geschichten über berühmte Persönlichkeiten des Budō, die lieber wegrannten als zu kämpfen. Ich glaube, diese Geschichten offenbaren einiges über den geistigen Charakter der Japaner.

Eine berichtet von Yokoyama Sakujirō (1862-1912), der den 8. Dan im Kōdōkan-Jūdō hatte und den Spitznamen Yokoyama, der Dämon, trug. Er ging einmal mit Ōsaki Kumao, einem Meister im japanischen Schach (*shōgi*), der auf seinem Gebiet ebenfalls den 8. Dan innehatte, spazieren.

Aus irgendeinem Grund redete sie ein Bauarbeiter herausfordernd mit »He, ihr da!« an. Es war offenkundig, dass er Streit suchte. Ōsaki war auch ein Militär und in den Kampfkünsten bewandert. So begab sich der Schachmeister unverzüglich in Kampfposition, ganz nach dem Grundsatz: »Wer Streit will, soll Streit bekommen.« Aber Yokoyama, der Dämon, sag-

[141] … das heißt, er war für okinawanische Verhältnisse geradezu ein Riese. – Anm. d. Lekt.

te: »Los komm, weg von hier!« und zerrte ihn am Ärmel fort. Yokoyama, den man als einen der »vier Himmelskönige«, also als einen der Großen des Kōdōkan betrachtete, hätte ohne jede Mühe einen oder auch zwei aggressive Männer bändigen können. Aber ein Sieg gegen irgendeinen Bauarbeiter hätte ihm natürlich wenig Ruhm eingebracht. Außerdem hätte er diesen womöglich völlig unnötig verletzt. Und es wäre nicht auszuschließen gewesen, dass sich bei einem solchen Streit sein Freund Ōsaki verletzt hätte. Yokoyama musste daher nicht lange nachdenken, sondern sein Körper entfernte sich einfach spontan von dieser Gefahr. Er hatte keine Angst. Er hätte nicht fliehen müssen, sondern war einfach geflohen, weil er die Möglichkeit dazu hatte.

Matsumura Sōkon und der Riesenkerl

An dieser Stelle möchte ich noch eine weitere, relativ bekannte Geschichte über den großen Kämpfer des alten Okinawa, Matsumura Sōkon, erzählen. Er war damals 41 Jahre alt, als an einem Herbsttag ein junger Mann, Anfang 20, zu ihm kam und darum bat, sein Schüler werden zu dürfen. Er war über 1,80 m groß[141] und kräftig gebaut. Meister Matsumura war damals schon ein berühmter Mann, und viele wollten seine Schüler werden. Er war also sehr vorsichtig bei deren Auswahl. Der junge Mann hatte längere Zeit gebettelt, aber es war etwas Rohes in seiner Persönlichkeit, das unangenehm auf Matsumura wirkte. Er murmelte kurz vor sich hin und lehnte dann ab. Der junge Mann ging mit ziemlich verärgerter Miene davon.

Einige Tage später, als Meister Matsumura mit zwei seiner Schüler am Abend nach seinem Dienst in der Burg von Shuri nach Hause ging, wurden sie plötzlich von einer Gruppe von etwa zehn jungen Männern, die ihnen aufgelauert hatten, aufgefordert stehenzubleiben. Das geschah an der Stelle, wo heute die Straße hinter der Oberschule von Shuri verläuft. »Oh, sehe ich da nicht Meister Matsumura?« Das sagte ein junger Mann, der aus der Gruppe hervortrat und um einiges größer war als die anderen. Die Stimme kam Matsumura irgendwie bekannt vor. Er antwortete ruhig: »Stimmt, ich bin Matsumura«. Als das Gesicht des Mannes im Mondlicht deutlicher zu sehen war, erkannte er den großen Burschen wieder, der vor einigen Tagen bei ihm vorgesprochen hatte. »Wenn du weitergehen willst, dann kriech zwischen meinen Beinen durch.« Wie auf Kommando kreisten die Männer nun Matsumura ein. Seine Schüler standen schweigend daneben und behielten das Geschehen im Auge. »Hm, na gut.« Meister Matsumura nickte schweigend, kniete dann zu Füßen des jungen Mannes nieder. Im Kniesitz beugte er den Kopf tief zum Boden. Der große Kerl war dadurch irgendwie verwirrt und konnte nicht verstehen, was der Meister damit beabsichtigte. Aber dann grätschte er doch die Beine, um Matsumura hindurchkriechen zu lassen. Dabei schien er sehr angespannt zu sein. Schweiß perlte von seiner Stirn. Als Matsumura auf »alle Viere« ging, konnte der Bursche es nicht mehr aushalten und sprang zurück: »Schon gut, schon gut. Hab verstanden. Geht!« Verärgert spuckte er auf den Boden. Er atmete mit bebenden Schultern. Sein Gesicht war ganz blaß. Mit einem verächtlichen Blick auf die verblüfften jungen Leute gab der Meister seinen nicht minder verblüfften Schülern einen Schubs und ging weiter, als wäre nichts gewesen.

Die beiden Schüler, die hinter ihm liefen, hatten Mühe, ihre Gefühle zu unterdrücken. Aber dann brach es aus ihnen heraus: »Meister, war das eben *Bushi* Matsumura? War es nicht schrecklich, so gedemütigt zu werden?« sagte der eine. Der andere fügte hinzu: »Richtig, auch wenn es noch so viele Gegner sind, muss man doch nicht solch ein Schande und Entehrung hinnehmen und wie ein Hund zu Kreuze kriechen.« Matsumura hörte nur schweigend zu, sein Gesicht erfüllt von einem milden Lächeln. Die Schüler riefen: »Wir haben uns in unserem Lehrer getäuscht. Noch nie in unserem Leben sind wir so erniedrigt worden. Meister, wir wollen die Beziehung mit Ihnen beenden. Gleich jetzt. Leben Sie wohl!« Verärgert zogen die beiden davon.

Natürlich hörten bald auch die anderen Schüler von dieser Geschichte und auch Matsumuras Frau Ume. Sie soll ihnen erklärt haben: »Ihr müsst das so sehen: Matsumura hat gewonnen, ohne zu kämpfen.« Selbstverständlich hätte der Meister auch kämpfen können. Er hätte ohne weiteres den großen Burschen, den Anführer, mit einem Schlag niederschlagen und dann noch vier, fünf Leute aus der Gruppe niederstrecken können. Die anderen wären zweifelsohne weggerannt. Aber er war in Begleitung zweier unerfahrener Schüler. Die beiden hätte er auch noch beschützen müssen, und damit wäre es schwerer geworden, als wenn er nur allein gekämpft hätte. Außerdem hätten die beiden sich verletzen können. Aber auch, wenn er allein gewesen wäre, hätte er im Kampf mit so vielen Leuten nicht viel Spielraum für maßvolles Vorgehen gehabt. Wahrscheinlich hätte er einige verletzen müssen. Vielleicht wäre sogar einer gestorben. Gegenüber seinem König wäre das unentschuldbar gewesen. Deshalb hatte der Meister den Weg des »Siegens ohne Kämpfen« gewählt. Aber auch in diesem Fall war sein Verhalten nicht kalkuliert, sondern natürlich und spontan.

Aus dem China der frühen Han-Zeit[142] ist eine ähnliche Geschichte überliefert. In einer alten Chronik (japanisch: *jūhachi shinryaku*) wird von dem berühmten General Hanshen berichtet, der auch jemandem »zwischen den Beinen durchkroch«. Wie Meister Matsumura hatte er das nicht aus Angst vor seinem Gegner getan. Es war, ganz im Gegenteil, die mutige Handlung eines Kriegers, dem es darum ging, alle bei dem Geschehen Anwesenden seelisch in Bewegung zu bringen.

Matsumuras seelischer Zustand entsprach dem der Leere (*kū*). Er hatte sich selbst so leer und rein gemacht, dass er als Spiegel zu fungieren vermochte, in welchem der große Bursche seine eigene Schlechtigkeit sehen konnte. Dadurch verlor dieser sein seelisches Gleichgewicht. Außerdem hatte er Meister Matsumura, einem der größten Kämpfer seiner Zeit, seinen eigenen empfindlichsten Punkt, den Schwachpunkt jedes Mannes, ungeschützt dargeboten, und aus der Tiefe seines Herzens wird in ihm die Frage hochgestiegen sein, die ihn erzittern ließ: »Was wird er jetzt machen?« – Das ist Siegen ohne Kämpfen.

Man sagt zwar, mit 40 Jahren habe man die Zeit der Zweifel und Verwirrung überwunden, aber vollkommen schafft man das nie. Allein dadurch, dass man die richtigen Techniken beherrscht, kann man eine solche Entleerung der Seele, wie sie Meister Matsumura erreichte, nicht zustande bringen. Deshalb trainierten die Meister der Kampfkünste ihre Seele.

---

[142] 2. Jh. v. Chr. – Anm. d. Übers.

Der »Miyamoto Musashi der Ryūkyū-Inseln«

Meister Matsumura war jeweils zweimal in China und in der japanischen Provinz Satsuma. Er studierte dort das chinesische Kempō und die Jigen-Schwerttechnik. Als er das letzte Mal als Gesandter nach China geschickt wurde, war er 51. Damals waren die Schiffsreisen nach China immer von großen Gefahren begleitet. Man sagte: »Eine Reise nach China ist eine Reise in den Tod.« Die Schiffe waren aus Holz und hatten eine Wasserverdrängung von weniger als 100 Tonnen. Kamen sie in einen der tropischen Wirbelstürme, die diese Gegend zu manchen Jahreszeiten regelmäßig heimsuchen, war Schiffbruch so gut wie unausweichlich. Obgleich die Reise außerhalb der gefährlichen Sturmsaison stattfand, geriet das Schiff, auf dem Meister Matsumura sich befand, in einen Taifun und wurde von verheerenden Regenstürmen durchgeschüttelt. Das Schiff stand mehrfach kurz vorm Kentern. Verzweiflung griff um sich. Alle bereiteten sich auf den Tod vor. Einige schluchzten leise, andere heulten laut. Nur Meister Matsumura saß in der Kajüte unbeweglich im Kniesitz (*seiza*) vor einer kleinen Kannon-Statue, die er stets bei sich trug und rezitierte Sutren. Glücklicherweise blieb ihnen der Schiffbruch erspart, und sie wurden in Satsuma an Land getrieben. Als die Leute dort diese Geschichte vernahmen, sagten sie: »Dieser Mann ist erleuchtet, er ist jenseits von Leben und Tod. Das ist der Miyamoto Musashi aus Ryūkyū.«

Es ist überliefert, dass Meister Matsumura wie Miyamoto Musashi sich in seinen späten Lebensjahren dem Weg Buddhas anvertraute und den Zustand der Leere erreichte. Seine Seele war eins mit Himmel und Erde geworden. In diesem Zustand sah, hörte, dachte und handelte er. Sein Leben selbst war *bu* geworden.[143] In diesem seelischen Zustand war Meister Matsumura ohne weiteres bereit, durch die Beine des gewalttätigen Burschen zu kriechen. Dass seine Schüler ihn so verächtlich abgekanzelt hatten, dürfte er sich wohl kaum zu Herzen genommen haben, so als hätte er es schon im nächsten Augenblick vollständig vergessen.

---

[143] *Bu*: (jpn.) Vermögen zu kämpfen, als Wortspiel mit der Silbe *bu* mit Bezug auf das Zeichen mit der Bedeutung »Nichts« zugleich Leere. – Anm. d. Übers.

Dieser Geist der »Faust der Edlen« (*kunshi no ken*) kam von Meister Matsumura über Meister Itosu auch auf meinen Vater. Deshalb ist es eine Aufgabe des Shitō-Karate, diesen Geist zu pflegen und weiterzuvermitteln. In seinem Buch »*Angriffs- und Abwehrtechniken zur Selbstverteidigung im Karate Kempō*« hat mein Vater dieses geistige Erbe sehr anschaulich dargestellt.

Karate war ursprünglich keine Angriffstechnik. Schon beim Ausführen der Kata versteht man, dass die »aufnehmende Hand«, das Blocken, an erster Stelle kommt. Man wehrt mit hinreichender Energie ab. Das Karate ist jedoch nicht nur Selbstverteidigungstechnik. Allgemein wird man mit dem Geist des Karate und innerer Stärke versöhnlich gegenüber den Menschen. Wer Karate übt, strebt immer mehr danach, eine solche Gefühlslage zu entwickeln.

Auch das Kendō ist keine Technik, um Menschen mit dem Schwert zu erschlagen. Es ist eine Methode, die eigenen Bedürfnisse und Wünsche zu kontrollieren. Ebenso ist das Karate eine Methode der seelischen Erziehung und dient der Selbstkontrolle der eigenen Bedürfnisse und der Herausbildung von Bescheidenheit. Ohne Rücksicht die Fäuste zu schwingen und mit den Füßen zu treten, um so die Leute zu erschrecken und sich zu prügeln, ist nicht der Sinn des Karate.

Manchmal sieht man Leute, die sich etwas darauf einbilden, dass sie als Karateschüler zur Unterhaltung des Publikums Ziegel zerteilen oder Holzbretter zerschlagen und damit die Macht ihrer Fäuste zur Schau stellen. Natürlich ist es nötig, seine Fäuste zu stählen. Aber so etwas zu benutzen, um Leute zu erschrecken oder zu bedrohen, ist vom Standpunkt des Weges des Karate aus betrachtet niedrig und würdelos.

Die Kampfkünste zielen ursprünglich darauf, Körper und Geist zu erziehen. Sie dienen dazu, den menschlichen Charakter zu formen. Eine hochstehende Person hat einmal gesagt: »Nichts ist schrecklicher auf der Welt, als ein Bujutsu-ka, der so tut als wäre er ein Bujutsu-ka.«

Es gab auch unter meinen vielen Schülern einige, die darauf stolz waren, vor den Leuten die Fäuste zu schwingen und Ziegel und Bretter zu zerschlagen. Aber von diesen hat nicht einer es im Karate zu etwas gebracht. Es gibt auch Leute, die nicht sehr eifrig sind beim Üben der Kata. Sicher ist eine starke Faust wichtig, aber weit wichtiger ist es, die Kata zu üben. Früher übte und lehrte man an geheimen Orten. Tatsächlich vermieden Leute, die Kempō trainierten, es generell, an Orten zu erscheinen, an denen viele Menschen zusammenkamen. […]

Am meisten muss man auf das Geistige achten. Es ist nicht verwunderlich, dass ich darauf zu sprechen komme, nachdem ich das Zerschlagen von Ziegeln erwähnt habe. Natürlich muss man auch dafür viel trainieren. Aber um mit der Hand, die viel weicher ist als Holz oder Ziegel, diese entzweizuschlagen, braucht man vor allem geistiges bzw. psychologisches Training. In unserem Zeitalter der Wissenschaft ist es sicher auch sinnvoll, dieses Problem wissenschaftlich zu untersuchen. Ich denke, unter den Lesern dieses Buches gibt es viele, die den Geist des Karate wirklich verstehen und weiter erforschen wollen.

Seit alter Zeit nennt man in unserem Land Leute, die das Karate praktizieren, »Edle« oder »ehrenhafte Männer« (kunshi). *Man sieht in ihnen Menschen, deren hoher Charakter dem der Krieger (Bushi) oder der edlen und gebildeten Herren* (shinshi) *gleicht.*

2.3 Der unbedingte Siegeswille im Yagyū ryū

Schwertkampf und »geistige Reinigung«

In den ursprünglichen Kampfkünsten, in denen es keine Regeln gibt, bedeutete wirklicher Wettkampf, einander zu töten, und Sieg oder Niederlage bedeuteten immer Leben oder Sterben. Da jeder Kampf aus Angriff und Verteidigung besteht, kann man sicher sagen, dass alle Kampfkünste ihren Ausgangspunkt darin haben, eine Methode kriegerischen Kampfes (*heihō*) zu entwickeln, in der Verteidigung und Angriff zu einer Einheit werden. Der Tokugawa-Klan stützte sein kampftechnisches Konzept bekanntlich auf zwei völlig gegensätzliche Methoden, zum einen auf den von ihrem Schwertmeister Yagyū begründeten Stil und zum anderen auf die Ittō-Stilrichtung.

Yagyū Munenori trat an die Stelle seines Vaters Yagyū Muneyoshi (bekannter als Sekishūsai) als oberster Schwerkampflehrer des Tokugawa-Klans, als Tokugawa Ieyasu (1542-1616), einer der drei »Einiger« des Landes, schon über 50 Jahre alt war.[144] Nachdem Yagyū Sekishūsai dem Fürsten die unübertroffene Technik des *mutō dori* offenbart hatte, war die-

[144] Als die beiden anderen »Einiger« Japans gelten Oda Nobunaga und Toyotomi Hideyoshi. Tokugawa Ieyasu hat das Werk seiner Vorgänger vollendet, indem er nach zahlreichen Bürgerkriegen eine stabile Zentralregierung in Japan installierte, was der Grundstein für eine lange Friedensepoche war. – Habersetzer, R. u. G.: Enzyklopädie der Kampfkünste des Fernen Ostens. Chemnitz: Palisander Verlag 2019.

ser davon so sehr beeindruckt, dass er Sekishūsai unbedingt als obersten Ratgeber für Kampftechnik an seinem Hof haben wollte. Da Sekishūsai aber aus Altersgründen ablehnte und in den Ruhestand ging, empfahl er, an seiner Stelle seinen Sohn Munenori zu berufen. Ieyasu war zunächst unentschlossen. Als Kuroda Nagamasa, Lehnsherr von Fukuoka, einem Gebiet nordöstlich von Kyushu, davon erfuhr, bot er Munenori ein Lehen mit einem Ertrag von 150 *koku* Reis[145] für einen Posten als Schwertkampflehrer. Aber Yagyū Munenori antwortete ohne Zögern: »Das Yagyū ryū kann nur weiterleben, wenn ich den Tokugawa diene.« Letztendlich entschieden sich die Tokugawa auch dafür, Yagyū Munenori als Schwertmeister anzunehmen.

Weshalb aber glaubte Yagyū Munenori, dass seine Schwertkunst nur im Umfeld des Tokugawa-Klans gedeihen könne? Das Wesen des Yagyū-Stils kam in der Bezeichnung »Schwert, das Leben bewahrt« zum Ausdruck. Die von Munenoris Vater Sekishūsai entwickelte Schwerttechnik sollte nicht dazu dienen, einen Menschen zu erschlagen, sondern vor allem dazu, sich selbst zu verteidigen. Munenori verehrte den Zen-Priester Takuan (1573-1645). Dieser war Schüler des Zen-Priesters Shunoku vom Daitoku-Ji-Tempel, welcher das Yagyū ryū als »Schwert des Friedens« charakterisiert hatte. Deshalb war nach Ansicht von Munenori der Yagyū-Stil weder für Toyotomi Hideyoshi mit seinen Korea-Feldzügen[146], noch für die mächtigen, kriegsliebenden Fürsten, wie zum Beispiel die Date, Maeda, Shimazu, Mōri oder Uesugi geeignet.

Die lebensbewahrende Schwerttechnik des Yagyū ryū lässt den Gegner agieren und führt zum Sieg, indem man der gegnerischen Aktion folgt. Ganz im Gegensatz dazu steht die Technik, die man »Schwert, das tötet« nennt. Nach dieser Technik siegt man, indem man die Bewegungen des Gegners unterdrückt. Hierfür steht das Ittō ryū.

---

[145] Ein *koku* war ein Maß für die Menge Reis, die ein Erwachsener im Laufe eines Jahres verzehrt (im Jahre 1669 wurde das *koku* mit rund 180 Liter trockene Reiskörner festgelegt). – Anm. d. Lekt.

[146] Toyotomi Hideyoshi (1536-1598), japanischer Feldherr und Regent (*kampaku*). Er versuchte 1592 und 1597, mit seinen Truppen Korea einzunehmen, scheiterte jedoch mit diesem Vorhaben. – Habersetzer, R. u. G.: Enzyklopädie der Kampfkünste des Fernen Ostens. Chemnitz: Palisander Verlag 2019.

Nachdem Munenori oberster Berater des Shōgun für Kampftechnik geworden war, propagierte er seine Lehre der seelischen und geistigen Reinigung und entfernte aus der Schwertausbildung alle festgelegten Bereitschaftshaltungen (*kamae*) oder Partnerübungen (*kumite*). Im Ittō-Stil dagegen, der für den Kampf auf dem Schlachtfeld konzipiert war, wurden mit stumpfer Klinge oder Holzschwert vor allem Kata geübt. Yagyū Sekishūsai schrieb dazu in seiner Abhandlung *Motsujimi shudan kuden sho*: »Die Handhabung des ›Schwertes, das tötet‹ lernt man mit *kamae.* Für die Beherrschung des ›Schwertes, das Leben bewahrt‹, braucht man keine *kamae.* Diese Schwerttechnik entsteht, wenn man sich vollständig von den *kamae* löst und jede fixe Position aufgibt«.

Sein Sohn Munenori lehrte, dass man nicht einem sinnlosen Kreislauf von Position und Gegenposition verfallen darf, wie beim »Fang-das-Wiesel-Spiel«, bei dem man versuchen muss, seine Hand über die des Gegenübers zu legen. Geht einer in eine bestimmte Position, überlegt der andere, wie er sie übertreffen kann. Findet sich keine Lücke, so versucht man durch Einnehmen einer anderen Körperhaltung, eine solche zu öffnen. Wenn man dagegen über die Sphäre von Leben und Tod hinausgeht, wenn man keinen Feind mehr vor sich sieht und auch das Selbst aufgehoben ist, dann kann keine Angst mehr entstehen, nicht einmal, wenn man mit zehn oder zwanzig Gegnern auf einmal konfrontiert ist, und die Chancen auf den Sieg entstehen wie von selbst. Er nannte dieses Prinzip »Wasser des großen westlichen Flusses« (*seigōsui*). »Großer Fluss« bedeutet in diesem Zen-Wort »unendlich großes westliches Meer«. Der Zen-Meister Baso Dōitsu (709-788) soll es geprägt haben, als er zu einem Zögling sprach: »Wenn du das ganze Wasser des westlichen Meeres in dich hinein geschluckt hast, habe ich dir nichts mehr zu sagen.« Der Zögling soll auf der Stelle Erleuchtung erfahren haben. Um alles »Wasser des westlichen Meeres« in sich aufzunehmen, musste sein Bauch unendlich groß und leer sein. Einen solchen seelischen Zustand beschreibt das Wort *seigōsui.* Munenori erklärte: »*Seigōsui* kommt, wenn sich alles entfernt hat.«

Yagyū Yoshiharu aus der vierten Generation des Owari-Zweigs der Yagyū schrieb in seiner Abhandlung *Inryūsho* folgendes:

Der Sitz der Seele ist im Bauch (hara), *im Rücken* (senaka) *und im ›Wasser des westlichen Meeres‹* (seigōsui). *Man darf den Bauch nicht anspannen und herausstrecken, sondern muss ihn im Gegenteil locker lassen, damit die Kraft sich über den Rücken verteilen kann. Damit Bauch und Rücken nicht verhärten, lässt man die Seele in den ganzen Körper wie in Wasser versinken, so dass es weder Stellen gibt, an denen sich Kraft konzentriert, noch solche, die völlig entleert sind. Diesen Zustand nennt man seigōsui. Ihm entspricht eine ›stolze, gerade Körperhaltung‹ von der Art eines leicht gekrümmten Schwertes. In diesem Zustand ist der Körper nicht einfach nur leer. Die Leere ist absolut angefüllt. Sie ist angefüllt mit Leben. Wenn die Seele die Leere genügend erfüllt, kann man auf jedes Ereignis in dem Augenblick, in welchem man es wahrnimmt, vollkommen flexibel und frei reagieren.*

Der Begründer der Owari-Linie der Yagyū-Familie, Hyōgosuke, soll ein Freund der Blumen, des jahreszeitlichen Wandels der Blütenlandschaft gewesen sein. Er meinte, der Geist des Genießens der Blütenpracht sei in den Blüten und sei ebenso nicht in den Blüten. Ähnlich sah es der berühmte Maler Tokuoka Shinsen (1896-1972). Er berichtete, dass er, wenn er das Fallen von Kirschblüten beobachtete, um davon ein Bild zu malen, hören könne, wie die fallenden Blätter beim Auftreffen auf dem Boden ein Geräusch erzeugten. – Ist es tatsächlich denkbar, dass man, physikalisch betrachtet, den Ton hören kann, den ein einziges hauchzartes Kirschblütenblatt erzeugt, wenn es auf die Erde fällt? Zweifelsohne ist es unmöglich, einen solchen Ton mit den Ohren zu hören. Aber es gibt einen bestimmten geistigen oder seelischen Zustand, der diesen Ton für das »Herz« (*kokoro*)[147] wahrnehmbar werden lässt. Dies ist ein Zustand, in dem man das ganze Leben einer Blüte, ihr Werden und Vergehen »sehen« kann. Und in dem Moment, indem man gewahr wird, dass der Lebenszyklus dieser Blüte und die Kreisläufe im unendlich großen Universum letztendlich eins sind, könne man, so erklärte es der Maler, ein gutes Bild malen.

In diesem Sinne ist die schwertähnliche Körperhaltung, die man *tsuttata mi* nennt, die aufrechte Position eines seelisch geläuterten Körpers im Zustand der Leere.

[147] *Kokoro* (auch *shin*, chin. *Xin*): (jpn.) Herz, Geist, Seele, Bewusstheit. *Kokoro* – und nicht der Intellekt – ist nach japanischer und chinesischer Auffassung der Sitz der wahren »Substanz« des Menschen, seine Essenz. – Habersetzer, R. u. G.: Enzyklopädie der Kampfkünste des Fernen Ostens. Chemnitz: Palisander Verlag 2019.

Das »lebensbewahrende Schwert«

Das von Yagyū Sekishūsai gelehrte Shinkage ryū stammt von Kamiizumi Nobutsuna.[148] Dieser Stil hat seinen Ursprung in der Erfahrung eines *marobashi* genannten komplexen Kreisens. Im *marobashi* verschmelzen Körper, Seele und Schwert zu einer Kugel, die den Bewegungen des Gegners folgt und frei kreisend agiert. Technisch betrachtet, bewegt sich zuerst der Gegner. Darauf antwortet man mit einem Gegenangriff aus der Position des *go no sen*, der vorausschauenden, dem Gegenschlag vorgreifenden Defensive. Dieses Vorgehen verfolgt man immer weiter und »siegt [schließlich], indem man den Gegner agieren lässt«. Man siegt also nicht dadurch, dass man den Gegner bedrängt, sondern dass man ihn nach Belieben agieren lässt. Das ist nichts anderes als das Prinzip des »lebensbewahrenden Schwerts« des Yagyū ryū.

Die Idee dieser Schwerttechnik von Yagyū kam auch in dem Begriff »sich dem Angriff anpassen« (*gasshi-uchi*) zum Ausdruck, der das technische Prinzip symbolisiert, den Gegner frei agieren und schlagen zu lassen und dadurch zu siegen, dass man den gegnerischen Bewegungen und Schlägen folgt.

Dagegen liegt der Schwerpunkt des Ittō ryū im Abwärtsschlagen (*kiri otoshi*). Anders als im Yagyū-Stil weicht man dem Angriff nicht aus. Man dreht sich auch nicht hinein oder reagiert in anderer Weise flexibel. Sobald man die Ausgangsposition des gegnerischen Angriffs erfasst hat, springt man direkt in diesen hinein und sucht die Entscheidung in einem gleichzeitigen Schlagabtausch. Der Ittō-Stil lehrt also den Sieg mit der Vorhand bzw. durch den direkten Angriff. In seinem Buch »Die Geheimlehren des Schwertkampfes«[149] schrieb Chiba Shūsaku (1794-1855):

> *Die normale Ausbildung ist darauf orientiert, dem gegnerischen Angriff vorzugreifen. Man setzt den eigenen vor den gegnerischen Angriff. Das nennt man* sensen. *Im Kampf stößt oder schlägt man direkt zu, sobald man vor seinem Gegner steht. Nicht das Blocken bzw. das Annehmen und Stoppen des gegnerischen Angriffs steht im Vordergrund.*

---

[148] Vgl. S. 75 f.

[149] *Kempō hiketsu.*

In anderen Schulen strebt man nach einer Haltung, die man sensen no sen *nennt. Man schlägt und stößt nicht direkt wie im oben dargelegten Fall, sondern reagiert auf die Aktion des Gegners, lässt die gegnerischen Schläge und Stöße kommen, blockt, fegt oder schlägt sie ab. Man verliert dabei aber nicht den Geist des Angreifens bzw. Vorgreifens* (sen no ki) *und siegt schließlich mit* go no sen, *also aus der Defensive den Gegenschlag führend. Das* sensen no sen *ist eine andere Art und Weise, das Prinzip des* go no sen *zum Ausdruck zu bringen.*

Genauer betrachtet, sind die Begriffe *sen* (zuvorkommen), *sen no sen* (Vorwegnahme, indem man dem anderen zuvorkommt) und *sensen no sen* (Vorwegnahme, indem man dem anderen zuvorkommt, der selbst versucht, einem zuvorzukommen) nicht als Bestimmung eines zeitlichen Davor oder Danach zu verstehen. Es geht vielmehr um die seelische Kontrolle des Davor, des Vorgreifens. Wir finden hier also eine weitere Erklärung des *go no sen.*

Der Yagyū-Stil und der Ittō-Stil scheinen auf den ersten Blick völlig gegensätzliche Techniken zu sein. Wenn man jedoch genauer hinschaut, so erkennt man, dass sich letztendlich sowohl hinter dem Yagyū-ryū-Grundsatz des *gasshi-uchi* (Angriff im Einklang mit dem Gegner) als auch hinter dem Ittō-ryū-Grundsatz des *kiri-otoshi* (Schneiden mit einem Schlag) das Prinzip des *go no sen* verbirgt. Es ist das Ideal der Schwertechnik und bestimmte auch die Strategie von Musashi im Kampf gegen Kōjirō.

Wenn man bedenkt, dass die alten Meister die Kampfkunst unter den Bedingungen des realen Kampfes auf dieses außerordentlich hohe Niveau gehoben haben, stets unter dem Einsatz ihres Lebens, so verdient das größten Respekt.

Mutō dori und der Ausgangspunkt des Karate

Vor einiger Zeit habe ich im Fernsehen eine Dokumentation über das Yagyū ryū gesehen. Einer der Befragten hatte in seiner Studentenzeit Kendō trainiert und wurde deshalb am Schluss gebeten, doch einmal zu demonstrieren, worin die Essenz des Yagyū-Stils besteht. Der Reporter, der selbst Kendō praktizierte, holte zum Schlag aus, und genau in dem Moment, als er sein Bambusschwert hoch über den Kopf geschwungen hatte, packte der andere ihn so an den Armen, so dass es ihm unmöglich war, den Schlag auszuführen. Das war *mutō dori*, jenes Prinzip, das den Kern des von Yagyū Sekishūsai geschaffenen Yagyū-Stils darstellt.[150]

Dass Tokugawa Ieyasu den Yagyū-Stil, der ja eine eher ländliche Kampftechnik aus der Yamato-Provinz war, zum Hausstil seines Klans machte und die Yagyūs als oberste Berater für Kampftechnik berief, lag in erster Linie daran, dass ihn das *mutō dori* so sehr beeindruckt hatte.[151] Bei der Vorführung hielt Munenori ein Holzschwert in mittlerer Position, so dass die Schwertspitze auf die Augen von Sekishūsai gerichtet war und verringerte dann langsam die Distanz zwischen beiden. Plötzlich ging Sekishūsai einfach nach vorn. Und in dem Moment, als zu erwarten war, dass Munenori das Holzschwert mit einem markerschütternden *kiai* heruntersausen lassen würde, war es schon seinen Händen entglitten; er lag mit dem Rücken auf dem Boden, und sein eigenes Schwert in den Händen seines Vaters richtete sich gegen seine Kehle. Ieyasu war sich eigentlich sicher, dass er den entscheidenden Moment nicht verpasst und alles genau beobachtet hatte. Trotzdem kam er immer wieder zu dem enttäuschenden Schluss, dass er nicht verstand, was genau vor sich gegangen war. Also ergriff er selbst ein Schwert, diesmal ein richtiges, und stellte sich vor Sekishūsai. Als Ieyasu zum Schlag ausholte und das Schwert über den Kopf hob, griff Sekishūsai von rechts und links die Fäuste, in denen Ieyasu das Schwert hielt, klemmte sie ein und blockierte die Bewegungen des Fürsten, so dass dieser handlungsunfähig war.

Das Prinzip des *mutō dori* hatte Sekishūsai aus der Beschäftigung mit einem *kōan* seines Lehrers Kamiizumi Nobutsuna entwickelt. Nobutsuna hatte einmal im Garten des Myōkō-Ji-Tempels in Owari gesessen und selbstvergessen Schriftzeichen in den Sand gemalt, als ihn von hinten ein Verrückter mit einem Schwert angriff. Es gelang ihm aber, den An-

---

[150] Vgl. S. 74 ff.

[151] Als Yagyū Sekishūsai und sein Sohn Munenori dem Fürsten Ieyasu zum ersten Mal das *mutō dori* vorführten, hatte Toyotomi Hideyoshi noch die Vormacht im Land. Die Schlacht von Sekigahara, die die Machtverhältnisse zugunsten der Tokugawa entschied, fand erst sechs Jahre später statt, am 21. Oktober 1600. – Siehe auch Fußnote 144 auf S. 184. – Anm. d. Lekt.

greifer auch ohne Waffe niederzuringen, und er meinte, dass man diese Erfahrung in eine beherrschbare Technik eines »nicht tödlichen, den Menschen bewahrenden Schwertes« umwandeln sollte. Diese Aufgabe übertrug er allein seinem Schüler Sekishūsai, dem er mehr als allen anderen vertraute. Im *Heihō kaden sho*[152] heißt es zu Beginn des Abschnitts über das *mutō*:

> *Das* mutō-*Prinzip erfordert nicht immer, dem Gegner das Schwert wegzunehmen. Es geht auch nicht darum vorzuführen, wie man jemandem das Schwert wegnimmt, um damit Ruhm zu ernten. Wenn man selbst kein Schwert hat, aber von jemandem mit einem Schwert angegriffen wird, ist das* mutō. *Nur zu zeigen, wie man es wegnimmt oder dergleichen, ist dabei nicht die Hauptsache.*

Im weiteren Verlauf des Textes werden einige für das *mutō* wichtige Punkte behandelt.

> *Dass der Gegner nicht will, dass man ihm sein Schwert wegnimmt, heißt nicht, dass man es ihm unbedingt wegnehmen muss. Folglich ist auch* mutō, *wenn man jemandem, der sein Schwert nicht loslassen will, das Schwert lässt. Wenn jemand darauf achtgeben muss, dass man ihm nicht sein Schwert entreisst, ist sein Denken darauf konzentriert, wie er es behalten kann, und er kann folglich keinen Menschen erschlagen. Schließlich hat man dann gesiegt, wenn man nicht mit dem Schwert erschlagen wird.* Mutō *ist eine Technik dafür, dass man nicht mit einem Schwert geschlagen wird, wenn man selbst keines hat.*
>
> Mutō *ist mehr als nur eine Technik, die dazu dient, jemandem das Schwert wegzunehmen.* Mutō *bedeutet auch, dass man verschiedenste Gerätschaften als Waffe nutzen kann, die vielleicht gar nicht dafür vorgesehen sind. Um mit* mutō *dem Gegner das Schwert zu entwenden, kann man alles, was man in der Hand hat, zur Waffe machen. Die seelische Einstellung, die dem zugrunde liegt, ist* mutō. *Man kann zum Beispiel mit einem Fächer siegen, oder man kann auch mit einem Bambusstock einen Gegner kontrollieren und siegen.* Mutō *heißt nicht, einfach nach vorn zu gehen und dem Gegner das Schwert wegzunehmen, auch nicht, dass man den anderen niederschlagen will. Wenn der Gegner zuschlägt, dann nimmt man ihm das*

152 Text über die Familientraditionen in der Kriegskunst. Neben Yagyū Munenori, der als wichtigster Autor gilt, schrieben bereits sein Vater Yagyū Sekishūsai und dessen Lehrer Kamiizumi Nobutsuna an dem Werk. – Anm. d. Lekt.

Schwert weg, weil einem nichts anderes übrig bleibt. Dafür muss man die Distanz gut wahrnehmen. Wenn man die Distanz kennt, auf die das gegnerische Schwert nicht trifft, braucht man das angreifende Schwert nicht zu fürchten. Wenn es den eigenen Körper treffen kann, dann nimmt man dem Gegner das Schwert weg. Siegen bedeutet, die Kontrolle über den Gegner zu erlangen. Darauf kommt es an.

Mutō *heißt, einen Seelenzustand zu erreichen, in dem man bereit ist, mit einem bewaffneten Gegner zu kämpfen und dabei selbst lediglich über die bloße Hand als Waffe zu verfügen. Das Schwert ist lang, und die Hand ist kurz. Also muss man sich dem Körper des Gegners soweit nähern, dass man von seinem Schwert getroffen werden kann. Deshalb muss man dafür sorgen, dass das Schwert des Gegners am Körper vorbeigeht. Der eigene Körper muss unter den Schwertgriff gelangen, und mit einer Körperdrehung drückt man dann das Schwert nach unten. Die* mutō-*Technik funktioniert also nur, wenn man an den Körper des Gegners herangeht und mit ihm mitgeht.*

Das liest sich wie eine Erläuterung des Karate. Der Yagyū-Stil als Schwerttechnik zur Selbstverteidigung, als »Schwert, das nicht tötet, sondern Leben bewahrt«, war in seiner höchsten Entwicklungsstufe als *mutō dori* sozusagen bereits Karate. Karate wurde von den alten Meistern auf Okinawa aus einer tiefen Krisensituation heraus entwickelt, die darin bestand, dass sie durch den Satsuma-Adel ihrer Schwerter beraubt waren und sich unbewaffnet gegen deren gefürchtete Jigen-Schwerttechnik behaupten mussten. Der historische Zufall wollte es, dass das Karate sich aus einem dem *mutō dori* gleichenden Grundprinzip entwickelte, der Essenz der unübertroffenen Yagyū-Schwerttechnik.

Yamaoka Tesshū und das mutō dori

Auch der große Schwertmeister des Ittō ryū, Yamaoka Tesshū (1836-1888), erreichte schließlich das technische und seelische Niveau des *mutō* und entwickelte daraus das Mutō ryū. So gelangte auch der Ittō-Stil, der einem zum Yagyū-Stil völlig gegensätzlichen technischen Prinzip folgt, auf dem Weg der Annäherung an das Ideal des *go no sen*, des Vorgreifens aus der Defensive, in die Sphäre des *mutō*. Auch er erreichte den Zustand des *mute-Karate*, des Kampfes ohne Waffen, mit leerer Hand.

In einer von Tesshū verfassten Schrift[153] heißt es:

> Mutō *bedeutet, dass man außerhalb seiner Seele* (kokoro) *kein Schwert hat, und dass die Seele drei Welten vereint. Diese drei Welten sind Vergangenheit, Gegenwart und Zukunft. In dieser seelischen Einheit sind das Innen und das Außen zu einem Ganzen verschmolzen. Wenn man in diesem Zustand vor den Feind tritt, ist vor einem nicht der Feind und vor dem Feind nicht das eigene Selbst. Diesen wundersamen Zustand der Ortlosigkeit, in dem das Selbst keine Spur hinterlässt, nennt man* mutō.

In seiner Abhandlung »Über Lüge und Wahrheit in der Schwertkunst«[154] schreibt er: »Das wahre Wesen der richtig überlieferten Schwertkunst liegt nicht in einer besonderen Regel. Man überlässt einfach dem Feind die Initiative und bekommt den Sieg.« Auch das entspricht dem Prinzip des »lebensbewahrenden Schwertes« des Yagyū-Stils, des durch seelische Reinigung und Preisgabe aller fixen Körperhaltungen oder Kampfstellungen erreichten »Geradestehens« (*tsuttatsu*). Diese Stellung bedeutet, dass man eine Bereitschaftshaltung einnimmt, ohne sie tatsächlich einzunehmen (*kamae atte kamae nashi*). Die Bedingung hierfür ist, dass man in der Lage ist, seine Gedanken vollständig zum Stillstand zu bringen (*kyoshin-tankai*). In diesem Zusammenhang muss auch der berühmte Schwertmeister Asari Matashichirō genannt werden, der für die »lautlose *kamae*« (*oto nashi no kamae*), also die nicht wahrnehmbare Kampfstellung, berühmt wurde.[155] Er gehörte zu den besten Technikern des Ittō-Stils. Wieder einmal zeigt sich, dass der nach der technischen Logik zum Yagyū-Stil gegensätzliche Ittō-Stil in letzter Konsequenz auch zum *mutō* führt.

Eigentlich ist das aber selbstverständlich. Wenn man mit Waffen kämpft, kann man nicht, wie beim Kampf mit bloßer Hand, zugleich eine Angriffs- als auch eine Verteidigungshaltung einnehmen. Angriff und Verteidigung folgen aufeinander, beides mit der jeweils entsprechenden Haltung. Das

---

[153] *Ittō seiden mutō ryū heihō jūni kajō kōyakusho.* Die zwölf kampftechnischen Regeln des *mutō* entsprechend der richtigen Überlieferung des Ittō-Stils in umgangssprachlicher Formulierung. – Anm. d. Übers.

[154] *Kempō shingi ben.*

[155] Siehe S. 196 ff.

bedeutet eine weitere Einschränkung. Immerhin hat man nicht immer Waffen zur Hand, zum Beispiel wenn man schläft oder in der Badewanne sitzt. Wer nur den Kampf mit der Waffe beherrscht, weiß nicht, wie er sich in solchen Situationen verteidigen soll.

Will man zu einer Kampftechnik vordringen, bei der Angriffs- und Verteidigungshandlungen zu einer Einheit verschmelzen, muss man sich sowohl von Kampfstellungen (*kamae*), als auch vom Schwert, das heißt von den Waffen, trennen. Am Ende kommt man zur Waffenlosigkeit.

Vom Standpunkt der Seele aus betrachtet, besteht die beste Art der Selbstverteidigung jedoch darin, nicht zu kämpfen. Man muss einen feinen Sinn dafür entwickeln, Gefahr wahrzunehmen, um in der Lage zu sein, sich vom Ort der Gefahr zu entfernen. Das bedeutet aber nicht, einfach aus Furcht wegzulaufen. Für die Seele, die die Einheit mit Himmel und Erde erreicht hat, gibt es keine Notwendigkeit mehr, ein Schwert zu tragen. Man ist eins mit der Welt, und die Welt ist *mutō*.

Karate und das Yagyū-rūy

Nach meiner Ansicht kommt das Karate technisch dem Yagyū-Stil am nächsten. Wie das Karate ist der Yagyū-Stil eine Kampftechnik, die im Kern der Selbstverteidigung dient. Idee und Technik des *mutō dori* sind im Karate auf das höchste Niveau gehoben. Karate hat sich sowohl technisch als auch psychologisch aus der Essenz des Schwertkampfes entwickelt. In gewissem Sinne wird von einem Anfänger im Karate gefordert, dass er einen Zustand versteht, den in der Schwertkunst sehr weit Fortgeschrittene erleben. Da man demzufolge unvermittelt sowohl in ideeller als auch in technischer Hinsicht der Essenz der Schwertkunst ausgesetzt wird, wird es noch schwieriger, das Karate richtig zu verstehen. Dazu kommt noch, dass über das alte Karate nichts schriftlich überliefert wurde. Für das Verständnis des Karate sollte man daher die alten Stile der Schwertkunst studieren. Besonders die Erklärung des Yagyū-Stils beinhaltet einen Reichtum an Begriffen und Ausdrücken, den man in anderen Stilen nicht findet. Das liegt daran, dass der Yagyū-Stil als Hausstil der Shōgune bestimmte Formen wahren musste und man in engem Zusammenwirken mit Zen-Meistern bewusst ein komplexes metaphysisches und psychologisches Lehrsystem schaffen wollte.

Karate ist eine waffenlose Kampfkunst, in der man relativ rasch vorankommen kann. Es ist aber von Leuten, die es nur wegen seiner oberflächlichen Effizienz studierten, auch zu einer einfachen Prügel-Technik gemacht geworden. Deshalb wurden früher die Leute für das Karatestudium streng ausgewählt. In seinem Buch »Die Heiligen des Schwertes der Shōwa-Zeit«[156] schrieb Meister Nakayama Hiromichi (1873-1958): »Karate ist die leere Hand als Schwert«. Und genauso ist es. Hände und Füße des Karate-Kämpfers sind gefährlich wie ein Schwert. Das ist nicht etwa eine platte Metapher. Sowohl in geistiger als auch in technischer Hinsicht ist Karate buchstäblich das Schwert, das man nicht hat.

Dass Tokugawa Ieyasu den Yagyū-Stil zum Hausstil machte, lag nicht nur daran, dass er das *mutō dori* für das Ideal der Schwertkunst hielt. In einer Zeit, in der sich die Feuerwaffen immer mehr verbreiteten, sah er darin auch einen Weg für die Soldaten, auf dem sie in eine Welt des ewigen Friedens gelangen könnten, in der man die Schwerter nicht mehr brauchen würde. Der Yagyū-Stil war die Kampftechnik, mit der man die neue Welt auf friedliche Weise beherrschen und mit der die Persönlichkeiten der Krieger des Klans gestählt werden konnten.

Das Karate, dessen Ausgangspunkt dem *mutō dori* des Yagyū-Stils entspricht, ist in unseren Tagen, mit der Zunahme der ethnischen Konflikte nach dem Zusammenbruch der Strukturen des Kalten Krieges, zu einer Faust des Friedens, der Bewahrung des Lebens geworden. Es trägt dazu bei, eine Welt zu schaffen, in der man mit anderen gemeinschaftlich in Frieden zusammenlebt. Unser Zeitalter verlangt nach dem Karate wie kaum eines zuvor. Es muss aber an dieser Stelle wiederholt werden, dass das Karate als die »Leben bewahrende Faust« (*katsunin ken*) trotzdem eigentlich die »den Menschen tötende Faust« (*satsunin ken*) ist. Nach Jahren anstrengenden und schwierigen Trainings wird ein kämpferisches Niveau erreicht, auf dem man in der Lage ist zu töten. Ist man aber so weit gekommen, begreift das »Herz« (*kokoro*) die Sinnlosigkeit des Tötens und die Wichtigkeit, das Leben der anderen zu bewahren. Diesen Zustand erreicht

---

[156] Siehe Fußnote 89 auf S. 127.

man nicht, indem man einfach nachdenkt oder am Schreibtisch sitzt. Er entsteht aus der konkreten Praxis. Die »Leben bewahrende Faust« ist ein seelischer Zustand, der aus dem Streben nach der »Menschen tötenden Faust« entsteht. Man erlernt eine körperliche Technik, die mit dem Einsatz des Lebens verbunden ist. Und am Ende tötet man tatsächlich das Selbst, indem man sein Ego überwindet.

Sich an den Enden von Seilen, die vom Ast eines hohen Baumes herunterhängen und durch ein Rundholz miteinander verbunden sind, wie mit einer Schaukel auf einen gegenüberliegenden Baum zu schwingen und so einen Feind überraschend aus der Distanz angreifen zu können, gehörte zum kampftechnischen Repertoire der Ninja. Die Schaukel ist ein gutes Gleichnis für diese beiden gegensätzlichen Arten der »Faust«. Der Aufschwung der Schaukel symbolisiert das Streben nach der »Faust, die Menschen tötet«. Hierfür setzt man alles ein, Körper, Geist und Seele. Am höchsten Punkt des Aufschwungs hat man dieses Ziel erreicht, und das »Opfer« ist das eigene Selbst. In diesem Augenblick kehrt die Schaukel abrupt um. Das Zurückschwingen symbolisiert die Negation des bisherigen Ziels, und man ist nun auf dem Weg zur »Faust, die Leben bewahrt« und damit zur wahren Bestimmung des Karate.

2.4 Die »lautlose kamae«

Die Erleuchtung des Yamaoka Tesshū

Als kurz vor dem Zusammenbruch der Tokugawa-Regierung im Jahre 1868 die vereinten Truppen der südlichen Fürsten nach Edo vordrangen, drohte die Hauptstadt in einem Flammenmeer zu versinken. In dieser Situation gelang es Yamaoka Tesshū mit Mut und Besonnenheit, den Generalstabschef der Angreifer, Saigō Takamori, zu Verhandlungen mit dem Kommandeur der Regierungstruppen, Katsu Kaishū, zu bewegen. Dadurch wurde die friedliche Übergabe der Burg von Edo möglich. Der Mann, der Edo rettete, war auch ein Meister des Schwertes.

Yamaoka Tesshū (1836-1888) war der Meisterschüler von Chiba Shūsaku (1784-1855), der das Hokushin Ittō ryū begründet hatte. Bereits im

Alter von 20 Jahren war Tesshū als Kämpfer gefürchtet, und man nannte ihn ehrfurchtsvoll »eiserner Dämon« (*oni tetsu*)[157]. Er war aber nicht nur in der Schwertkunst bewandert, sondern auch ein kluger und geistvoller Mensch. Schon mit 15 Jahren verfasste er die »20 Regeln der Moralerziehung«. Aber so hervorragend seine Techniken und sein Geist auch sein mochten, es gab doch einen Schwertmeister, an den er nicht heranreichte. Das war Asari Matashichirō, der Lehrer seines eigenen Lehrers Chiba Shūsaku. Man rühmte ihn auch als »Mann ohne Feinde«. Tesshū begegnete ihm zum ersten Mal im *dōjō* von Meister Chiba. Aber ohne dass sich ihre Bambusschwerter überhaupt berührt hatten, war er schon besiegt, und zwar vollständig. Daraufhin wurde auch Tesshū Schüler von Matashichirō.

Asari Matashichirō war bekannt für sein Agieren aus der Defensive (*go no sen*). Er ließ den Gegner kommen und schlug dann zu. Seine Bereitschaftshaltung nannte man die »lautlose *kamae*«[158]. Die »lautlose *kamae*« kennt man aus dem Buch »Der Große Buddha-Pass«[159] von Nakazato Kaizan (1885-1944). In diesem Roman wurde die geheime Schwerttechnik des Hauptthelden Tsukue Ryūnosuke so bezeichnet. Das historische Vorbild für diese Romanfigur war der Samurai Takayanagi Matashirō, der im frühen 19. Jahrhundert lebte. In der Abhandlung »Das Geheimwissen der Schwertkunst« von Chiba Shūsaku wird darüber berichtet, wie Takayanagi Matashirō einen Gegner im Kampf mit Bambusschwertern besiegte, ohne ihn zu berühren, und einer seiner Schüler bezeichnete diese Technik als »lautlose *kamae*«. Aber nirgendwo sonst in der einschlägigen Literatur kann man den Begriff »lautlose *kamae*« finden, was jedoch nicht bedeuten muss, dass es sich dabei nur um eine Romanerfindung handelt.

---

[157] *Oni*: (jpn.) Dämon; *tetsu*: (jpn.) Eisen. Tetsu ist ein Wortspiel mit seinem Vornamen, der aus den Kanji für *tetsu* (Eisen) und *shu* (Boot) zusammengesetzt ist.

[158] *Oto nashi no kamae.*

[159] *Dai bosatsu tōge.* Ein aus 41 Bänden bestehender Roman, der ab 1913 über ca. zehn Jahre hinweg in Fortsetzungen veröffentlicht wurde und der, obgleich unvollendet geblieben, zu den umfangreichsten Werken der Weltliteratur zählt. – Anm. d. Lekt. – Der große Buddha-Pass ist ein 2057 m hoher Pass nahe der Stadt Shioyama in der Präfektur Yamanashi. – Anm. d. Übers.

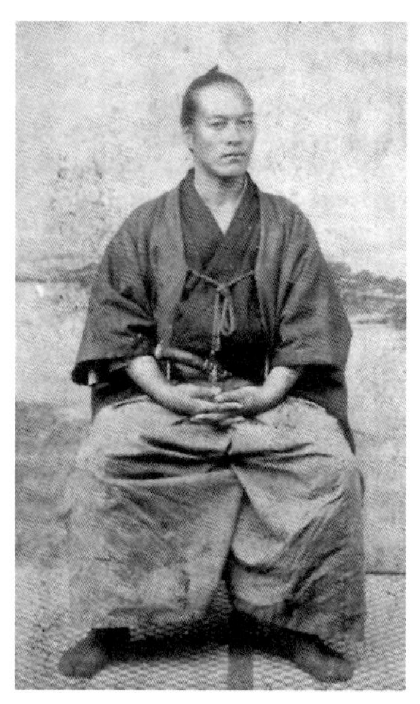

Foto 95: Yamaoka Tesshū.

Im Ittō ryū gibt es eine Bereitschaftshaltung, die man »*kamae* des verschleierten oder blauen Blicks«[160] nennt. Diese Stellung nennt man vereinfacht ebenfalls »lautlose *kamae*«. Tesshū begriff, dass es sich bei der »lautlosen *kamae*« nicht um eine bestimmte Körperhaltung oder um irgendeine Technik handelte, sondern eher um einen Seelenzustand. Er entsann sich auch der Worte, die sein Schwiegervater, Yamaoka Seizan, zu sagen pflegte: »Nicht die Technik verhilft zum Sieg, sondern die Moral«. Er begriff, dass er, um all dies wirklich begreifen zu können, um letztendlich zu verstehen, wie Asari Matashichirō ihn hatte besiegen können, seinen Geist schulen musste. Deshalb beschloss er, bei dem berühmten Meister Seijō Zen zu studieren. Obgleich dessen Ryūtaku-Ji-Tempel in Izu 20 Meilen[161] entfernt lag, besuchte er den Meister immer zu Fuß. Später führte er seine Studien bei einem anderen Zen-Meister, Ganō, fort, der im Kenchō-Ji-Tempel in Kamakura lehrte. Dort ließ man ihn über den Spruch »Alles kommt aus der Leere« (*honrai muichi motsu*) meditieren. Dieser Meditationsspruch lehrte: »Wenn man vor dem Gegner Angst hat, kann man nicht gewinnen. Solange das Schwert von Matashichirō in deiner Seele bleibt, sind auch Leben und Tod in deiner Seele. Aber ein Krieger, der noch an Leben und Tod denkt, ist kein wirklicher Krieger. Das ist der Sinn des Spruchs.« Trotzdem fühlte sich Tesshū Matashichirō nicht gewachsen. Noch zehn Jahre nach seiner Niederlage verkrampften sich Körper und Seele im Angesicht von Matashichirō. Auch als er nach 1868, in der Meiji-Zeit, ein eigenes *dōjō* eröffnet hatte und dem Kaiser (*Tennō*) Meiji persönlich dienen durfte, gelang es ihm nicht, die »lautlose

[160] *Kasumi sei gan no kamae.*

[161] Rund 80 km. – Anm. d. Lekt.

kamae« von Matashichirō zu überwinden. Tesshū, der Schwertmeister des Yamaoka-*dōjō*, ein Mann von hoher Moral, der das volle Vertrauen des *Tennō* genoß, der überall im Land die erstklassigen Schwertkämpfer in die zweite Reihe stellte, blieb gegenüber Matashichirō wie gelähmt. Ob er wach war oder schlief, immer wieder blinkte die Schwertspitze von Matashichirō hinter seinen Augenliedern auf. Er trainierte ohne Unterlaß. Manchmal soll er im *dōjō* sogar mit dem Bambusschwert (*shinai*) im Arm geschlafen haben. Für Tesshū war das Schwert von Matashichirō selbst zum Meditationsspruch geworden. Einmal begab er sich zum Tenryū-Ji Tempel in Kyōto. Dort bat er den Priester Tekisui um Rat. Dieser sagte ihm: »Das ist nur deshalb so, weil du eine beschlagene Brille trägst, obwohl du eigentlich frische und klare Augen hast. Wenn du die Brille ablegst, bist du so frei, dass du den Mond siehst, wie er wirklich ist.« Außerdem gab er ihm folgenden *kōan* mit auf den Weg. »Schwert und Speer retten dich nicht. Im Geschick und im Flammenschein des Lotus liegt die Kraft, die bis an den Himmel stößt.«

Eines Morgens, 23 Jahre nachdem Tesshū Schüler von Matashichirō geworden war, saß er beim *zazen.*[162] Plötzlich wurde sein ganzes Wesen wie von einem Blitzstrahl erleuchtet und in diesem Moment verschwand das Gesicht von Matashichirō aus seinem Geiste, das dort wie eingebrannt gewesen war. Auch als er aufstand und sein Bambusschwert ergriff, trat das Bild nicht mehr vor sein geistiges Auge. Nachdem der Zen-Meister Tekisui Washō die Erleuchtung Tesshūs anerkannt hatte, begab sich dieser unverzüglich zu Matashichirō. Als dieser Tesshū mit dem Bambusschwert kommen sah, nickte er verstehend, und unter Tränen soll er folgendes gesagt haben: »Gut, dass du die Dinge soweit verstanden hast. Genau das ist das *musō ken* (das ›Schwert als Vorstellung‹ und zugleich das ›Schwert des Nicht-Denkens‹).[163] Das ist die Essenz dessen, was unsere alten Meister wollten. Jetzt gibt es nichts mehr, was ich dir noch erklären müsste. Yamaoka, das hast du gut gemacht. Danke.«

---

[162] Dies soll sich an einem Märzmorgen im Jahre 1880 zugetragen haben. – Habersetzer, R. u. G.: Enzyklopädie der Kampfkünste des Fernen Ostens. Chemnitz: Palisander Verlag 2019.

[163] *Musō ken* ist zum einen das Schwert des Meisters als bedrohliche Vorstellung im Geist des Gegners und zugleich die Fähigkeit, diese Vorstellung durch Nicht-Denken zu löschen. – Anm. d. Übers.

Nach dieser Erfahrung der Erleuchtung (*satori*) gab Yamaoka Tesshū der von ihm gelehrten Form des Ittō-Stils den Namen Mutō ryū.

»Im Karate gibt es keine kamae«

Was die »lautlose *kamae*« eigentlich ist, unter der Yamaoka Tesshū 23 Jahre lang gelitten hatte, der Mann, der vom Oberbefehlshaber der Tokugawa-Truppen Katsu Kaishū als »größter Krieger und treuer Diener Japans« bezeichnet wurde, davon ist kein Bild überliefert, und man kennt auch keine Technik mit diesem Namen. Worum also handelt es sich dabei tatsächlich?

Seit alter Zeit gilt für das Karate, »dass es *kamae* gibt und zugleich nicht gibt«[164]. Im *kumite* oder in einem Wettkampf tritt man seinem Gegner normalerweise in einer bestimmten Bereitschaftshaltung (*kamae*) gegenüber. Es gibt *kamae*, bei denen beide Hände hochgehalten werden (*jōdan*) oder solche, bei denen die Hände natürlich an den Seiten herunterhängen (*shizen tai*). Es gibt die verschiedensten Arten von *kamae* mit unterschiedlichsten Bezeichnungen, die Kreuzstellung (*kake no kamae*), die »Katzenpfoten«-Stellung (*nekoashi gamae*) und viele andere. Dies steht scheinbar im Widerspruch zu der These, dass es im Karate keine *kamae* gibt. Tatsächlich ist das aber kein Widerspruch. Viele Karatelehrer versuchen, das Problem leichter verständlich zu machen, indem sie sagen, dass es zwar im Karate keine *kamae* gibt, dafür jedoch in der Seele (*kokoro*). Das erleichtert das Verständnis aber auch nicht unbedingt.

»Überlass dein Herz nicht den verwirrenden Wünschen, denn es folgt ihnen allzu gern«[165], besagt ein altes Lied. Das heißt, es ist auch nicht gut, wenn sich die Seele gefangennehmen oder fixieren lässt. Um »im Herzen keine Verwirrung zuzulassen«, muss, wie Zen-Meister Takuan[166] sagte, die

[164] *Karate wa kamae atte kamae nashi.*

[165] *Kokoro koso kokoro mayowasu kokoro nare. Kokoro ni kokoro kokoro yurusu na.*

[166] Takuan Sōhō Zenshi (1573-1645): Buddhistischer Mönch der Rinzai-shu-Richtung des Zen-Buddhismus. Er war außerdem Poet, Maler, Kalligraph, Meister der Teezeremonie (*chadō*) und Meister im Schwertkampf. Er ist berühmt für seine Schriften über das Verhältnis von Zen und den Kampfkünsten seiner Zeit, insbesondere mit Bezug auf das Kenjutsu. 1608 wurde er Vorsteher des Daikoku-ji-Tempels von Kyōto. Auf Bitte des Shōguns

»unerschütterliche Weisheit« (*fudōchi*) in der Seele fest verankert sein, denn diese Weisheit in ihren Tiefen sei es, die die Seele wieder heimführen könne, wenn sie sich verirrt habe. Yagyū Munenori, der unter den Shōgunen Ieyasu, Hidetada und Iemitsu aus dem Tokugawa-Klan als oberster Berater für Kampftechnik diente, war bekanntlich dem Zen-Meister Takuan eng verbunden. Takuan verfasste für Munenori auch die Schrift »*Über die Geheimnisse der unerschütterlichen Weisheit*«.[167] Er führt darin aus, dass die Seele des Menschen nicht nur einer Sache verhaftet sein und bei irgend etwas verharren dürfe. Denn wenn die Seele von einer Sache gefangen sei, könne sie sich nicht anderen Gegenständen zuwenden.

> *Die Tausendhändige Kannon hat wohl tausend Hände. Wenn sich ihre Seele aber nur der einen Hand widmet, die einen Bogen hält, sind die übrigen 999 Hände nutzlos. Wenn beim Betrachten eines Baumes die Seele gefangen ist vom Anblick seiner Blüten, kann man die Blätter nicht sehen. Verharrt die Seele nicht, sieht man den ganzen Baum. Die tausend Hände der Tausendhändigen Kannon zeigen, dass man gleichzeitig mit tausend Händen agieren kann, wenn nur die Seele von der »unerschütterlichen Weisheit«* (fudōchi) *erfüllt ist. Wenn die Aufmerksamkeit auf das Schwert des Gegners gerichtet und die Seele von diesem Schwert gefangen ist, wenn man also nur auf das Schwert achtet, achtet man nicht auf anderes. Liegt die Aufmerksamkeit bei den Augen, vergisst man die Beine. Verharrt die Seele rechts, vergisst man links. So kann man den Feind nicht besiegen. Erfüllt die Seele aber den ganzen Körper, geht die Aufmerksamkeit dorthin, wo sie gebraucht wird.*
>
> *Wenn während eines Schwertkampfes jemand von den umstehenden Leuten in einem entscheidenden Augenblick* »tajima!«[168] *ruft, und man überlegt*

Tokugawa Iemitsu begab er sich nach Edo (Tokio) und gründete den Tempel Tōkai-ji in Shinagawa. Auf Wunsch seines Schülers und Freundes Yagyū Munenori verfasste er einen Brief (*taiaki*), welcher tatsächlich eine echte Anleitung für die Praxis der Kampfkünste im Geiste des Zen darstellt (*Fudōchi shinmyō roku*). Darin entwickelt er das Konzept des *mushin* und stellt vor allem die Beziehung zwischen dem Geistigen (*ri*) und der Technik (*gi* oder *waza*) heraus, die er in dem berühmten Aphorismus »Schwert und Zen sind eins« (*ken zen ichi*) zusammenfasst. Seine Lehren beeinflussten auch die Forschungen seines Zeitgenossen Miyamoto Musashi. – Habersetzer, R. u. G.: Enzyklopädie der Kampfkünste des Fernen Ostens. Chemnitz: Palisander Verlag 2019.

[167] Fudōchi shinmyō roku. Deutsche Ausgabe: Sōhō, Takuan: Das Tor zur heiteren Gelassenheit. Frankfurt am Main: Angkor Verlag 2006.

[168] Geographische Bezeichnung für den Norden der Präfektur Hyōgo, aber auch ein Synonym für Munenori. – Anm. d. Übers.

dann, wer dies gerufen haben könnte und aus welchem Grunde, und man dreht sich sich dabei vielleicht sogar um oder antwortet irgend etwas, wird man in diesem Moment vom Gegner geschlagen. Nur wer auf einen solchen Einwurf vielleicht kurz und knapp reagiert, ansonsten darüber aber nicht den leisesten Gedanken vergeudet oder seine Aufmerksamkeit daran verschwendet, ist in der Lage, sich allen Umständen anzupassen.

Wenn man bei einer Zen-Übung gefragt wird, wer oder was Buddha sei, kann man alles mögliche antworten. Man kann sogar sagen, Buddha sei ein Hund oder eine Pflaumenblüte. Man muss es aber sagen, ohne erst darüber nachzudenken. Leute, die bei dieser Frage anfangen nachzudenken, sind voller Leiden schaffender weltlicher Wünsche. Auch, wenn man tanzen lernt, denkt man anfangs darüber nach, wie man zum Beispiel den Arm ausstreckt. Sobald man ihn ausstrecken muss, oder wenn man einen Schritt macht, überlegt man, wie das in den Augen der anderen wohl aussehen möge. Kann man aber wirklich tanzen, dann tanzt man, als wäre man allein. Die Seele verharrt nirgendwo. Das ist die höchste Kunst, und das gleiche gilt für den Schwertkampf.

Ein aus dieser Lehre abgeleiteter Begriff ist *happō yabure*. Er bedeutet »in acht Richtungen (überall) kaputt«, also überall löchrig und demzufolge durchlässig. In einem solchen Zustand verharrt die Seele nicht an einem Ort. Deshalb bleibt man eigentlich auch auf halbem Wege stehen, wenn man die These akzeptiert, im Karate gebe es keine *kamae*, dafür aber in der Seele. Man muss bis zu der tiefen Wahrheit vordringen, dass es weder im Karate noch in der Seele eine *kamae* gibt. Diesen Zustand kann man auch in dem Zeichen erfassen, das »Leere« oder »Nichts« bedeutet und sich auf Japanisch unter anderem *mu* liest. Wenn man dieses Zeichen »durchdringt«, das heißt, wenn man es im Zustand innerer Stille schreibt oder betrachtet, kann man die Essenz des Karate-Weges körperlich erfahren. In einem alten Gedicht heißt es: »Der Mond spiegelt sich im Hirosawa-Teich, ohne es zu wollen, und das Wasser spiegelt ihn, ohne es zu wollen.«[169] Den gleichen Zustand beschreibt der Satz »Im Karate gibt es keine *kamae*«.

[169] *Utsusu tomo mizu wa omowazu utsuru tomo tsuki wa omowanu hirosawa no ike.* – Der Teich Hirosawa war während der Heian-Periode als Teil eines Tempelgartens durch den Enkel von Kaiser Uda (887–897) angelegt worden. Der Tempel ist inzwischen verfallen, aber der Teich blieb bestehen. Der Hirosawa no Ike ist ein weithin bewundertes Gewässer, und ihm wurden zahlreiche Gedichte gewidmet. – Anm. d. Lekt.

Im *Bubishi* gibt es die »Acht Grundsätze des Kempō« (*Kempō hakku*). Der erste davon lautet: »Das Herz des Menschen sei wie Himmel und Erde.« Das heißt, Himmel, Erde und Menschen haben den gleichen Ursprung. Wir Menschen sind eins mit allen Dingen. Deshalb können wir auch seelisch eins werden mit Himmel und Erde, der Welt, dem Kosmos. Wenn man so weit erleuchtet wird, dass man in diesen Zustand der seelischen Einheit mit der Welt kommt, muss man dem Gegner nicht mehr unruhig entgegentreten und darüber nachdenken, wie man sich auf ihn einstellen soll: »Wahrscheinlich kommt er von da. Wenn er es so macht, dann gehe ich so vor … Kommt er aus der anderen Richtung, mache ich es so …« Man darf nicht übermäßig angespannt reagieren (»komm nur, komm!«), aber auch nicht angeberisch teilnahmslos tun. Im Zustand der Einheit mit der Welt ist die Seele rein und ruhig. So reagiert man auf die seelischen Bewegungen des Gegners seelisch und auf die körperlichen Bewegungen des Gegners körperlich. Und das geschieht in einem winzigen Augenblick, als unglaublich kleine Aktion in einem extrem kurzen Moment. Die »lautlose *kamae*« von Asari Matashichirō war sicher ein solcher Zustand ohne jede *kamae*.

Der »gegenseitige Rückzug« (ainuke)

Wenn sich Kämpfer gegenüberstehen, die die »lautlose *kamae*« verkörpern, wird das Vermögen zu kämpfen (*bu*) aufs äußerste gesteigert. Aus *bu* wird *bun* (Kulturgut). Harigaya Sekiun (1592-1662), der Begründer des Mujū Shinken ryū, bezeichnete eine Begegnung dieser Art als *ainuke*[170]. Als der erleuchtete Tesshū auf Matashichirō traf, war das ein solches *ainuke*-Ereignis.

Es gibt in der Geschichte noch viele andere Beispiele dafür, dass Kämpfer sich begegneten, ohne zu kämpfen, weil sie unmittelbar das Potential des jeweils anderen erkannten, die Schwerter zogen und wieder einsteckten und den Kampf durch bloßes Gegenüberstehen entschieden. So wird

---

[170] *Ainuke*: (jpn.) Situation der Konfrontation zweier Gegner, in welcher der Kampf unmöglich geworden ist, weil sich die Energien (*ki*) beider plötzlich vereinigt haben. Die Gegner befinden sich im Zustand vollendeter geistiger Harmonie (*aiki*), und es kann daher weder Sieger noch Besiegten geben. – Habersetzer, R. u. G.: Enzyklopädie der Kampfkünste des Fernen Ostens. Chemnitz: Palisander Verlag 2019.

beispielsweise von einem Kampf zwischen Kamiizumi Nobutsuna und Taki Gosho berichtet, in dem beide, der eine das Schwert in der oberen, der andere das Schwert in der mittleren Position, einander fast 30 Minuten gegenüberstanden, dann ihren Respekt voreinander zollten und sich wieder trennten. Mitte des 19. Jahrhunderts trafen Shirai Tōru und sein Lehrer Terada Munenori aufeinander oder auch Shimada Toranosuke und Odani Nobutomu, beides Lehrer von Katsu Kaishū. Auch sie steckten die Schwerter wieder ein, ohne zu kämpfen.

Typisch in diesem Zusammenhang war auch der Prüfungskampf (*goku i shiai*) zwischen Harigaya Sekiun (1592-1662) und seinem Nachfolger Odagiri Ichiun (1629-1707). Durch derartige Prüfungskämpfe wurde darüber entschieden, ob einem Schüler die Meisterwürde zuerkannt werden konnte. Zwischen Sekiun und Ichiun gab es drei solcher Kämpfe, die alle mit einem gegenseitigen Rückzug (*ainuke*) endeten. Ichiun kommentierte das mit den Worten: »Der Tag des *ainuke*. Ich weiß nicht, was Sekiun vorhat. Er holt eine Gebetskette aus der Tasche, geht auf mich zu, zündet ein Räucherstäbchen an und verbeugt sich dann vor mir.« Das erinnert stark an die Szene, als Matashichirō die *kamae* von Tesshū sah und unter Tränen dessen Leistung anerkannte.

Folgt man den Gedanken von Thomas Hobbes, so ist in der menschlichen Gesellschaft jeder jedem feind, besteht das Dasein auf der Welt aus einem unendlichen Kampf.[171] Sekiun bezeichnete eine kampforientierte Geisteshaltung, die fordert, sich zu schlagen, allein getrieben von dem Gedanken an Sieg oder Niederlage, abfällig als »Tiergeist« (*chikushō shin*). Ein

---

[171] Thomas Hobbes (1588-1679): engl. Philosoph. Hobbes übertrug in seiner Philosophie die mechanistisch-naturwissenschaftliche Methode auf die Staats- und Gesellschaftslehre. Seine Ansichten fußen auf den Theorien von Naturzustand und Staatsvertrag. Im Naturzustand werden die Menschen durch den in der menschlichen Natur gegründeten Trieb zur Selbsterhaltung und damit verbunden durch ein unersättliches Machtstreben bestimmt (»*homo homini lupus*«, »Der Mensch ist dem Menschen ein Wolf«). Die unausweichliche Folge dessen wäre der Krieg aller gegen alle, wenn sie nicht alle ihre Macht durch einen uneingeschränkten Verzicht auf das natürliche Recht auf den »Souverän« übertrügen. Erst durch die so vollzogene Begründung des Staates (Staatsvertrag) kann die Willkür der nicht durch Normen gebundenen einzelnen durch die rechtsetzende Gewalt überwunden und der Friede gesichert werden. – Brockhaus Enzyklopädie in vierundzwanzig Bänden. Bd. 10. 19. Aufl. Mannheim: F. A. Brockhaus 1989.

Krieger, für den nichts zählt als Siegen oder Verlieren, stark oder schwach sein, verhält sich wie ein Tier.

Die höchste Ebene des bu übertrifft Zen

Man kann nicht wirklich über einen Gegner siegen, solange man sich an den Kampf um Sieg oder Niederlage klammert. Das ist auch im Sport nicht anders. Der frühere Trainer der Baseballmannschaft »Giants«, Nagashima, war in seiner aktiven Zeit davon überzeugt, dass der Ball immer dorthin fliegt, wo kein Fänger ist, wenn man nur Seele hineinlegt. Deshalb stand er auch jedesmal am Schlagpunkt. Und, wie man weiß, hat sich seine Überzeugung immer wieder bestätigt. Fukuda Masanosuke, der »Vater des japanischen Tennis«, der vor allem in der Taishō-Zeit, also in den Jahren vor und nach dem 1. Weltkrieg, als Sportler aktiv war, hinterließ eine »Tennisregel«:

> *Dieser eine Ball ist nur dieser eine absolut unwiederholbare Ball. Deshalb muss man seinen ganzen Geist und seinen ganzen Körper in diesen einen Schlag legen. Ein Ball, ein Schlag. An dieser Technik muss man feilen. Den Körper stählen, den Geist entwickeln. In diesen einen Schlag legt man sein ganzes jetziges Ich. – Das nenne ich die Seele des Tennis.*

Diese Haltung ist Ausdruck höchsten geistigen Niveaus. Auch im Sport, wo es um Sieg oder Niederlage geht, findet man erstklassige Athleten, die über die Sphäre von Sieg und Niederlage hinausgehen und den Zustand des »Absoluten im Relativen« erreichen. Um zu siegen, verwerfen sie den Kampf um Sieg oder Niederlage, denn je stärker der Siegeswille entwickelt ist, desto weniger wird man letztendlich siegen. Wenn man mit seinem Gegner gemeinsam die seelische Sphäre der Einheit mit der Welt erreicht und die Fähigkeit erlangt, in diesem seelischen Zustand Techniken zu entfalten und den Körper zu bewegen, erreicht man unweigerlich auch das Vermögen zum »gegenseitigen Rückzug« (*ainuke*). Die Gegner verschmelzen miteinander. Es gibt kein Ich und kein Gegenüber mehr. Es gibt kein Siegen und kein Verlieren. Wie viel Zeit auch vergehen mag, man kann sein Gegenüber nicht schlagen und das Gegenüber kann einen auch nicht schlagen. Das ist die höchste Ebene des Vermögens zu kämpfen (*bu*). Hier wird der Kampf der »Tiere« in Frieden verwandelt. In diesem Sinne denke ich, dass die höchste Ebene des *bu* das Zen übertrifft. Denn es gibt einen Beitrag zum Frieden, den nur das Budō erbringen kann.

Es gibt viele Karatelehrer, die die Versportlichung des Karate beklagen und meinen, man müsse deshalb Zen in die Karateausbildung integrieren. Andere plädieren für eine stärkere Einbeziehung des *Shugendō* oder *Shintō*.[172] Wie Meister Itosu 1909 in seinen »*Zehn Lehren*« schrieb, kommt das Karate jedoch weder aus dem Konfuzianismus, noch aus dem Buddhismus oder dem Taoismus und auch nicht aus dem Shintō.

In der Schwertkunst gab es stets eine sehr enge Verbindung von Schwertmeistern und Zen-Priestern. Das betraf, wie weiter oben geschildert wurde, zum Beispiel Yagyū Munenori und Zen-Lehrer Takuan. Gleich Kamiizumi Nobutsuna, Tsukahara Bokuden oder Yamaoka Tesshū kamen auch viele andere Schwertmeister mit Hilfe von Zen-Priestern zur Erleuchtung. Ebenso war es bei den alten Meistern auf Okinawa. Das heißt, die Erforschung des *bu* und die Logik des Zen stimmen überein. Aber das *bu* kommt nicht aus dem Zen. Der Ausdruck »Karate ist Zen in Bewegung« erklärt metaphorisch, dass die Meister des Karate auch ohne die Hilfe des Zen in die Sphäre des Zen gelangen. Durch die strenge körperlich-technische Ausbildung erreicht man sogar höhere Sphären der Erleuchtung als im Zen. Davon zeugen die vielen Berichte von Eingeweihten über grandiose Techniken früherer Meister des Karate, »deren Schläge keinen Laut verursachten«.

---

[172] *Shugendō*: (jpn.) »Weg des Wissens durch Askese«. Volksglaube, in den chinesischer Taoismus und japanisches *Shintō* und *Mikkyō* eingeflossen ist. Die Wurzeln sind im esoterischen *Tendai-shu-* und *Shingon-shu*-Buddhismus zu finden. *Shugendō* beruht auf der Praxis der Askese, wie sie durch den Shingon-Mönch Shōbō (Rigen Daishi) (832-909) festgelegt wurde. Das *Shugendō* entwickelte sich vor allem ab dem 12. Jahrhundert bei den Hijiri und den Yamabushi, asketischen Bergmönchen. Zu den asketischen Techniken zählten Bergsteigen, Meditation und Übungen unter eiskalten Wasserfällen (z. B. Beten, Meditation, *Mudra*-Handhaltungen, Katatechniken). Über die Yamabushi gelangten Kenntnisse aus dem *Shugendō* ins Ninjutsu.
Shintō: (jpn.) »Weg der Götter«. Einzige Urreligion Japans, bevor der Buddhismus dort Fuß fasste. Sie beruht auf einem Schamanismus, in dem die *kami* (Naturkräfte und höhere Wesenheiten) verehrt werden. Die Mythologie des *Shintō* ist sehr komplex. Die Sonnengöttin Amaterasu nimmt eine zentrale Stellung ein, und sie ist auch Grundlage der Legitimation der japanischen Kaiser (*Tennō*: (jpn.) »Sohn des Himmels«). – Habersetzer, R. u. G.: Enzyklopädie der Kampfkünste des Fernen Ostens. Chemnitz: Palisander Verlag 2019.

Ein Schwert mit stumpfer Klinge

Das Schwert, das tötet, kann zum Schwert, das Leben bewahrt, werden. Diese vollständige Verwandlung kann nur erreicht werden, wenn man die Techniken des Schwertkampfes lange und hingebungsvoll trainiert. Wer seine Seele ausschließlich mit Zen-Übungen stählt, wird das Stadium des »gegenseitigen Rückzugs« (*ainuke*) nicht erreichen und erlangt nicht die Fähigkeit, das »lebensbewahrende Schwert« zu führen.

In dem Buch »*Über die Kunst des Tengu*«, bekannt als einst geheime Überlieferung der Gesetze des Kriegertums, wird von einem Meister der Kampfkünste berichtet, der, wie einst Ushiwaka-maru[173], in eine einsame Berggegend gezogen ist, um einen Tengu zu treffen und von ihm unterrichtet zu werden.[174] Tatsächlich erscheint ihm ein Tengu und beantwortet die Fragen des Meisters.

Der Meister fragte: »Kann ein Zen-Priester, der die Sphäre von Leben und Tod überwunden hat, ein guter Schwertkämpfer werden?«

---

[173] Ushiwaka-maru: Knabenname von Minamoto no Yoshitsune (1159-1189). Siehe auch S. 28. – Anm. d. Lekt.

[174] Tengu: Mythische Wesenheiten des alten Japan, die in der Einsamkeit der Berge hausten und die – laut den im Volk kursierenden Legenden – für ihre Kenntnisse auf dem Gebiet der Kampfkünste berühmt waren, die sie mitunter auch Menschen zuteil werden ließen. Zahlreiche Krieger und Samurai, die eigene Schulen (*ryū*) gegründet haben, insbesondere auf dem Gebiet des Schwertkampfes (*kenjutsu*), behaupteten, auf unverhoffte Weise von einem Tengu inspiriert worden zu sein. Manchmal soll sich dies in Gestalt eines Traumes ereignet haben, den sie träumten, während sie sich freiwillig ins Gebirge zurückgezogen hatten, um dort durch Askese (*musha shugyō*) ihren »Weg« (*dō*) zu finden. Auf diese Weise soll kein geringerer als Minamoto no Yoshitsune, einer der größten Krieger in der Geschichte Japans, seine Meisterschaft im Umgang mit dem Schwert erlangt haben. Das Wort Tengu ist die japanische Lesart der chinesischen Schriftzeichen »Tien-kou« (»Hund des Himmels«). Die Legende dieser übernatürlichen Wesen gelangte im 6. und 7. Jahrhundert nach Japan. Sie werden oft als Wesen mit Menschenkörper und Vogelkopf dargestellt. Der sogenannte »kleine Tengu« (*ko Tengu*) ist ein geflügeltes Wesen, und der *konsha Tengu* hat ein menschliches Gesicht mit sehr langer Nase. Der oberste Herr dieser Berggeister trägt den Namen Sojobo. Er wird mit langer roter Nase und langem weißen Haar dargestellt, und seine Macht wird durch einen aus sieben Federn bestehenden Fächer symbolisiert. Oft wurden die Tengu auch mit den Yamabushi, furchteinflößenden Bergmönchen, gleichgesetzt. – Habersetzer, R. u. G.: Enzyklopädie der Kampfkünste des Fernen Ostens. Chemnitz: Palisander Verlag 2019.

Darauf erwiderte der Tengu: »Ein Zen-Priester und ein Schwertmeister üben für verschiedene Ziele. Das Ziel des Zen-Priesters besteht darin, sich vom Kreislauf der Welt, vom Zyklus aus Leben, Tod und Wiedergeburt zu lösen. Er strebt danach, die Frage nach Leben und Tod zu transzendieren, indem er seine eigene Existenz negiert und die Dinge so hinnimmt, wie sie geschehen. Auf diese Weise will er den ewigen und unerschütterlichen Frieden in seinem Geiste finden. Findet er sich von Feinden umringt, kann er gewiss seine Geistesruhe bewahren, denn er betrachtet sich ja bereits als tot. Das heißt, er besitzt einen unerschütterlichen Geist. Aber sein Streben kann ihm niemals dabei helfen, sich zu schützen, sein physisches Leben zu bewahren. Es hilft nur, den Tod nicht zu fürchten.«

Nach diesen Worten fuhr der Tengu fort: »Oft heißt es, dass ein Samurai zur Erleuchtung gelangt sei, weil er diesem oder jenem Zen-Meister begegnet sei. Das ist aber nur die halbe Wahrheit. Wenn jemand, der die Schwertkunst übt, mit Hilfe von Zen-Priestern zur Erleuchtung kommt und die höchste Sphäre des Budō erfährt, hat er dafür doch zuvor erst viele Jahre lang seinen Geist geschult, seine Technik ausgefeilt und so eine feste Grundlage geschaffen. Dahin gelangt man nicht mit einem Schlag. Deshalb kann jemand, der in den Kampfkünsten noch unreif ist, auch von dem berühmtesten Zen-Priester nicht zur Erleuchtung gebracht werden.«

Auch Harigaya Sekiun durchlebte erst eine Phase, die vom »Tiergeist« bestimmt war, bevor er diesen abwerfen konnte, das heißt, er strebte danach, mit seinen Gegnern Kämpfe auf Leben und Tod auszutragen.[175] Nachdem es ihm aber gelungen war, den »Tiergeist« zu überwinden, benutzte er ein Schwert mit einer abgestumpften Klinge (*habiki*), mit dem man nicht töten konnte. Als seine Schüler ihn nach dem Grund hierfür fragten, gab er folgende Antwort: »Wenn man einen Menschen mit dem Schwert erschlägt, bricht etwas von der Schneide aus, und sie ist nicht mehr brauchbar. Aber man hat nicht nur einen Feind. Und da man sowieso nur den ersten töten könnte, ist es besser, man macht die Klinge gleich ganz und gar stumpf. So vermeidet man auch den Tod des ersten.«

Yamaoka Tesshū hat in seinem ganzen Leben nicht einen einzigen Menschen getötet. Aber er hat durch sein unvorstellbar hartes Training sein Selbst, sein Ego getötet. Das darf man nicht vergessen. Wenn man dem *bu*,

---

[175] Harigaya Sekiun (1592-1662) soll in seinem Leben etwa 50 Duelle ausgetragen haben, aus denen er ausnahmslos als Sieger hervorging. – Habersetzer, R. u. G.: Enzyklopädie der Kampfkünste des Fernen Ostens. Chemnitz: Palisander Verlag 2019.

dem Geist und der Praxis des Kampfes, von vornherein abschwört, bringt das keinen Frieden. Frieden entsteht erst, wenn man die höchsten Ebenen des *bu* erreicht, wenn *bu* und *bu* sich »gegenseitig zurückziehen«. Gegnerschaft und Kampf prägen die reale Welt. Aber das in höchstem Maße humane Streben, in dieser Welt den »gegenseitigen Rückzug« (*ainuke*) zu verwirklichen, macht den Wert des Budō aus.

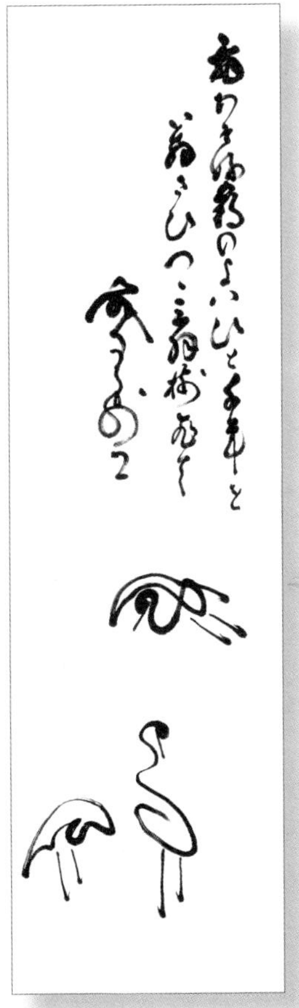

Wie Miyamoto Musashi war auch Yamaoka Tesshū ein Schwertkämpfer, der sich intensiv mit Zen, Poesie, Malerei und Kalligraphie beschäftigte. Er hinterließ einige echte Meisterwerke. Diese Kalligraphie bedeutet: »Lebten die Menschen auch tausend Jahre und versuchten sie, Kranichen gleich verspielt zu tanzen, so würden sie doch irgendwann rostig werden vom Alter, und die drei Vögel des glücklichen Schicksals flögen von dannen.«

3 Karate als »Zen in Bewegung«

3.1 Die Sphäre der Leere (kū) im Karate

Karate – die »Faust der Edlen«

Schon zu Lebzeiten meines Vaters bezeichnete man Karate als Zen in Bewegung. Beim Zen gelangt man im Sitzen (*zazen*) zu innerer Läuterung bzw. zur Aufhebung des Ich (*muga*). Beim Karate erreicht man einen solchen Zustand, indem man sich bewegt. Der Begriff »Zen in Bewegung« wird häufig mit dem Shōrinji-Kempō assoziiert, eine Kampfkunst, die Meister Sō Dōshin nach dem Zweiten Weltkrieg geschaffen hat.[176] Der Grundgedanke von Meister Sō war: »Faust und Zen sind eins« (*ken zen ichi*). Diese Idee basiert sicher auf dem Leitsatz von Yagyū Munenori und Miyamoto Musashi: »Schwert und Zen sind eins« (*ken zen ichi nyo*). Schon vor dem Krieg hatte auch Meister Funakoshi Gichin das Wort »Faust und Zen sind eins« gebraucht. In diesem Sinne ist auch das japanische Shōrinji-Kempō zweifellos authentisches japanisches Budō.

Meister Itosu prägte den Ausdruck »Karate ist die Faust der Edlen« (*kunshi no ken*). In seinen Schriften kann man Aussagen lesen, wie zum Beispiel: »Gebrauche die Fäuste und Beine nie ohne triftigen Grund, auf keinen Fall jedoch für Prügeleien« oder »Man stählt seinen Körper nicht für irgendwelche privaten Streitereien«. Mein Vater hielt an dieser Lehre seines Meisters bedingungslos fest und vermittelte sie auch seinen eigenen Schülern.

Das japanische Wort *kunshi*, das so viel wie Edler, Würdiger, Gebildeter, Weiser, Mann von hohem Rang oder Herr bedeutet, ist ein Begriff des Konfuzianismus. Der Begriff »Zen« stammt hingegen aus dem Buddhis-

[176] Sō Dōshin (1911-1980), eigentlich Nakano Michiomi, gründete den Stil des Shōrinji-Kempō (auch Shaolin-zu-Kempō) im Jahre 1947 auf Grundlage des chinesischen Quanfa (Kempō) und japanischer Kampfkünste (Karate, Aikidō). Dieser Stil ist sehr stark vom Zen-Buddhismus durchdrungen. 1928 war Nakano Michiomi in geheimer Mission nach China (Mandschurei) geschickt worden, wo er unter den Einfluss daoistischer Lehren geriet und auch mit dem Shaolin-Kempō in Berührung kam. Im Jahre 1932 wurde er in Peking Schüler von Sifu Wen Lao-shi, welcher ihn im Jahre 1936 offiziell zum 21. Meister der Tradition des Shaolin ernannte und ihm seinen neuen Namen, Sō Dōshin, gab. – Habersetzer, R. u. G.: Enzyklopädie der Kampfkünste des Fernen Ostens. Chemnitz: Palisander Verlag 2019.

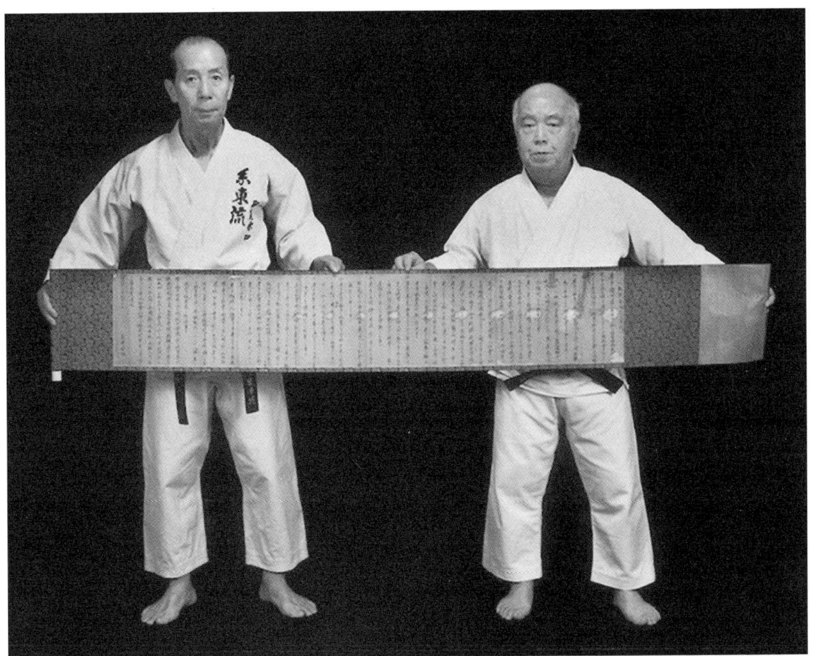

Foto 96: Der Autor und Mizuguchi Hirofumi mit den »Zehn Lehren« von Itosu Ankō.

mus. Das heißt aber nicht, dass in den Ausdrücken »Zen in Bewegung« und »Faust des Edlen« nur jeweils die Ideen der einen oder der anderen Religion enthalten sind. Es sind hier lediglich Begriffe des Buddhismus und des Konfuzianismus genutzt worden, um Erscheinungen des japanischen Geisteslebens zu erklären. Es sei noch einmal daran erinnert, dass Meister Itosu in seinen »*Zehn Lehren des Itosu*« geschrieben hatte: »Das Karate kommt nicht aus dem Konfuzianismus und nicht aus dem Buddhismus und nicht aus dem Taoismus«.

Wenn man früher jemanden auf Okinawa Bushi nannte, meinte man damit nicht die Angehörigen der Samurai-Klasse der Tokugawa-Gesellschaft, sondern berühmte Faustkämpfer, die zugleich gesellschaftlich und charakterlich hochstehend waren und damit den *kunshi* (den Edlen gemäß den Normen des Konfuzianismus), glichen.[177] Leute, die einfach nur star-

[177] Wie z. B. Matsumura Sōkon. Siehe z. B. S. 39 oder S. 168 ff. – Anm. d. Lekt.

ke Fäuste hatten, bezeichnete man nicht als Bushi. Die nannte man »kleine Faust« (*teguwa*).

Im chinesischen Kempō gibt es solche Ausdrücke wie »Zen in Bewegung« oder »Faust des Edlen« nicht. Sie entstanden unter dem Einfluss der japanischen Schwertkunst. Da die Schwertkunst auf den japanischen Hauptinseln im Unterschied zum Karate unter dem Schutz der Shōgune und der anderen Fürsten stand, wurden die Regeln der körperlichen und geistigen Techniken und die Regeln des Tötens mit Hilfe der abstrakten und metaphysischen Ideen des Konfuzianismus und des Buddhismus systematisiert.

Im übrigen kann man bei vielen Karate-Kata allein schon beim bloßen Betrachten leicht verstehen, was mit dem Ausdruck »Zen in Bewegung« gemeint ist.

Die Kata Sūpārinpai und die Leiden schaffenden Wünsche

Die höchste Kata des Naha-te nennt man *Sūpārinpai.* Man schreibt das mit den chinesischen Zeichen für die Ziffern 1, 100, 0 und 8, was als 108 gelesen wird. Gerade unter den Kata aus Naha gibt es viele, die auf Zahlen verweisen. *Sansērū* bedeutet 36, *Sēpai* bedeutet 18. Eine elementare Kata des Naha-te ist die *Sanchin.* Darin ist die 3 (*san*) enthalten, die chinesisch auch »unendlich« bedeutet. All diese Zahlen sind Teiler der Zahl 108. Die höchste Kata im Shuri-te heißt »54 Schritte« (*Gojūshiho*), verweist also auf die Hälfte von 108. Diese Zahl hat bekanntlich große Bedeutung im Buddhismus. Es ist die Zahl der weltlichen Wünsche, die die Ursachen des Leidens sind. In der Silvesternacht erklingen die Glocken 108 Mal. Der buddhistische Rosenkranz (*mala*) hat 108 Perlen. Mehrere im Buddhismus bedeutsame Zahlen wie die 1080, die 54 und die 27 beruhen auf der 108. Sie können entweder 108 teilen oder sind ein Vielfaches davon. Auch die Treppen zum Tempel haben meist 108 Stufen. Ob man nun das neue Jahr einläutet oder Rosenkränze betet oder Stufe für Stufe die Tempeltreppe hinauf geht, immer handelt es sich um eine religiöse Übung zum Auslöschen der Leiden schaffenden Wünsche.

Natürlich gibt es auch Kata, die nach Zahlen benannt wurden, die die 108 nicht teilen können. Die *Sēsan* zum Beispiel bedeutet 13. Auch die 8 kommt

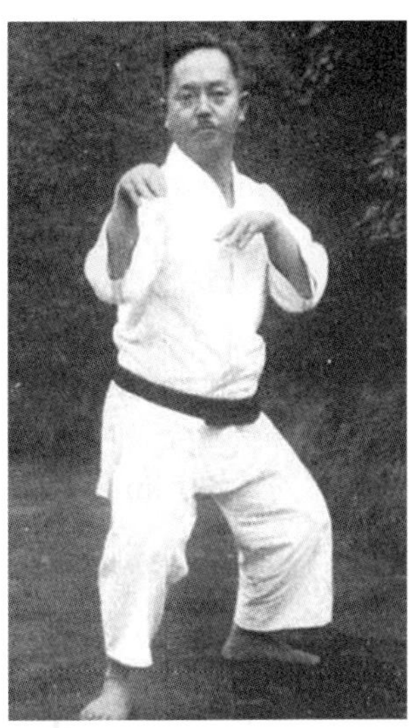

Foto 97: Mabuni Kenwa in einer Haltung der Kata *Sūpārinpai*

oft vor. Für Japan gilt das in besonderem Maße, wahrscheinlich, weil das Schriftzeichen für diese Zahl fächerartig geöffnet ist und damit als glücksverheißend gilt. Die Kata *Kururunfa* wird mitunter auch als *Jū shichi* bezeichnet, was 17 heißt. Die 17 ist die heilige Zahl des Taoismus. Nach dieser Lehre besteht alles aus dem Dunklen und dem Hellen. Die größte Zahl des Dunklen ist die 8 (*gūsū*). Die größte Zahl des Hellen ist die 9 (*kisū*). Die Summe aus beiden ist 17. Die Verfassung des Shōtoku Taishi (574-622) hatte 17 Artikel. So wurde unter dem starken Einfluss des Taoismus die 17 zu einer bestimmenden Zahl für das japanische Rechtswesen. Einen solchen Einfluss gibt es wahrscheinlich immer noch.

Manche meinen aber, die Zahlen in den Bezeichnungen der Karate-Kata hätten damit nichts zu tun und stünden nur für die Zahl der jeweils auszuführenden Techniken. In der *Sūpārinpai* wären das eben 108 und in der *Sansērū* 36 Techniken. Diese Erklärung erscheint mir aber nicht ganz schlüssig, denn die Kata enthalten nicht nur vordergründig sichtbare Techniken, sondern auch verborgene, und diese Techniken sind zudem in ihrer Anwendung unendlich veränderbar.

Für das Shitō ryū hat mein Vater die »16er«-Kata, *Jūroku*, entwickelt. Er nannte sie so, weil sie im Jahr Shōwa 16, also 1941, entstand. Irgendeinen anderen speziellen Sinn hat die Zahl in diesem Fall nicht.

Karate – Hand, die in die Sphäre der Leere reicht

Ich persönlich nehme an, dass die Namen bestimmter Kata, wie zum Beispiel *Sūpārinpai*, einen buddhistischen Sinn haben. Psychologisch betrachtet, könnte man den Gegner, den man sich beim Ausführen der Kata vorstellt, auch als Personifizierung der eigenen »108 Leiden« verstehen.

Indem man diese Leiden mit seinen Stößen und Tritten Stück für Stück vernichtet, kommt man in die Sphäre der »Aufhebung des Ichs« (*muga no kyō*), der »Leere« (*kū no kyōchi*).

In diesem Sinne besteht ein Zusammenhang zwischen dem Karate und dem Begriff der »Leere« (*kū*). Dieser Gedanke geht auf Meister Funakoshi Gichin zurück, der im Begriff »Karate« das als *kara* ausgesprochene Kanji[178] mit der Bedeutung »Tang« (China) durch das gleichlautende Kanji mit der Bedeutung »leer« ersetzte.[179] Dieses Zeichen kann auch als *kū* gelesen werden.

Meister Funakoshi nutzte die neue Schreibung des Wortes Karate zum ersten Mal 1929, nachdem er sich mit dem Zen-Meister Furukawa Gyōdo vom Enkaku-Ji-Tempel in Kamakura und mit einigen seiner Karateschüler von der Keiō-Universität darüber beraten hatte. Das Schriftzeichen mit der Bedeutung »leer« steht symbolisch für den Geist eines Faustkampfes, bei dem man sich mit bloßer Hand und leerer Faust verteidigt und den Feind abwehrt. Diese Symbolik beruht auf dem in dem Sutra *Hannya Shingyō*[180] formulierten philosophischen Gedanken, dass »die Farbe wie die Leere und die Leere wie die Farbe«[181] sei. Das soll zum Ausdruck bringen, dass letztendlich die gesamte Wirklichkeit der Dinge Leere sei. In diesem Sinne ist Karate »die Hand, die in die Sphäre der Leere (*kū*) reicht«. »Farbe« steht hier für alles Materielle. Die Welt der Farbe ist die reale Welt, die unsere Augen wahrnehmen. Die »Leere« ist jedoch keineswegs ein Zustand, in dem nichts existiert. Die »Leere« ist das Wesen des Universums, das über das Sein und das Nichtsein hinausgeht. Deshalb könnte man das Universum auch »das sich verkörpernde Leben« nennen. Die Dinge im Universum, der große Kosmos selbst, fließen über von Leben. Das ist die Fülle der »Leere«. Die »Leere« tritt nur als »Farbe« in Erscheinung. Das besagt der Satz »Die Leere ist wie die Farbe«, denn

---

[178] Kanji: Chinesische Schriftzeichen, wie sie in der japanischen Schrift verwendet werden. Parallel zu den Kanji werden in der japanischen Schrift auch die Silbenschriften Hiragana und Katakana gebraucht. – Anm. d. Lekt.

[179] Das heißt, aus der »chinesischen Hand« wurde die »leere Hand«. – Anm. d. Lekt.

[180] Maka Hannya Haramita Shingyō: (jpn.) Sutra der höchsten Weisheit, auch als Herz-Sutra bekannt. – Anm. d. Lekt.

[181] *Shiki soku ze kū / kū soku se shiki.*

die »Leere« wird »Farbe«. Wenn man das Leben des gewaltigen Kosmos sehen will, muss man sich der Welt zuwenden. Denn die reale Welt ist die Entäußerung der »Leere«.

Auf das Karate bezogen, entsprechen die Kata der »Farbe«, die man mit den Augen wahrnehmen kann. Aber untrennbar davon sind sie ebenso die »Leere«, die man nicht sehen kann. Anders ausgedrückt: Eine Kata, der es an Lebendigkeit fehlt, ist auch ohne »Leere«, sie trägt kein Leben in sich.

Die Erleuchtung des Romanschreibers

Der Schriftsteller Akutagawa Ryūnosuke (1892-1927) schrieb unter anderem die Erzählung »Die Versenkung des Romanschreibers«. Diese historische Erzählung beruht auf Tagebuchaufzeichnungen des Autors Takizawa Bakin (1767-1848), der in der späten Tokugawa-Zeit lebte. Sie enthält eine Stelle, die auf die Begriffe der »Farbe« und der »Leere« anspielt.

Takizawas war bereits ins Alter gekommen, er zählte mehr als 60 Jahre, als er beim Schreiben seines Fortsetzungsromans »Die Geschichte der acht Hunde des Hauses Satomi in Shimosa«[182] ins Stocken geriet und deshalb eine qualvolle Zeit durchlebte. Eines Tages kam sein Enkel Tarō zu ihm, nachdem er mit seiner Mutter im Asakusa-Kannon-Tempel gewesen war, und sagte unvermittelt: »Großvater, du musst weiterarbeiten. Du darfst jetzt nicht die Ruhe verlieren. Du wirst noch viel bedeutender werden. Also hab ein bisschen Geduld.« Als Bakin seinen Enkelsohn fragte: »Von wem hast du denn das gehört?« antwortete Tarō: »Das hat mir die Kannon vom Asakusa-Tempel gesagt.«

Weiter schrieb Akutagawa:

> *Für einen kurzen Moment erstrahlte in seinem Herzen etwas Erhabenes. Auf seinen Lippen erschien ein glückliches Lächeln. Gleichzeitig füllten sich seine Augen mit Tränen. Es kümmerte ihn nicht im geringsten, ob das vielleicht ein Scherz gewesen sein könnte, den sich Tarō ausgedacht hatte oder ob seine Mutter ihm das vielleicht in den Mund gelegt hatte. Für ihn war es einfach nur ein Wunder, solche Worte von seinem Enkel zu vernehmen. »Das hat die Kannon*

[182] *Nanso Satomi Hakkenden.*

also gesagt? – Mach weiter! Verlier nicht die Ruhe! Mach weiter!« Der alte Künstler lächelte unter Tränen und nickte dabei mit dem Kopf wie ein Kind.

Bakin glaubte, dass die Kannon ihn, vermittelt durch seinen Enkel, ermutigt und aus seinen Qualen errettet hatte. Mit neuer Kraft ging er wieder an seine Arbeit und schrieb weiter an den Geschichten über die acht Hunde. Zweifellos war die Kannon in diesem Fall die »Leere« und der Enkel Tarō die »Farbe«.

Auch der erste Japaner, der den Nobelpreis für Physik bekam, Yukawa Hideki, soll sich in seinen späten Lebensjahren daran erinnert haben, dass die Kannon-Bodhisattva ihm in Gestalt der Wissenschaft erschienen sei und ihn auf den Weg zur Wahrheit geführt habe.

Die Dinge mit den Augen des Budō zu sehen, heißt nichts anderes, als sie mit den Augen der Kannon zu sehen. Dann nimmt man wahr, dass die Blüten und die Schmetterlinge, die Vögel, das Wasser, die Luft, die Erde und die Menschen, dass sie alle ein und dasselbe Leben verkörpern, dass die vielen einzelnen Dinge zu einem Ganzen gehören. Seit alters her sind viele Methoden übermittelt, diese Wahrnehmung zu erreichen. Eine davon ist das meditative Sitzen, *zazen*. Eine weitere besteht darin, magische Gebete (*daimoku*) zu rezitieren, wie dies im Nichiren-Buddhismus der Fall ist.[183] Im Jōdo-shū-Buddhismus (»Schule des Reinen Landes«) beschwört man den Buddha Amida (auch Amitabha).[184] In den sogenannten Geheimlehren, dem esoterischen Buddhismus der Tendai- und Shingon-Sekten[185], versucht man mit einer Kombination aus rituellen Handlungen und körperlicher Meditation, mit Gebeten und geistigen Übungen, also durch Zusammenwirken von Körper, Wort und Geist (*shin-ku-i no san mitsu*), die Buddhawerdung

---

[183] Das *daimoku* (jpn.) ist das zentrale Mantra und die grundlegende Praxis im Nichiren-Buddhismus. Es lautet »*Namu myōhō renge kyō*«. »*Myōhō renge kyō*« ist die japanische Aussprache vom Titel des Lotos-Sutra, und »*namu*« ist ein buddhistischer Begriff, der gleichzeitig Lobpreisung und die Bekräftigung eines Glaubens bedeutet und in vielen buddhistischen Formeln vorkommt, vergleichbar mit dem jüdisch-christlichen Amen. Frei übersetzt könnte das Mantra also »Gepriesen sei das wunderbare Lotos-Sutra!« lauten. – Anm. d. Übers.

[184] Solch eine Anrufung eines Buddha heißt *nembutsu* (»Buddha vergegenwärtigen«). – Anm. d. Lekt.

[185] Vgl. Fußnote 172 auf S. 206.

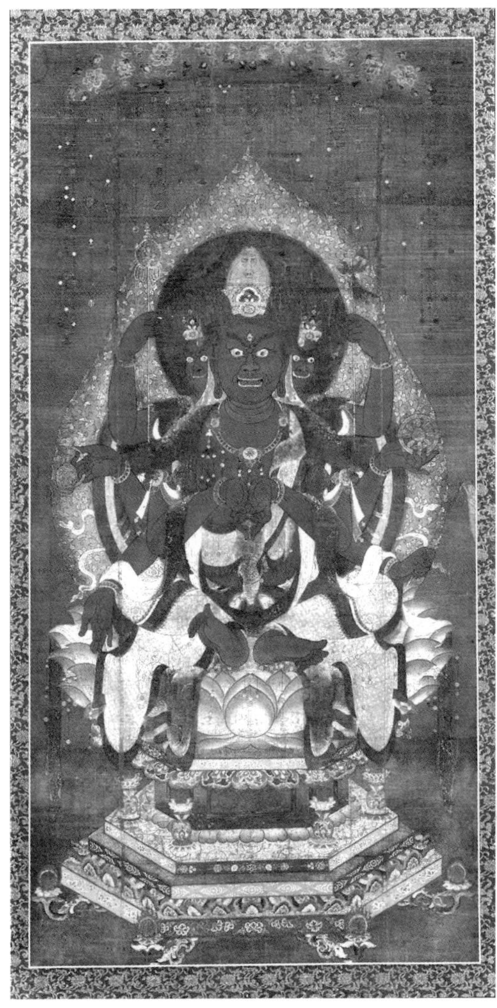

Abbildung: Die Göttin Kannon. Tuschbild auf Seide aus dem 12. Jahrhundert.

des Menschen zu erreichen. Ähnliche Ziele verfolgt die Meditation im Yoga.

In diesem Sinne ist auch Karate als »Zen in Bewegung« eine Methode, in die Sphäre der »Leere«, zur Aufhebung des Selbst zu gelangen, vor allem durch das Üben der Kata. Das gilt im übrigen für jede Art der Budō-Praxis, nicht nur für Karate.

Die Buddha-Natur in der Tiefe des Herzens

Im *Mumonkan*, der berühmten Sammlung von Meditationssprüchen (*kōan*) des chinesischen Zen-Priesters Mumon Ekai (chinesisch: Wumen Hui Kai, 1183–1260) bringt der Zen-Priester Hōen folgenden *kōan* vor: »Welche Qing Nü ist ohne Seele? Darin liegt der Grund der Wahrheit.«[186] Dieser *kōan* betrifft den Gedanken der Einheit von Körper und Seele und beruht auf der folgenden Geschichte:

Im China der Tang-Zeit[187] *lebte ein Mann namens Zhang Jian. Er hatte eine Tochter mit Namen Qing Nü. Sie und ihr Cousin Wang Zhou waren von Kindheit an ein Herz und eine Seele. Zhang sagte oft zu den beiden: »Ihr versteht euch so gut wie Eheleute, die richtig zueinander passen. Wenn ihr groß geworden seid, solltet ihr heiraten.« Natürlich war das nur als Scherz gemeint. Aber die beiden mussten immer wieder daran denken. Als sie herangewachsen und heiratsfähig waren, begann Qing Nüs Vater allerdings, die Hochzeit mit einem Beamten einzufädeln. Selbst gegen ihren Willen wollte er seine Tochter mit diesem Mann verheiraten. Das war ein schwerer Schlag für Wang Zhou. Er entschied, von nun an einsam in den Bergen leben zu wollen und verließ seine Familie. Er fuhr allein mit dem Boot den Jangtse-Fluss*[188] *hinauf, als er plötzlich sah, wie jemand verzweifelt am Ufer entlang rannte. Es war niemand anderes als Qing Nü. Sie sagte: »Als ich hörte, dass du weggegangen bist, bin auch ich von Zuhause fortgelaufen. Lass mich mit dir gehen.« Er antwortete: »Es ist gut, dass du gekommen bist. Lass uns zusammen in ein anderes Land gehen und glücklich miteinander leben.« Nachdem die beiden von Zuhause fortgegangen waren, bekamen sie auch bald ein Kind. Sie führten miteinander viele Jahre lang ein gutes Leben.*

Eines Tages aber wurde die Erinnerung an die Eltern so stark, dass sie beschlossen, in ihre Heimat zurückzukehren. Sie fuhren also den Fluss wieder stromabwärts, und als sie im Hafen ankamen, ließ Wang seine Frau und sein Kind dort warten und ging allein zum Haus von Zhang Jian. Dort brachte er folgende Entschuldigung vor: »Ich bitte um Verzeihung, dass wir einfach von Zuhause weggelaufen sind und uns so lange nicht gemeldet haben. Wir haben inzwischen auch ein Kind bekommen, und Qing Nü lebt glücklich mit mir zusammen. Aber wir haben nun doch Sehnsucht nach Zuhause, und darum

---

[186] *Seijo* (Qing Nü) *rikon – nako ka kore shintei.*

[187] Tang-Zeit: 618-907.

[188] Jangtse (Yangtsekiang), auch Chang Jiang (chin. »langer Fluss«). – Anm. d. Lekt.

haben wir uns zur Rückkehr entschlossen. Bitte verzeih, dass wir den Eltern gegenüber so wenig Respekt gezeigt haben.« Zhang Jian war völlig verblüfft und erwiderte: »Aber was erzählst du denn für einen Unsinn. Seitdem du weggegangen bist, schläft sie doch nebenan wie eine Tote.« Darauf antwortete Wang Zhou: »Nein, das stimmt nicht. Sie lebt doch mit mir zusammen. Sie wartet gerade bei unserem Boot.« – »Nein, Sie schläft da hinten.« – »Nein, sie ist am Boot.«

Keiner konnte den anderen überzeugen, und nach einer Weile ging Wang Zhou einfach hinunter zum Fluss, um Frau und Kind holen. Schließlich stand er mit beiden wieder im Eingang zum Haus von Zhang Jian. Da hatte Wang plötzlich das Gefühl, jene Qing Nü, die angeblich hinten im Haus schlafen sollte, sei plötzlich erschienen. Dabei begegnete sein Blick dem der Qing Nü, die mit ihm gekommen war, und in diesem Augenblick schienen die beiden Frauen zu einem Menschen geworden zu sein.

War nun jene Qing Nü, die im Haus ihres Vaters in einem Hinterzimmer geschlafen hatte, die wirkliche, oder war es jene Qing Nü, die zusammen mit Wang Zhou geflohen war? Das bedeutete die Frage des Zen-Priesters Hōen in diesem *kōan*.

Im *Dhammapada* (jpn.: Sutra *Hokku kyō*), einer Sammlung von Aussprüchen Buddhas, von der man sagt, dass sie der wahren Stimme des Buddha Gautama am nächsten komme, heißt es:

Das Selbst nur ist des Selbstes Herr,
Welch höhern Herren gäb' es wohl!
Mit allbezähmtem Selbst, fürwahr,
Erlangt man schwer erlangbaren,
Besitzt man einzig seltnen Herrn.[189]

Das in der körperlichen Wirklichkeit lebende Selbst ist ohne Zweifel das Selbst. Aber es ist nicht die wahrhaftige Gestalt, nicht das ewige Ich. Das wirkliche Ich wohnt in der Tiefe der Seele. Es ist Leerheit ohne Form, ohne Gestalt, ohne Farbe. Das ist die Buddha-Natur (eine allen Lebewesen eingeborene Eigenschaft, die es ihnen möglich macht, selbst Buddha zu werden). Wirkliches Menschenleben gibt es nur, wenn diese Buddha-Na-

[189] Vers 160 aus: Dhammapada. Der Wahrheitspfad. Aus dem Pali von Karl Eugen Neumann. München: Piper Verlag 1984.

tur mit dem lebenden Körper vollständig verschmolzen ist. Selbstverständlich übernimmt hierbei nicht der physische Körper die Herrschaft. Die Buddha-Natur regiert über den Körper und nutzt ihn. »Nur das Selbst ist der Herr des Selbst«, wie es im *Dhammapada* heißt, bedeutet, dass die »Buddha-Natur zum Herren des fleischlichen Körpers wird«. Darin liegt auch der Sinn des *kōan* von Zen-Meister Hōen »Welche Qing Nü ist ohne Seele?«

Die Aufgabe des Menschen besteht darin, mit dem Körper, den man von Vater und Mutter bekommen hat, genährt von der Lebenserfahrung der Freuden und Leiden nach Wahrheit zu streben und dabei das Selbst zu entwickeln und es zu einem Selbst zu erhöhen, das die eigene Unvollkommenheit begreift. Das sollte auch das Streben der Menschen sein, die dem Weg des Karate folgen.

3.2 »Zen in Bewegung« und Atemtechnik

»Zen in Bewegung« – Einheit von Seele, Körper und Technik

Die Einheit von Seele, Körper und Technik zu erreichen, bedeutet, dass die Technik aus der Bewegung eines Körpers entsteht, der von einer mit der Welt, mit dem Universum vereinten Seele durchdrungen ist. Den Satz, »im Karate gibt es keinen ersten Angriff«, kann man erst dann wirklich verstehen, wenn man diese Sphäre des Einsseins mit der Natur erreicht hat. Er bedeutet »siegen, ohne zu kämpfen«.

Miyagi Chōjun, der Begründer des Gōjū ryū, ein lebenslanger Freund meines Vaters, fasste den Geist dieser Maxime einmal in folgende Worte: »Nicht geschlagen werden und nicht schlagen. Mach dir zur Regel, das Unheil zu meiden.«

Das Karate der Nachkriegszeit ist vom sportlichen Wettkampf dominiert. Es gibt eine starke Tendenz, das spirituell-seelische Element auszuklammern und nur auf Körper und Technik zu setzen. Deshalb ist es an der Zeit, über die Lehre meines Vaters, »Karate ist Zen in Bewegung«, und über das Wort von Meister Funakoshi, »im Karate gibt es keinen ersten Angriff«, erneut nachzudenken.

Im *Bubishi* wird die Einheit von Seele, Körper und Technik (*shin-gi-tai*) erklärt. Bekannt ist, dass Meister Miyagi den Namen für seinen Karatestil, Gōjū ryū, den »acht Grundsätzen des Kempō« des *Bubishi* entnommen hat. Diese Grundsätze sind die folgenden:

1. Die Seele des Menschen ist eins mit dem Universum.
Jinshin dō tenshi.
Das Universum erfüllt die Seele des Menschen.

2. Die Blutadern sind wie das Licht von Sonne und Mond.
Ketsumyaku motte jitsugetsu.
Die Blutadern halten den Körper in Gang wie Sonne und Mond die Welt. So ist der einzelne Mensch selbst ein kleines Universum.

3. Die Regel liegt im Wechsel von Hartem und Weichem, Einatmen und Ausatmen.
Hō gōjū donto.
Dieser Satz betont die Wichtigkeit des Atmens. Die Regel ist der Rhythmus des Universums, das wie ein gewaltiges Lebewesen vom Wechsel aus Hartem und Weichem, aus Ein- und Ausatmen bestimmt wird.
Um die Techniken aus der seelischen Einheit mit dem Universum zu gewinnen, muss man die Atmung dem Rhythmus des Universums anpassen.

4. Der Körper fügt sich der Situation.
Shin zuiji ōhen.
Der Körper bewegt sich flexibel und spontan entsprechend den jeweiligen Gegebenheiten. Körper (*tai*) und Seele (*shin*) werden eins.

5. Die Hand folgt den Gesetzen der Leerheit.
Shu hōkū sokunyū.
Die Handlungen werden aus dem seelischen Zustand der Leere (*kū*) entwickelt. Seele (*shin*) und Technik (*gi*) werden eins.

6. Die Beine schult man am Vorbild des Pferdes.
Ba shintai rihō.
Dieser Satz betont die Wichtigkeit der Beinarbeit. Natürlich, feinfühlig und effizient, wie ein Pferd tänzelnd, bestimmt man durch Vorwärtsbewegung und Zurückweichen die Distanz.
Die mit dem Universum vereinte Seele ist auch in den Beinen. Geht man, so geht eigentlich die Seele.

7. Die Augen sehen in vier Richtungen zugleich.
Gan yōshi shihō.
Man schaut immer in alle Richtungen. Aber eigentlich sieht man nicht mit dem Auge. Wenn die Seele in den Augen ist und die Dinge der Welt schaut, sieht man wie die Kannon.

8. Die Ohren reichen überall hin.
Ji nōchō hattatsu.
Man soll in alle Richtungen hören. Auch hier ist nicht das Ohr gemeint, das hört. Die Seele ist im Ohr und lauscht.

Die ersten drei dieser acht Leitsätze des Kempō betreffen die Seele, die restlichen fünf die physischen Techniken. Selbstverständlich dominiert die Seele auch die physischen Techniken. So gesehen, beschäftigen sich auch die restlichen fünf Sätze mit der »Einheit von Seele, Körper und Technik«. Begreift man Karate als »Zen in Bewegung«, tritt unter der Oberfläche dieser auf wenige Schriftzeichen kontrahierten Leitsätze deren tiefer Sinn frisch und lebendig hervor.

Bei dem bisher Gesagten stand das Seelische im Mittelpunkt. Die Praxis des Karate konzentriert sich jedoch auf die Entwicklung von Körper und Technik, denn da Karate Kampfkunst ist, geht es natürlich zuerst darum, den Körper zu stählen. Selbstverständlich muss man wieder und wieder Stöße üben, das Blocken gründlich erlernen und schließlich soweit kommen, dass man mit einem Schlag tödliche Wirkung erzielen kann. Aber die körperlichen und technischen Fähigkeiten sollten vor allem mit dem Üben der Kata entwickelt werden, die von den alten Meistern überliefert wurden. Eignet man sich die physischen Aspekte des Karate auf diese Weise an, treibt die körperlich-technische Entwicklung auch die der Seele voran. Leider geht aber auch diese alte, aus Okinawa stammende Methodik mehr und mehr verloren.

Das Ordnen der Seele

Der Satz »Karate ist Zen in Bewegung« beschreibt ein Ideal. Man gelangt in die Sphäre der Aufhebung des Selbst (*muga*), während man sich bewegt und Kata ausführt. In diesem Sinne sind die Karate-Kata, wie mein Vater meinte, ungeschriebene Sutren oder »Sutren des Körpers«.

Karate muss »Zen in Bewegung« sein. Denn den Zustand des »fallenden Tautropfens«[190] (*rakuro no ki*) zum Beispiel kann man nur erleben, wenn man den Zustand der Aufhebung des Selbst erreicht, indem man sich bewegt. Beim *zazen*, der zenbuddhistischen Sitzmeditation, ist es für Leute, die diese nur gelegentlich praktizieren, äußerst schwer, die Sphäre, in der das Selbst aufgehoben ist, zu erreichen. Das wird wohl jeder bestätigen, der es einmal versucht hat. Das Nachdenken über die als *kōan* bezeichneten Meditationssprüche gehört zur *Rinzai*-Richtung des Zen-Buddhismus. In der Sōtō-Richtung des Zen-Buddhismus muss man »nur sitzen« (*shikan taza*). Doch auch im Rinzai-Zen kommt es häufig vor, dass man lediglich sitzt, vor allem Zuhause. Man sitzt solange, bis ein Räucherstäbchen abgebrannt ist. Das dauert etwa 40 Minuten. Aber was macht man, wenn die störenden Gedanken trotzdem immer wieder hochquellen?

Statt lange zu sitzen, ist es für die normalen Leute viel leichter, ihre Seele zu ordnen, indem sie sich bewegen. Die drei Elemente des Ordnens (*san chō hō*) – das Ordnen des Körpers (*chōshin hō*), der Atmung (*chōsoku hō*) und der Seele (*chōshin hō*)[191] – sind untrennbar miteinander verbunden. Um die Seele zu ordnen, muss man zuerst den Körper und die Atmung ordnen. Beim Budō wird einem durch die heftige Bewegung des Körpers, ob man will oder nicht, die Atmung bewusst. Dadurch wird das Ordnen der Seele erleichtert. Karate ist vor allem auch eine hervorragende Methode zur Regulierung der Atmung. Es gibt im Karate die sogenannten »fünf Arten und zehn Formen« (*goshu jūkei*) des Atmens.[192] In keiner anderen Art des Budō ist die Atemtechnik so klar systematisiert. Für das Naha-te gilt, dass dessen Atemtechnik weltweit unübertroffen ist.

[190] Siehe S. 153 f.

[191] In den gleichlautenden Wörtern *chōshin hō* bedeutet *shin* einmal »Körper« und das andere Mal »Herz« oder »Seele«. – Anm. d. Übers.

[192] Siehe S. 226 f.

Die Regulierung von Körper und Atmung

Im Aikidō gilt die Atmung bekanntlich als besonders wichtig. Dessen Begründer Ueshiba Morihei sprach auch vom »Atem des Himmels« und vom »Atem der Erde«. Es heißt, das mystische Erlebnis der »Vergoldung« habe ihn die Atmung der Welt, von Himmel und Erde, verstehen lassen und ihm so den Weg zum Aikidō offenbart. Er erlebte damals, wie der Himmel ihn mit goldenem Licht überflutete, und wie von der Erde goldener Atem aufstieg.

Im Zusammenhang mit der Regulierung des Körpers wurde bereits gesagt, dass das Karate über extrem hochentwickelte Techniken verfügt, um die Kraft der Erde zur Unterstützung der eigenen Kraft zu nutzen. Man nimmt diese Vereinigung nicht nur als im Geiste geschehend wahr, wie dies für das *zazen* oder andere Formen der Meditation gilt, sondern man wird durch die Bewegung des Körpers in der materiellen Wirklichkeit eins mit der Kraft der Erde. Die Kraft der Erde ist nichts anderes als die Schwerkraft. Religiös oder symbolisch ausgedrückt, bezeichnet man sie auch als Energie des großen Landes oder der Erde (*taichi no ki*) oder als goldene Energie (*kinki*), so wie sie Meister Ueshiba wahrgenommen hat.

In vielen Mythen und Volksreligionen wird die Gottheit der Erde als Drache beschrieben. Meister Ueshiba erklärte, er selbst sei »beherrscht« vom Drachengott (*ryū jin*), den er als den »wahren Drachenkönig der neun Dämonen des himmlischen Wolkengebirges«[193] bezeichnete. Sein Sohn und Nachfolger (*dōshu*), Meister Ueshiba Kisshōmaru (1921-1999), vermutete, diese Wesenheit sei wahrscheinlich der Gott der Krieger (*bushin*) als personifiziertes »Schwert des himmlischen Wolkengebirges«[194], das Susanō no Mikoto aus dem Schwanz der mythischen Riesenschlange Yamata no Orochi hervorholte, nachdem er sie getötet hatte. Dieser von Meister Ueshiba betonte religiöse Aspekt spielte im Aikidō nur zu Lebzeiten des Gründers eine Rolle. Im heutigen Aikidō hat man sich davon gelöst. Ich denke aber, dass die mystischen Vorstellungen über die Kraft der Erde von Meister Ueshiba durchaus bedeutungsvoll sind. Sein Bezug auf die Gestalt

---

[193] *Ame no Murakumo Kuki Samnuhara Ryūō.*

[194] *Ame no Murakumo Tsurugi.*

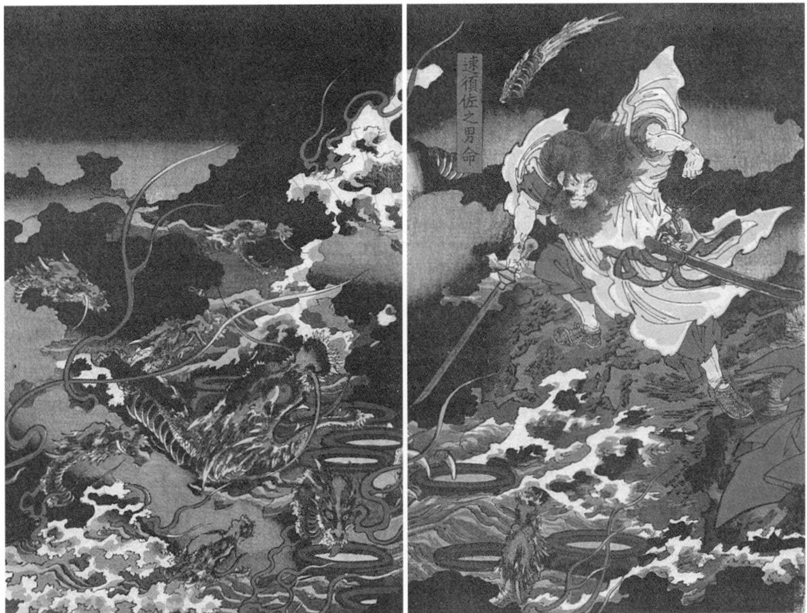

Abbildung: Susanō tötet die Yamata no Orochi. Holzschnitt (Detail) von Yōshū Chikanobu (1838-1912). Entstanden um 1870.

des Susanō no Mikoto aus den im *Kojiki*[195] überlieferten Mythen ist interessant, denn der Sturmgott Susanō ist der Sohn der Schöpfergottheiten Izanagi no Mikoto und Izanami no Mikoto, die das feste Land aus dem Meer geschaffen haben.

Es gibt ein symbolisches Bild von Meister Ueshiba, auf dem er mit den drei heiligen Schätzen Japans (*san shu no shinki*), Spiegel, Krummjuwelen (*magatama*) und Schwert, dargestellt ist.[196] Um den Hals gehängt, befindet sich vor der Brust der Spiegel, sein Bauch ist reich mit Juwelen geschmückt, und auf dem Rücken trägt er das Schwert. Dieses Schwert ist der Überlieferung nach kein anderes als jenes, das Susanō im Schwanz der Riesenschlange gefunden und seiner Schwester, der Sonnengöttin Amaterasu,

[195] Siehe Fußnote 16 auf S. 25.

[196] Diese Insignien symbolisieren in Japan die kaiserliche Macht. Krummjuwelen sind kommaförmige Perlen, die zumeist aus Jade gefertigt werden. – Anm. d. Lekt.

geschenkt hat, der mythischen Ahnherrin der japanischen Kaiser. Ueshibas Vorstellungen enthalten etwas Universelles, das einer tieferen religionswissenschaftlichen Untersuchung durchaus würdig wäre. Leute aus anderen Richtungen des Budō, aber auch viele, die Aikidō betreiben, mögen meinen, dass Meister Ueshiba mit seiner göttlichen Inspiration und Religiosität etwas sonderbar gewesen sei. Aber man sollte das nicht so leicht abtun. Auch durch solche Religiosität wird viel Wichtiges über das Budō gesagt.

Wie dem auch sei, das Karate jedenfalls bietet, wie oben beschrieben wurde, eine sehr konkrete physische Methode zur Vereinigung mit der Welt. Um auch geistig eins mit ihr zu werden, muss man dem dreifachen Weg der Selbstordnung (*sanchō hō*) von Körper, Atmung und Seele folgen. So wird es verständlich, dass man mit dem Karate eine Regulierung bzw. Ordnung der Seele leichter erreichen kann als selbst mit dem *zazen*.

Arten und Formen der Atmung

Im folgenden werden die fünf Methoden des Atmens (*kiiki no tondo*) dargestellt:

1. Langsam einatmen, langsam ausatmen – *chōton chōto*
2. Langsam einatmen, schnell ausatmen – *chōton tanto*
3. Schnell einatmen, schnell ausatmen – *tanton tanto*
4. Schnell einatmen, langsam ausatmen – *tanton chōto*
5. Wellenförmig ein- und ausatmen – *keitondo*

Beim wellenartigen Ein- und Ausatmen (*keitondo*) werden die vorher genannten vier Formen zu sechs weiteren kombiniert: 1+2, 1+3, 1+4, 2+3, 2+4, 3+4. Wir haben somit fünf Arten der Atmung, von denen die fünfte sich in sechs Formen untergliedert. Auf diese Weise erhält man insgesamt zehn Formen. Daher kommt der Ausdruck »Fünf Arten und zehn Formen«.

Während des Trainings der Kata atmet man stets gemäß einer dieser zehn Formen, entsprechend der jeweiligen Bewegung. In den Karate-Kata gibt es eine Vielzahl von Bewegungen. Für jede einzelne kann man sich die am besten geeignete Form der Atmung in natürlicher Weise aneignen. Ringt jemand nach Beendigung einer Kata keuchend um Atem, ist das ein sicherer Beleg dafür, dass er die Atemtechnik nicht richtig beherrscht bzw. die falsche Atemtechnik für bestimmte Techniken eingesetzt hat. Außerdem ist zu berücksichtigen, dass eine bestimmte Art zu atmen dem einen Menschen leicht-, dem anderen jedoch schwerfällt. Deshalb muss man beim Training besonders auf die Wechselbeziehung von Technik und Atmung achten.

Yin und Yang in der Atmung

In der Atmung gibt es Yin und Yang.[197] Alle Dinge der Welt bestehen aus ihnen. Der Himmel ist Yang, die Erde ist Yin. Der helle Tag ist Yang, die dunkle Nacht ist Yin. Bei den Menschen ist der Mann Yang und die Frau Yin. Links ist Yang und rechts ist Yin. Auch in der Elektrizität gibt es diese Bipolarität, den Pluspol und den Minuspol.

Aber niemals gibt es ein vollständiges Yang oder ein vollständiges Yin. So ist beispielsweise der Höhepunkt des hellen Tages, Yang, genau am Mittag. Dieser Zeitpunkt ist jedoch zugleich auch der Beginn der dunklen Hälfte des Tages, der Nacht, Yin. Treibt man Yin bis zum Äußersten, wird daraus

[197] Yin und Yang (jpn. *on* und *yō*): Das Prinzip »negativ-positiv« in der chinesischen Philosophie. Dao, Yin und Yang bilden die ursprüngliche Dreiheit im chinesischen Denken, formuliert wurde dies bereits im Altertum (Daodejing von Laozi, verfasst um 400 v. Chr.). »Einmal Yin, einmal Yang, dies ist das Dao« lautet der rätselhafte Aphorismus, der die daoistische chinesische Metaphysik zusammenfasst. Yin und Yang sind die zwei energetischen Pole, die das gesamte Universum erklären, vom Makrokosmos über den Menschen bis hin zum Mikrokosmos. Diese beiden fundamentalen Energien stehen im Gegensatz zueinander, sind aber ohne einander nicht denkbar. Sie regieren alle Veränderungen, die man in der Natur beobachten kann. Der primitive Sinn der beiden Begriffe ist »Schatten« (Yin) und »Licht« (Yang). Symbolisch steht Yin für alles, was weiblich, dunkel, irdisch, zurückweichend, kalt, gefügig ist, und Yang steht für alles, was männlich, glänzend, himmlisch, aggressiv, heiß und dominierend ist. Alle Aspekte des Lebens, alle Wesen und alle Dinge werden einer der beiden Kategorien zugeordnet. Man glaubt, dass die reziproke Wirkung von Yin und Yang in allen Dingen vorhanden und dass das Gleichgewicht beider notwendig sei. Doch dieses Gleichgewicht ist immer instabil. Dieses Gesetz der Bipolarität hatte einen starken Einfluss auf die chinesischen Kampfkünste. Mit der Verbreitung der chinesischen Kampftechniken hat sich auch die Vorstellung von Yin und Yang im gesamten ostasiatischen Raum verbreitet. – Habersetzer, R. u. G.: Enzyklopädie der Kampfkünste des Fernen Ostens. Chemnitz: Palisander Verlag 2019.

Yang. Treibt man Yang auf die Spitze, wird daraus Yin. Die Harmonie erwächst aus dem Gegensatz beider, doch diese Harmonie ist wiederum auch Kampf. So sind alle Dinge in ständiger Veränderung und Neugeburt.

Das Einatmen ist Yin, Leere oder Körperlosigkeit (*kyō*). Man öffnet die Brust weit und zieht die Luft durch die Nase ein bis in den Unterbauch. Das Ausatmen ist Yang, Substanz oder Körperlichkeit (*mi*). Mit deutlichem Ton wird vom Unterbauch her die gesamte Atemluft aus dem Körper herausgeblasen. Die Atmung ist perfekt, wenn die Atemtechnik, die man sich beim Training der Kata bewusst angeeignet hat, im Lebensalltag unbewusst funktioniert, ohne dass man sich daran erinnern muss oder es vergisst. Denn die Atmung beherrschen, heißt das Leben beherrschen.

Hat man sich die richtige Atmung angeeignet, ist man nicht leicht zu erschüttern, wenn man neue Dinge in Angriff nimmt. Auch unerwartete Niederlagen kann man auf diese Weise besser bewältigen. Indem man Yin und Yang, Leerheit und Substanz in sich harmonisiert, kann man alle Körperfunktionen optimal entfalten. Damit stärkt man auch das »zinnoberrote Feld«[198] unter dem Bauchnabel. Dadurch hat man sich jederzeit unter Kontrolle, und man kann seinen Geist zusammenhalten und schärfen. So kann man die Flamme des Lebens in seinem Herzen kraftvoll brennen lassen und ein Leben lang voller Energie sein.

3.3 Der Unordnung vorbeugen

Techniken zur Vermeidung der Unordnung

Im ältesten Werk der chinesischen Medizin, den »Grundfragen zum Kanon der Inneren Medizin des Gelben Kaisers«[199] taucht der Ausdruck »die Unordnung kurieren, bevor sie ausgebrochen ist« (*miran o osamu*), auf. Bekanntlich hat die traditionelle chinesische Medizin das Ziel, den Ausbruch von Krankheiten zu vermeiden, den Organismus so zu regulieren, dass keine Krankheitssymptome auftreten und er im Zustand des »Nicht-krank-

[198] Vgl. Fußnote 71 auf S. 96.
[199] Su Wen, jpn. *Kōtei daikei somon reisū.*

Seins« bleibt. Vom Standpunkt der westlichen Medizin aus betrachtet, ist die chinesische Medizin eine vorbeugende Medizin, weil sie den Zustand des »Nicht-krank-Seins« reguliert und bewahrt.

Der Weise heilt nicht erst, wenn man krank ist. Er heilt, bevor die Krankheit ausgebrochen ist. Verabreicht man ein Medikament, nachdem die Krankheit schon da ist, ordnet man die Dinge, nachdem sie bereits in Unordnung geraten sind. Das ist so, als grübe man einen Brunnen erst dann, wenn man bereits Durst hat, oder man schmiedete die Waffen, wenn der Kampf schon ausgebrochen ist. Es kann dann aber schon zu spät dafür sein. Stets versucht der weise Mensch, jedem Zustand der Unordnung vorzubeugen. Ihm geht es darum, jeglichen Konflikt vollkommen zu »kurieren«, und dies, bevor er ausgebrochen ist. Das ist nach meiner Ansicht das höchste Niveau des Vermögens zu kämpfen (*bu*), und es entspricht dem Sinn des Satzes »Im Karate gibt es keinen ersten Angriff«.

Von Yagyū Munenori wird folgende Begebenheit berichtet. Eines Tages betrachtete er in seinem Garten Kirschblüten. In seiner Nähe stand ein Page. Dem ging plötzlich der Gedanke durch den Kopf: »Wenn ich jetzt Meister Yagyū mit meinem Schwert angriffe, könnte nicht einmal einer wie er entkommen.« In dem Moment blickte sich Munenori aufmerksam in seinem Garten um und zog sich dann schnell ins Haus zurück. Als der Page Munenori fragte, warum er sich so misstrauisch verhalten habe, entgegnete dieser: »Durch viele Jahre Übung kann ich sehr gut fühlen, wenn sich in jemandem in meinem Umfeld irgendein Gefühl der Aufruhr regt. Als ich die Kirschblüten betrachtete, fühlte ich, dass irgend jemand mich töten wolle. Ich drehte mich um, konnte aber außer dir niemanden sehen und war ziemlich verwirrt, weil ich nicht glauben konnte, dass es unter meinen eigenen Leuten jemanden geben könnte, der eine solche Absicht habe.« Als der Page das hörte, gab er frei zu, was er gedacht hatte. Da schlug sich Munenori auf die Knie und meinte erleichtert: »Ach, so war das. Na, dann hat sich mein Misstrauen ja erledigt.«

Es gibt viele ähnliche Geschichten, zum Beispiel über Tomita Shigemasa. Als dieser sich von einem Bediensteten rasieren ließ, dachte der Diener in dem Moment, als er das Rasiermesser am Kinn von Shigemasa ansetzte, dass selbst ein so großer Herr wie dieser keine Chance hätte, wenn er ihm jetzt mit dem Messer an die Kehle ginge. Da blickte Shigemasa hoch und sagte: »Was hast denn du nur für Gedanken, da kriegt man ja Angst. Hör auf damit!«

Im Februar 2001 fand in Venezuela ein gemeinsames Seminar des Shōtōkan ryū und des Shitō ryū statt, an dem mehr als 600 Karateka vor allem aus Südamerika teilnahmen. Auch ich war eingeladen, und ich begegnete bei dieser Gelegenheit Kanazawa Hirokazu[200], der international sehr aktiv ist. Nach der Veranstaltung erhielten wir beide vom Parlament des Bundesstaates Yaracuy den Coronel-José-Joaquín-Veroes-Orden. Er erzählte mir eine Anekdote aus seiner Studentenzeit. Er holte einmal Meister Funakoshi Gichin mit dem Auto zum Training ab. Meister Funakoshi war schon hochbetagt und saß hinten im Auto still in sich gekehrt. Als Kanazawa ihn so sah, dachte er: »Ob Meister Funakoshi sich in diesem Alter überhaupt noch richtig bewegen kann?« Da meinte dieser plötzlich: »Kanazawa, was denken Sie denn da wieder?!« Man kann sich die Überraschung von Meister Kanazawa vorstellen. Meister Funakoshi hatte in seiner »Seele gelesen«.

In der »Seele lesen« (*ki o yomu*) ist nichts anderes als das, was man auch *sen no sen* oder *sensen no sen* nennt, das heißt den Angriff »voraussehen«, oder mehr noch, »eine Folge von Aktionen voraussehen« und entsprechend handeln, also dem »Angriff vorgreifen«. Beim *kumite* kenne ich auch immer schon die nächste Aktion meines Gegenübers. Kommt ein Tritt oder ein Stoß, bewegt er sich rechts oder links? Ich weiß es einfach immer mit vollkommener Sicherheit im Voraus. Wenn man dieses »Vorgreifen«, das *sensen no sen*, beherrscht, gelangt man in die Sphäre, in der man siegt, ohne zu kämpfen. Und hier verwirklicht sich die Essenz des Karate, die in solchen Leitsätzen zum Ausdruck kommt wie »im Karate gibt es keinen ersten Angriff« und »Unordnung kurieren, die noch nicht ausgebrochen ist« (*miran o osamu*).

---

[200] Kanazawa Hirokazu, geb. 1931. Nachdem er mehrere Jahre lang Chefinstruktor des JKA (Japanischer Karateverband) war, gründete er seinen eigenen Verband, den SKI (Shōtōkan Karate International). Er tritt für ein traditionsbewussteres Shōtōkan-Karate ein, das aber auch offen für sportliche Wettkämpfe ist. – Habersetzer, R. u. G.: Enzyklopädie der Kampfkünste des Fernen Ostens. Chemnitz: Palisander Verlag 2019.

Die Geschichte von der »hohen Kunst der Katzen«

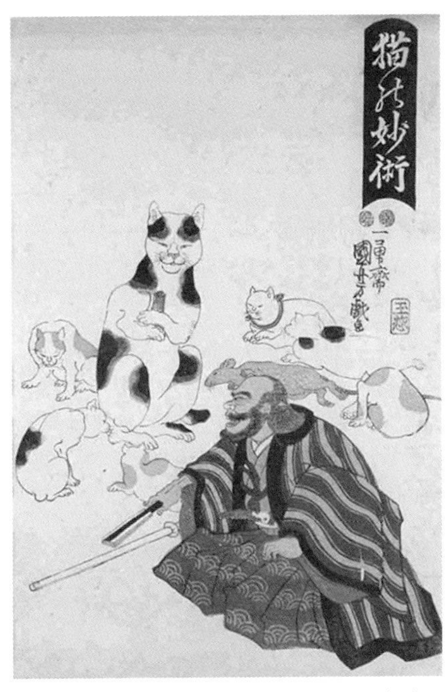

Zeitgenössische Illustration zur Geschichte von der »hohen Kunst der Katzen«.

In dem Buch »Die tapferen jungen Männer vom Lande«[201], das zur geheimen Überlieferung des Ittō ryū gehört und das die Lieblingslektüre von Yamaoka Tesshū gewesen sein soll, gibt es eine Geschichte mit dem Titel »Die hohe Kunst der Katzen« (*neko no myōjutsu*). Tesshū machte seinen Schülern durchaus auch die geheimen Schriften zugänglich. Nur diese eine soll er ihnen nicht gezeigt haben. Sie handelt von einer Katze, die reglos, wie aus Holz geschnitzt, immer nur schlief. Tesshū befürchtete wahrscheinlich, dass Schüler, die beim Üben noch nicht weit gekommen waren, die Geschichte falsch verstehen könnten und anfangen würden, zu faulenzen. Die Botschaft dieser Erzählung hätte ja auch so aufgefasst werden können, dass für eine Katze der höchste Zustand der schlafende sei.

In der Edo-Zeit[202] *lebte ein Schwertmeister namens Shōken. Auf seinem Anwesen hauste eine große Ratte, vor der sich alle Leute im Haus fürchteten. Also griff Meister Shōken eines Tages zu seinem Holzschwert und jagte der Ratte hinterher. Aber sie war so unerhört schnell, dass er sie nicht erwischen konnte. Da lieh er sich aus der Nachbarschaft einige Katzen, die als Rattenfänger einen guten Ruf hatten. Aber auch sie konnten die Ratte nicht fangen. Dabei waren diese Katzen hervorragende Kämpfer: eine beherrsch-*

[201] *Inaka sōshi* von Chozanshi Issai.

[202] Edo-Zeit: 1603-1868.

te ausgezeichnete Kampftechniken, die andere war mutig und entschlossen, und die dritte verstand sich besonders gut darauf, im Kampf die Distanz zum Gegner einzuschätzen. Aber keine von ihnen wurde mit dieser Ratte fertig. Schließlich, als er schon völlig verzweifelt war, lieh sich Meister Shōken eine alte Katze, die in dem Ruf stand, schon viele Ratten gefangen zu haben. Sie sah aus, als ob sie immer mit einem Auge schliefe und wirkte nicht im mindesten vertrauenswürdig. Die Ratte hatte sich bisher so benommen, als hätte sie im Haus das Sagen. Kaum aber hatte der Meister die alte Katze ins Haus geholt, erstarrte die Ratte vor Angst, und ohne einen Laut von sich zu geben, ging die alte Katze langsam auf sie zu und fing sie ohne jede Anstrengung. Am meisten verwunderte das die anderen Katzen, die von der Ratte stets in die Flucht geschlagen worden waren.

Eines Abends versammelten sie sich und baten die alte Katze, auf dem Ehrensitz (kamiza) *Platz zu nehmen. Sie sagten: »Wir werden eigentlich als die besten Katzen weit und breit gepriesen. Wir haben nicht nur Mäuse und Ratten, sondern auch Wiesel und Otter gefangen. Wir haben scharfe Krallen und verstehen unser Fach. Aber so eine starke Ratte ist uns noch nie begegnet. Mit welcher Technik konntest du sie so leicht fangen? Wir bitten dich, kannst du uns diese Technik nicht lehren?«*

Da lachte die alte Katze leise. »Ihr jungen Katzen. Ihr habt euch wirklich angestrengt. Trotzdem seid ihr gescheitert. Damit habt ihr bestimmt nicht gerechnet. Aber ihr kennt eben die Technik nicht, die in diesem Falle hilft. Erzählt mir doch zuerst einmal, was ihr gelernt habt und welche Techniken ihr nutzt.«

Da trat eine junge schwarze Katze mit kämpferischer Miene hervor und sagte: »Schon seit meiner Kindheit bin ich flink und geschickt. Mir entwischt keine Maus und keine Ratte, selbst wenn sie sich auf einen Deckenbalken flüchtet. Aber bei dieser großen Ratte hat das alles nichts genützt.«

Darauf sprach die alte Katze: »Mir scheint, deine Art zu üben konzentriert sich auf das Technische. Die alten Kata hast du verworfen. Sie schulen aber die Seele auf eine Weise, dass sie den Körper stark werden lässt, so dass er die schwierigsten Techniken meistert. Das lernt man natürlich nicht so einfach von heute auf morgen. Aber man findet auf diesem Weg die Wahrheit. Trotzdem sehen heute alle in der Technik das wesentliche. Jeder versucht, sich viele Techniken anzueignen und sie perfekt zu beherrschen. Und auch im Wettstreit mit anderen geht es immer nur um die Techniken. Aber wenn man die Techniken ausgeschöpft hat, was macht man dann?«

Eine etwas ältere Katze mit getigertem Fell ergriff das Wort: »Ich habe immer meine Seele, mein ki trainiert. Zuerst versuche ich, mich seelisch in Übereinstimmung mit dem Gegner zu bringen, um ihn geistig zu kontrollieren.

Erst wenn ich dabei die Oberhand gewonnen habe, versuche ich, den Gegner physisch zu überwältigen. Auf diese Weise habe ich noch nie einen Kampf verloren. Aber mit dieser Ratte bin ich nicht fertig geworden.«

Darauf erwiderte die alte Katze: »Wenn man die Seele des Gegners brechen will, begegnet einem der Gegner mit der gleichen Absicht. Gelingt es, die Seele des Gegners zu brechen, ist das sicher ein guter Weg. Trifft man aber auf einen, der sich der fremden seelischen Kraft nicht beugt, was macht man dann? Und wie soll man allein mit seiner Energie über einen Gegner siegen, der sein Leben und seine Wünsche bereits vergessen hat, der kein Interesse am Wettstreit hat und dem seine körperliche Sicherheit gleichgültig ist?«

In der Seele gibt es zwei Arten von Energie. Die eine kommt und geht wie ein Gast. Man nennt sie *kakki*. Die andere bezeichnete der chinesische Philosoph Meng-zi (372-289 v. Chr.) als *seiki*, das heißt als »richtiges oder moralisches *ki*«. *Kakki* ist wie die Energie des Wassers in dem Moment, wo der Fluss über die Ufer tritt. Ist das Hochwasser abgeflossen, strömt nichts mehr nach. Die Energie ist erschöpft. Die *seiki* genannte Energie ist dagegen unerschöpflich. Deshalb heißt sie auch »überfließendes *ki*« (*kōzen no ki*). Das *ki* der Tigerkatze war aber *kakki*, und sie wusste nichts vom unerschöpflichen *seiki*.

Als drittes sprach eine schon etwas ältere graue Katze: »Ich setzte keine seelische Energie gegen meinen Gegner ein. Ich kämpfe auch nicht physisch mit ihm. Ich versuche, mit jedem Gegner in Harmonie (wa) zu gelangen. Meine Technik besteht darin, den Gegner einzulullen, ihm seinen Kampfeswillen zu nehmen und mich dann wie ein Blitz auf ihn zu stürzen. Deshalb ist sonst auch eine starke Ratte für mich kein Gegner. Aber diese Ratte wollte überhaupt nicht auf meine Technik ansprechen.«

Darauf entgegnete die alte Katze: »Deine Harmonie ist eine erdachte, keine natürliche Harmonie. Dein Seelenzustand entspringt nur deinem Wunsch, mit dem Gegner zu harmonieren, und erschlafft deshalb schnell. Wenn man Harmonie schafft, indem man sich in einer bestimmten Absicht dazu zwingt, entspringt diese Harmonie nicht dem Fluss des natürlichen Gefühls. Ein erfahrener Gegner spürt das. Wenn man aber absichtslos und ganz ohne Hintergedanken einfach nach seinem Gefühl handelt, gibt es niemanden, der einem gefährlich werden könnte. Ich habe immer nur in dieser absichtslosen Weise gehandelt.«

Die alte Katze fügte hinzu: »Ihr müsst verstehen, dass euer Weg kein Ende hat. In meiner Jugend gab es in meiner Heimat eine Katze, die den ganzen

Tag lang schlief. Sie wirkte wie aus Holz geschnitzt und ließ keinerlei Tatkraft erkennen. Nie hat jemand sie eine Maus oder eine Ratte fangen sehen. Aber erstaunlicherweise gab es dort, wo sie weilte, niemals auch nur eine einzige Maus oder Ratte. Eines Tages besuchte ich diese Katze und fragte sie nach dem Grund dafür, aber sie antwortete nicht. Ich ging noch weitere viermal zu ihr, aber nie gab sie eine Antwort. Irgendwann begriff ich, dass sie deshalb nicht antwortete, weil sie die Antwort selbst nicht wusste. Ich glaube, diese Katze folgte einfach dem göttlichen Kampfgeist des Nichttötens.«

Die »hölzerne« Katze beugte der »Unordnung« vor und brachte damit das Wesen des Budō zum Ausdruck. Gelangt man in den Zustand der Absichtslosigkeit (*mushin*), wird man eins mit der Natur. Wo es kein Selbst gibt, gibt es auch keinen Feind. Der richtige Weg ist der, sich von seinen Absichten zu lösen und ohne eigene Bewegung den Gegner dazu zu bringen, sich zu unterwerfen oder auf den Kampf zu verzichten. So erreicht man auch die Sphäre, die der Satz »im Karate gibt es keinen ersten Angriff« beschreibt, und nur aus diesem Zustand heraus kann man die »Unordnung kurieren, die noch nicht ausgebrochen ist« (*miran o osamu*). Diesen Zustand nannte Miyamoto Musashi »Felsenkörper« (*iwa no mi*) und betrachtete dies als Wesenskern des von ihm begründeten Nitō ryū (»Schule der zwei Schwerter«).

In seinen letzten Lebensjahren hatte sich Musashi in die Reigendō-Grotte[203] auf dem Berg Iwato im Westen der heutigen Präfektur Kumamoto auf Kyūshū zurückgezogen, um Zen zu praktizieren. Eines Tages übte er zusammen mit einem Zen-Meister namens Dairen auf einem Felsen *zazen*, als eine Schlange des Wegs kam. Sie kroch über die Knie des Priesters, aber um Musashi machte sie einen Bogen und vermied es, ihn zu berühren. Daraufhin sagte Musashi: »Das ist ein Beweis dafür, dass ich noch nicht eins geworden bin mit der Natur.« Wäre Musashi bei seiner Praxis des *zazen* bereits weiter fortgeschritten gewesen, wäre die Schlage auch über seinen Körper gekrochen.

---

[203] Nahe der Reigendō-Grotte befand sich der Tempel Ungan-ji. Miyamoto Musashi (1584-1645) hatte sich im Jahre 1643 in die Grotte zurückgezogen, und hier verfasste er sein berühmtes »Buch der fünf Ringe«, eine Arbeit, die er wenige Wochen vor seinem Tod vollendete. – Habersetzer: Enzyklopädie der Kampfkünste. Chemnitz: Palisander Verlag 2019.

Der lebende Mensch ist nicht wie Holz und Stein. Die Seele darf nicht an einer Stelle verharren. Wenn die Seele von einer Sache gefangen wird, kann man sich nicht mehr frei bewegen. Im freien, ungehinderten Kreisen muss die Seele als Ganzes unerschütterlich bleiben. Um nichts anderes geht es, wenn man von der Einheit der Seele mit der Welt spricht.

Theorie und Erfahrung

Ich erwähnte bereits, dass ich beim *kumite* die Aktionen des Gegners unmittelbar vorausfühlen kann, das heißt, mein Körper weiß im Voraus, was geschehen wird. Um so etwas zu können, muss man in der Lage sein, aus einem sehr komplexen Bild zu »lesen«. Hierzu gehört, die eigene Körperhaltung und die des Gegners richtig einschätzen zu können, des Weiteren die Distanz, die Atmung, den Schwerpunkt sowie den bisherigen Verlauf der Auseinandersetzung. Ähnliches gilt im übrigen auch für Meister im Schach oder Go. Aber man beurteilt die Situation nicht vom Standpunkt einer Theorie aus, sondern aus der Erfahrung. Die Urteilskraft entspringt dem gesamten Körper, nicht nur dem Kopf. Sie kommt aus den fünf Sinnen und darüber hinaus aus einer komplexen Intuition, die über die fünf Sinne hinauswächst. Gewiss ist die Aussage zutreffend, dass »die Techniken unendlich« seien. Aber man kann natürlich nicht aus jeder Position jede Technik entwickeln. Stehe ich beispielsweise mit dem Rücken zum Gegner, kann ich gegen ihn keinen geraden Stoß führen. Die Erfahrung, welche vonnöten ist, um die jeweils geeigneten Techniken einsetzen zu können, eignet man sich durch vieltausendfache Wiederholung von Kata und analytischen Übungen (*bunkai*) an, die auf einem richtigen und realistischen Verständnis des Karate beruhen. Auf diese Weise erlangt man die Fähigkeit, nicht nur vorausahnen zu können, was der Gegner tun wird, sondern auch den eigenen Körper entsprechend zu bewegen, die richtigen Techniken einzusetzen. In einem höheren Stadium des Trainings kann man sogar die Techniken des Gegners unterbinden, bevor er sie ansetzt. Solches kann man wirklich erreichen.

Wenn man versucht, das mit Worten zu erklären, kommt nichts dabei heraus. Will man Karate kompliziert erklären, so ist dies ohne weiteres möglich. Ich selbst bevorzuge einfache Erklärungen. Aber wenn man es einfach erklären will, zeigt sich, dass es letztendlich keine so einfache Sache ist. Eines der geheimen Gedichte des Budō, das mündlich überliefert wurde, lehrt: »Das Wesen der Dinge gleicht den eigenen Wimpern. Es ist ganz nah, doch kann man es nicht erkennen.« Erklärt man jemanden das Wesen einer Technik, hört man oft: »Ach, hätte ich das nur früher gewusst.« Aber letztendlich kann man eine Technik niemals wirklich durch Worte erklären. Man muss sie durch eigenes Üben begreifen.

Der Geist der Todesverachtung

Die fünf Katzen in der Geschichte von der »hohen Kunst der Katzen« repräsentieren fünf Entwicklungsstadien des Könnens: die schnelle, scharfsinnige schwarze Katze, die auf ihre Technik vertraut, die Katze mit dem Tigerfell, die den Gegner mit einem Energiestoß lähmt, die graue Katze, die geschickt die richtige Distanz zum Gegner wählt und versucht, mit ihm in Harmonie zu kommen, die absichtslos agierende alte Katze und schließlich die schlafende »hölzerne« Katze, die ihren Körper in einen Fels verwandelt hat. Wenn man die Geschichte genau liest, findet man eigentlich schon in den Worten der alten Katze an die junge schwarze, was die »hohe Kunst der Katzen« ist. Sie sagt nämlich: »Die alten Kata hast du verworfen. Sie schulen aber die Seele auf eine Weise, dass sie den Körper stark werden lässt, so dass er die schwierigsten Techniken meistert.« Die alte Katze mahnt an, die traditionellen Techniken zu studieren und so die Energie zu stärken und die Seele zu schulen. Der gesamte Entwicklungsweg bis hin zu der Stufe, den die »hölzerne Katze« erreicht hat, ist in den Kata enthalten. Jeder, der Karate praktiziert, sollte sich diese Lehre der alten Katze fest einprägen.

Aber wie steht es um diese Lehre im gegenwärtigen Karate? Ist das Karate heute nicht ganz vom Geist der jungen schwarzen Katze geprägt, nur auf Technik und technischen Wettkampf orientiert? Oder ist es eher zum Karate der »Tigerkatze« geworden, bei dem man den Gegner wie ein Dämon mit seinem Vernichtungswillen, seiner Energie überwältigt?

In diesem Buch ist über das Karate viel gesagt worden. Eines möchte ich noch hinzufügen. Alle in den Kata enthaltenen Techniken des Karate sind aufnehmende oder Blocktechniken. Wenn die aufnehmende Hand zugleich die angreifende ist, handelt es sich um einen gleichzeitigen gegenseitigen Schlagabtausch (*ai uchi*)[204]. Das *ai uchi* ist eine potentiell tödliche Methode. Darauf sollte man gut vorbereitet sein. Um die für das *ai uchi* notwendige Entschlusskraft auszubilden, braucht man das *kumite*-Training. Aber in einem auf Wettkampf ausgerichteten *kumite*, wie es heute üblich ist, mit genauen Regeln darüber, wer gewinnt, wer Punkte bekommt, kann man den erforderlichen Mut nicht erlernen. Denn der wahre Gegner ist man sich selbst. Mit sich selbst muss man kämpfen. Geht man mit der Absicht, den Gegner besiegen zu wollen, in den Kampf, kann man dessen Angriff nicht vorgreifen (*sen no sen*), und erst recht kann man nicht weit vorausschauend agieren (*sensen no sen*). Man darf nicht ständig denken: »Ich will siegen! Ich will überleben!« Auf diese Weise verhärtet man und wird völlig unflexibel.

Man muss seinen Leib in die Sphäre des Todes bringen. Man muss alles wagen, und koste es das Leben. Man darf keinen Schritt zurückweichen, vor nichts und niemandem. Das ist der Geist, in dem man tausendfach, ja zehntausendfach die auf der wahren Logik des Karate beruhenden Kata trainieren und das eigene Handeln analysieren muss.

Der Unordnung vorbeugen

Gebrauchte man in früheren Zeiten im Schwertkampf den japanischen Begriff für Wettkampf, *shiai*, so meinte man damit »dem Tode begegnen«, auch wenn der Begriff eigentlich nichts anderes bedeutet, als sich gegenseitig zu prüfen oder zu erproben. Beim heutigen *shiai* benutzt man Bambusschwerter und trägt einen Kopfschutz und Schutzkleidung für den Rumpf. Früher wurden die Wettkämpfe mit richtigen Schwertern ausgetragen, und wenn man verlor, war damit das Leben zu Ende. Wird in einer solchen Begegnung mit dem Tod der Zustand der unbeweglichen, ruhigen Seele (*fudōshin*) gestört, nennt man das *tatare mai*, das heißt, »man will nicht geschlagen werden«. In diesem Seelenzustand klammert man sich an sein kleines Ich und

---

[204] Siehe Fußnote 133 auf S. 169.

bekommt Angst, überrascht zu werden. Im Kendō gibt es von alters her die sogenannten »vier Warnungen«, nämlich die vor der Angst (*kyō*), vor dem Erschrecken (*kyō*), vor dem Zweifeln (*gi*) und vor der Verwirrung (*waku*).

Die »Abwärtsschlag« (*kiri otoshi*)[205] genannte Technik im Ittō ryū ist eine Opfertechnik (*sutemi*), die darauf zielt, die Seele von diesen vier Neigungen zu reinigen. Aber auch der Yagyū ryū, der nach seiner technischen Logik dem Ittō ryū diametral entgegengesetzt ist, beruht auf dem Glauben an die »göttliche Kraft des Schwertes, die aus dem spontanen Angriff ohne Rücksicht auf sich selbst erwächst.« Gerade weil *sutemi* eine »Selbstopferungstechnik« ist, kann man sich selbst und den Gegner leben lassen. Beim »Angriff im Einklang mit dem Gegner« (*gasshi uchi*)[206] im Yagyū-Stil respektiert man die Persönlichkeit des Gegners und führt ein »Leben bewahrendes Schwert«, das den Gegner leben lässt. Bevor man aber hierzu in der Lage ist, muss man das Selbst, das Ego, getötet oder, anders gesagt, verworfen haben. Das Wesen dieser beiden technisch gegensätzlichen Stile ist somit das gleiche.

Oft hört man: »Als junger Mann war er stark. Seine Technik war hervorragend.« Diese Aussage bringt aber indirekt auch zum Ausdruck, dass die Stärke und die Technik dieser Person mit den Jahren verlorengegangen sind. Daraus lässt sich schließen, dass seine Technik keine *sutemi*-Technik war, sondern auf nichts als Kraft und Schnelligkeit baute. Um *sutemi*-Techniken zu meistern, muss man absichtslos und eins mit der Natur werden. Die Seele muss sich mit der Welt, das heißt auch mit dem Gegner vereinen. Entwickelt man diesen seelischen Zustand weiter, kann man, ohne sich selbst zu bewegen, die Dinge in Ordnung bringen, bevor sie in Unordnung geraten. Begegnet man dem Gegner in diesem Zustand der Einheit mit der Welt, kann man dem Angriff vorgreifen (*sen no sen*), und schließlich wird man dazu in der Lage sein, weit vorausschauend zu agieren (*sensen no sen*). Stellt man sich mit dieser seelischen Einheit zum Kampf, ist man in der »lautlosen *kamae*«. Die seelische Energie, die aus dieser Einheit erwächst, ist die »überfließende« (*kōzen no ki*) oder »richtige« Energie (*seiki*).

---

[205] Siehe Fußnote 68 auf S. 93.

[206] Siehe Fußnote 67 auf S. 92.

Diese seelische Einheit ist die Voraussetzung dafür, dass die Techniken, die energetische Anpassung und Einflussnahme (*kiai*) und die Distanz (*maai*) die richtigen sind. Dieser Geist wirkt auch in allen Bereichen des Alltagslebens weiter. Zu jeder Zeit einen ruhigen Geist (*heijōshin*) in einer in sich ruhenden, unerschütterlichen Seele (*fudōshin*) zu haben, das ist die große Kunst, die uns die alte Katze lehrte. Ist man dahin nicht gelangt, so ist man auch nicht zum wahren Karate vorgedrungen. Wenn man jedoch soweit kommt, ist man in der gleichen Sphäre wie ein erleuchteter Zen-Meister. Nur der Weg ist ein anderer.

Im Karate strebt man nach dem moralisch hochstehenden göttlichen Kampfgeist des Nichttötens und dem Seelenzustand der Einheit mit der Welt. Daraus erwächst die heilige Faust, die dazu befähigt, die Dinge zu ordnen, bevor sie in Unordnung geraten. Das ist »Zen in Bewegung«. Die Seele, die eins geworden ist mit der Welt, erfüllt Augen, Ohren, Mund, Hände und Füße und trägt dazu bei, eine friedliche Gesellschaft zu schaffen.

Die Karate-Kata lehren die physischen Techniken durch die körperliche Vereinigung mit der Welt und die psychische Regulierung durch die seelische Vereinigung mit der Welt. Ihre Lehren sind ohne Worte, jedoch außerordentlich wirksam. Indem man die Kata in ihren richtigen, alten Formen unzählige Male wiederholt, werden die essentiellen Techniken ausgefeilt, wird die Seele gestählt und auf diese Weise der Mensch geformt.

Bu – ewig unvollkommen

Anfang der 60er Jahre wurde ich nach Panama eingeladen, um am ersten südamerikanischen *kumite*-Treffen teilzunehmen. Damals gab es weder irgendwelche Regeln, noch irgend etwas zum Schutz von Gesicht oder Händen. Also gab es immerzu gebrochene Nasen und ähnliche Verletzungen, so dass meine Fähigkeiten als »Jūdō-Chiropraktiker« dringend gebraucht wurden. Auch die Schiedsrichter waren überfordert, und so war die Stimmung im Publikum aufgeheizt. Die Zuschauer machten ihrem Unmut lautstark Luft. Und in solch einer Atmosphäre bat man mich, eine Kata vorzuführen. Bei Jūdō-Meisterschaften war es damals nämlich üblich, in den Pausen Lehrvorführungen zu zeigen. Dazu trugen die Jūdō-Meister *hakama*-Hosen mit ihrem Familienwappen. Also zog ich mir Hosen mit Wappen an und zeigte die *Gojūshiho*, die Kata der »54 Schritte«. Die Kata *Gojūshiho* ist eine alte Kata, die von den Bushi in Shuri überliefert wurde und die im Shuri-te immer erst als letzte Kata gelernt wurde. Heute führen selbst Kinder sie bei Wettkämpfen vor. Aber ursprünglich, auf Okinawa, durfte sie nur von Leuten geübt werden, die älter als 40 Jahre waren. Technisch gesehen, besteht diese Kata zu 70 Prozent aus aufnehmenden Techniken, Blöcken. In diesem Sinne kommt der Geist des Karate »Im Karate gibt es keinen ersten Angriff« in dieser Kata höchst konzentriert zum Ausdruck. Mein Vater führte sie sehr gern vor, wann immer er darum gebeten wurde.

Inmitten des Lärms kontrollierte ich meine Atmung, positionierte den imaginären Gegner vor dem geistigen Auge und führte langsam die ersten Blöcke aus. Immer mehr Seele kam in die Bewegung der Fäuste, und ich fühlte, wie ich seelisch eins wurde mit der Kata. Nachdem ich den letzten Block ausgeführt hatte, blieb ich im Zustand des *zanshin* und atmete ruhig. Das Publikum, das erst noch voller Unruhe gewesen war, saß plötzlich im strengen Kniesitz (*seiza*), und es herrschte absolute Stille. Dann brach tosender Beifall aus. Aber ich kann mich nicht daran erinnern, dass ich mich damals besonders darüber gefreut hätte. Das drang gar nicht bis in mein Bewusstsein vor. Es schien, als sei die ganze Umgebung erloschen, als hätte ich diese Kata ganz allein auf der Welt ausgeführt. Die Leute, die die Kata sahen, waren in diesem Moment niemand anders als ich selbst. Die Seelen verschmolzen ineinander, und die geradezu blutrünstige Atmosphäre, die zuvor geherrscht hatte, war vollständig umgeschlagen. Der »Speer« war gestoppt worden. Das *bu*, die kriegerische Kraft, hatte sich in Harmonie verwandelt.

Seelisch eins werden mit Himmel und Erde bedeutet, das »kleine Ich« abzuwerfen, das »große Ich« zu erkennen und eins mit dem »großen Leben« zu werden. Das nennt man auch »Vereinigung von Gott und Mensch« (*shinjin gōitsu*). Man kann diesen Ausdruck ohne weiteres mit Ueshiba Morihei assoziieren, dem Begründer des Aikidō. Aber auch mein Vater gebrauchte ihn in seinem Buch »*Angriffs- und Abwehrhandlungen zur Selbstverteidigung im Karate Kempō*«: »Das *kiai* schafft die Vereinigung von Gott und Mensch, und in heftigem Feuer, unter Blitz und Donner, wird das Ich vernichtet.« Diese Sphäre der seelischen Einheit erreicht man nicht nur bei der Ausführung von Kata, man kann sie auch auf das alltägliche Leben ausweiten. Gelingt dies, so kann man, genau wie die »hölzerne Katze« mit ihrer »hohen Kunst der Katzen«, allein durch seine Präsenz die Dinge ordnen, bevor sie in Unordnung geraten. Hat man dieses Stadium der seelischen Vereinigung mit der Welt einmal erreicht, bleibt es allerdings nicht automatisch für immer erhalten.

Man muss dafür üben, solange man lebt. Und man lebt immer im »Jetzt«. Aber kann man diese seelische Einheit im »Jetzt« leben? Im Moment des »Jetzt« stirbt man und wird wieder neu geboren. Die einzelnen Momente des »Jetzt«, in denen man in seelischer Einheit gelebt hat, sammeln sich zu einem Tag, dann zu einem Jahr, schließlich zu einem ganzen Leben.

Ich habe am Anfang dieses Buches ein Gedicht meines Vaters vorgestellt, in dem er seine Sicht auf das Üben des Karate ausgedrückt hat: »Ich genieße es, wenn der Geist sich leert beim Rudern zur Insel des *bu*.« Wir, die wir uns dem Karatedō verschrieben haben, streben nach dieser »Insel des *bu*« und üben weiter, solange wir leben. Aber die »Insel des *bu*« zu der mein Vater wollte, war kein Ort in einer anderen Welt, fern von unserer Realität. Die »Insel des *bu*« war das Hier und Jetzt.

Wo immer man geht und steht, sitzt und liegt, jeder Ort, an dem sich unser Körper befindet, muss das *dōjō* sein. »Karate ist Leben, Leben ist Karate«, das ist das Motto, das uns auf unserem Weg des Karate leitet.

Manchmal trainiere ich sogar noch im Traum. Oft erscheint mir dann mein Vater als Trainingspartner. In meinem Leben ist es so gekommen, dass ich eigentlich an nichts anderes als an Karate denken kann. Aber ich kann nicht anders, als das jeden Tag zu genießen. Und solange mein Leben es mir erlaubt, möchte ich mit ganzer Kraft den Weg des Karate weitergehen, der kein Ende hat. Ich glaube, erst jetzt, im hohen Alter, verstehe ich endlich, was das Gedicht meines Vaters bedeutet und möchte seinen Satz spielerisch umformulieren. So entspricht er meinem heutigen Empfinden: »Ich genieße es, wenn der Geist sich leert auf dem Weg des Karate.«

Nachwort des Herausgebers der japanischen Fassung

Dieses Buch wurde von mir in der Zeit von Januar bis Februar 2001 nach Aufzeichnung der mündlichen Äußerungen von Meister Mabuni zusammengestellt und herausgegeben. Das Wesen des Budō kann man eigentlich nicht mit Worten ausdrücken. Man könnte sogar sagen, dass das Wesen des Budō gerade in dem Teil verborgen ist, den man nicht in Worte fassen kann. Obwohl wir das wissen, haben wir den Versuch gewagt, Worte dafür zu finden. Meister Mabuni hat sich zu den einzelnen Themen aufrichtig, mit Ernst und viel Verständnis geäußert, und ich kann gar nicht genug dafür danken, dass ich das große Glück hatte, an diesem denkwürdigen Projekt teilzuhaben und mit einem Heiligen der Faust einige Zeit verbringen zu dürfen, dessen Name in den Annalen des modernen Karate verewigt ist.

Ich selbst habe vor 25 Jahren als Grundschüler in der 6. Klasse mit dem Karatetraining begonnen. Eine Zeitlang träumte ich davon, mir im Karate einen Namen zu machen und bemühte mich recht und schlecht, auf diesem Weg voranzukommen. Eines Tages traf ich dann auf einen Karatemeister, der für meine Orientierung eine wirklich wichtige Rolle spielte. Dies war Mabuni Kenei, der letzte Meister der Kampfkünste, der auf den Hauptinseln das traditionelle okinawanische Karate verkörpert.

Seitdem wünschte ich mir nichts mehr, als direkt unter seiner Anleitung lernen zu können. Im Mai 1999 fasste ich den Entschluss, Kontakt zu Meister Mabuni zu suchen. Damals musste ich aus Arbeitsgründen jede Woche nach Ōsaka fahren, und ich fragte ihn, ob ich einmal pro Woche am Unterricht in seinem *dōjō* teilnehmen könnte. Allerdings erlaubte mir meine terminliche Situation keine klare Zeitplanung. Zu meiner Überraschung sagte Meister Mabuni daraufhin: »Dann kommen Sie doch einfach so, wie es für Sie günstig ist.«

Mit 34 Jahren hatte Sōke Mabuni Kenei den Vorstand des Shitō-Karate übernommen. Seitdem hat er sich nicht nur in Japan, sondern auch international als einer der großen Könner und schließlich als einer der Ältesten in der Welt des Karatedō großen Respekt erworben. Ein solcher Mann stand noch immer jeden Tag in seinem *dōjō*, leitete persönlich das Training seiner Schüler und setzte seine ganze körperliche und geistige Kraft für deren Ausbildung ein.

Obwohl ich nur einmal in der Woche außer der Reihe am Unterricht teilnahm, stellte sich Meister Mabuni immer selbst als Trainingspartner zur Verfügung. Einmal übten wir Hebeltechniken anhand des *bunkai* der Kata *Seipai.* Wie immer bot er seine eigene Hand zum Ansetzen des Hebels. Ich zögerte ein bisschen, die Technik mit ganzer Kraft auszuführen, aber er sagte: »Mehr, mehr«. Selbst für einen Anfänger wie mich gab er alles. Einmal war der Daumen seiner rechten Hand verbunden. Als ich nach dem Grund seiner Verletzung fragte, meinte er nur: »Habe ich mir beim Training mit einem Jugendlichen verstaucht.« Dieser Satz sagt alles über das Engagement von Meister Mabuni für seinen Unterricht.

Wie in diesem Buch dargestellt, stehen die Kata seit alter Zeit im Zentrum des Karate-Trainings. Die Kata werden im heutigen Wettkampfkarate eher geringgeschätzt, denn man hält sie für realitätsfremd. Bei Meister Mabuni habe ich zum ersten Mal verstanden, welch tiefe Bedeutung selbst die kleinsten Bewegungen in den Kata haben. Er gilt als »Verkörperung der Kata«. Sein Karate lässt die alten Meister und Könner des Karate wieder auferstehen. Er hat mit unerfahrenen Leuten wie mir gekämpft, mit harten Kerlen, die den fünften oder sechsten Dan tragen, oder mit körperlich großen Ausländern. Aber mit seiner Fähigkeit, das *ki* zu lesen, die gegnerischen Aktionen vorauszusehen, kontrolliert er jeden Angriff. Seine Techniken sind immer Anwendungen der Kata. Die Kata sind alles andere als realitätsfremd. Sie sind eine Schatzkammer lebendiger Techniken, die kristallisierte Weisheit aller vorangegangenen Meister.

In seinem Unterricht, in den Pausen und zu verschiedenen anderen Gelegenheiten erfährt man viel über seine Sicht auf das Karate und das menschliche Leben. Seine Worte sind voll tiefer Wahrheit, die auf mehr als 70 Jahren Leben mit dem Budō beruhen. Kraftvoll weisen sie auf die Möglichkeiten hin, die Grenzen, die die heutige Welt einem setzt, zu durchbrechen. Für mich ergab sich daraus als natürliche Konsequenz der Wunsch, seine Lehren möglichst vielen Menschen zugänglich zu machen.

Da dieses Buch auf den von Meister Mabuni mündlich geäußerten Gedanken beruht, liegt die gesamte Verantwortung für die schriftliche Form beim Herausgeber. Deshalb bete ich, dass es mir gelungen sein möge, sein von so vielen Jahren des Übens gesegnetes außerordentliches technisches Wissen, seine großartige universelle Persönlichkeit unverfälscht übermittelt zu haben und seinem Ansehen nicht geschadet zu haben.

Ich bin Meister Mabuni Kenei von ganzem Herzen dankbar, dass er mir die Zusammenstellung und Herausgabe dieses Buches anvertraut und mich nie auch nur mit einem Wort gedrängt hat, obwohl seit der Planung bis jetzt gut zwei Jahre vergangen sind. Darin zeigte er auch seine Lebenshaltung, den Dingen die gebührende Zeit zu lassen.

Schließlich möchte ich dem Leiter des Verlages Sanko-sha, Herrn Takahashi Teruo, für seine Hilfe bei der Fertigstellung des Buches und die Übernahme der Publikation danken.

Yokoyama Masahiko, 25. Oktober 2001

Inhaltsverzeichnis

Die verschollenen Traditionen des Okinawa-Karate

Traditionen für unsere Zeit

Der aus Malaysia stammende Jamal Measara genießt weltweit den Ruf eines der besten Kenner der klassischen okinawanischen Kampfkünste. Anhand zahlreicher Beispiele und Geschichten zeigt der Schüler von Shimabukuru Zenpo und Donn F. Draeger in diesem Buch, was die Philosophie und die Praxis des Okinawa-Karate auszeichneten. Zu den Themen zählen die Rolle der Geduld, die Bedeutung des Respekts, das Verhältnis zwischen Lehrer und Schüler, die Beziehung zwischen Kampfkunst und Heilkunde sowie traditionelle Methoden zum Muskelaufbau und zur Abhärtung. Ein großer Teil des Buches ist den Kampftechniken des klassischen Karate gewidmet. Mit Hilfe von Fotografien und Erläuterungen werden eine Reihe konkreter Anwendungen von Techniken aus den alten Kata vorgestellt, von Verteidigungen, die zugleich als Angriffe eingesetzt werden, bis hin zu Vitalpunkttechniken. Besonderer Wert wird darauf gelegt, aufzuzeigen, dass die Kampftechniken einst von kampferprobten Meistern für den Zweck der Selbstverteidigung entwickelt wurden. Im modernen Karate werden viele davon kaum noch gelehrt, weil sie für den sportlichen Wettkampf nicht geeignet sind.

Der Autor erläutert, welche nützliche Rolle Tradition in der modernen Zeit spielen kann. Schülern des Karate sollen die Möglichkeiten, die ihre Kampfkunst ihnen bieten kann, gezeigt werden, nicht nur hinsichtlich der Entwicklung ihrer kämpferischen Fähigkeiten, sondern auch für ihre Persönlichkeitsentwicklung, welche im klassischen Budō eine zentrale Rolle spielt. Tatsächlich kann Karate-dō einen lebenslangen Weg darstellen, eine umfassende Schule des Lebens.

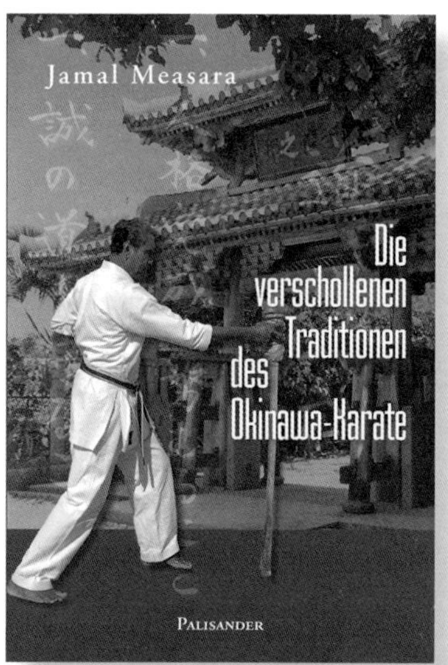

Karatetrainer erhalten zahlreiche Anregungen, wie sie die Ausbildung ihrer Schüler reichhaltiger gestalten können.

Sensei Measara lebt seit 1980 in Deutschland. In seinen Lehrgängen, die ihn in zahlreiche Länder führen, verbreitet und lehrt er die klassischen Kampfkünste Okinawas.

Jamal Measara
Die verschollenen Traditionen des Okinawa-Karate
160 Seiten, ca. 280 Fotos
1. Auflage 2012
ISBN 978-3-938305-11-9
€ 18,90

Bubishi – Mit den 32 Formen des Kaisers Song Taizu

Die Bibel der Kampfkunst mit leerer Hand

In der südchinesischen Provinz Fujian (Fukien) entstand vor Jahrhunderten der Kampfstil des Weißen Kranichs, als Fang Jin Jang, Tochter eines Shaolinmeisters, die Kampfkunst ihres Vaters mit Haltungen und Bewegungen des Kranichs verknüpfte. Dieser Stil wird im Bubishi beschrieben, einem illustrierten Manuskript, das für jene bestimmt war, die Meister im Kampf ohne Waffen werden wollten. Es zeigt sich, dass die im Bubishi beschriebenen Techniken nichts weniger darstellen als jene Urformen, aus denen sich so unterschiedliche moderne Kampfkünste wie Karate, Jūjutsu, Jūdō, Aikidō oder Wingchun entwickelt haben. Alle Geheimnisse der waffenlosen Kampfkünste sind hier bereits offenbart.
In diesem Werk werden die 48 Nahkampftechniken des Bubishi (ergänzt durch ausführliche Kommentare und detaillierte Zeichnungen des Autors), die Kunst des Dianxue (die geheimnisumwitterten Vitalpunkttechniken der »vergifteten Hand«), die Geschichte des Kampfstils des »Weißen Kranichs« sowie Geschichte und Technik der Kata Hakufa und Happoren vorgestellt.

Die vorliegende Neuauflage des Bubishi enthält zudem eine umfassende Darstellung der »32 Formen des Boxens des Kaisers Song Taizu«. Hierbei handelt es sich um ein vollständiges Kapitel des chinesischen Klassikers Ji Xiao Xin Shu von General Qi Jiguang, der 1564 erschien.

Der japanische Karatemeister Ôtsuka Tadahiko, Lehrer und Freund Roland Habersetzers, analysiert die darin vorgestellten 32 Kampfpositionen. Der Wushu-Experte Maik Albrecht, welcher über zehn Jahre in China lebte, übersetzte und kommentierte die Einleitung des Ji Xiao Xin Shu, das erstmals einer nichtasiatischen Leserschaft zugänglich gemacht wird.
Maik Albrecht, der bei einigen der größten lebenden Meister des Wushu (Kungfu) in die Lehre gegangen ist und chinesische Sprache und Kultur studiert hat, hat es vollbracht, den klassischen Text auf eine Weise zu übertragen und zu erläutern, dass der Leser tiefe Einblicke in die faszinierende Welt der waffenlosen Kampfkünste im alten China gewinnt.

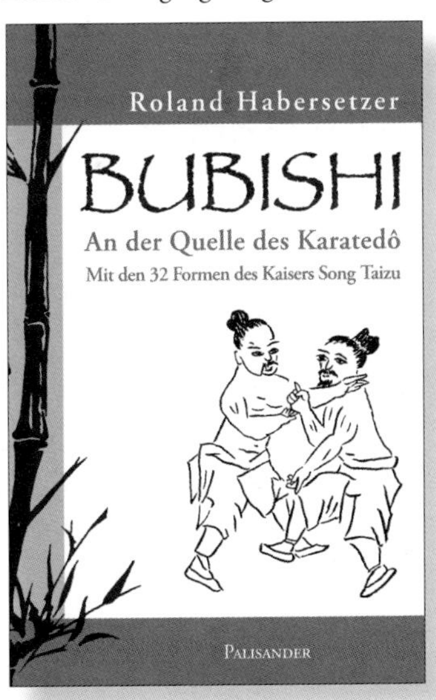

Roland Habersetzer
Bubishi – *An der Quelle des Karatedō*
Mit den 32 Formen des Kaisers Song Taizu
Aus dem Französischen von Frank Elstner
320 Seiten mit zahlreichen Abbildungen
5. Auflage 2020
ISBN 978-3-938305-00-3
25,90 €

Dàomíng Xióng: Yàn Chí Gōng

Die Wiederentdeckung einer alten Shaolin-Tradition

Im Jahre 1963 beschloss Großmeister Dàomíng Xióng, sein Wissen über das Yàn Chí Gōng schriftlich festzuhalten. Im Jahre 2012 gestattete Li Zhènghuá, Meister Xióngs geistiger Erbe, die Erstveröffentlichung des Manuskripts in deutscher Sprache. Sein Schüler Maik Albrecht übersetzte den Text und kommentierte ihn gemeinsam mit Frank Rudolph.

Das Yàn Chí Gōng ist ein in sich geschlossenes Übungssystem (gōng bzw. qìgōng), das anderthalb Jahrtausende lang nur Eingeweihten im Shaolin-Kloster bekannt war und schließlich fast vollkommen in Vergessenheit geriet. Es zielt darauf ab, eine nachhaltige innere Stärke von Körper und Geist und lebenslange Gesundheit zu entwickeln. Die Übungen werden im Buch auf nachvollziehbare Weise in Text und Bild dargestellt. Die einfacheren Übungen sind für Menschen, die einen Ausgleich zu vorwiegend sitzenden Tätigkeit suchen, bestens geeignet. Darüber hinaus ist das Yàn Chí Gōng ein hocheffektives, über Jahrhunderte erprobtes Trainingssystem für Kampfkünstler, das den Körper als Ganzes trainiert – einschließlich der inneren Organe und des Bindegewebes –, ohne ihn dabei zu verschleißen, wie dies oft im Leistungssport der Fall ist. Der Körper gewinnt durch die Übungen an Ausdauer, Kraft und Geschmeidigkeit.

Neben den eigentlichen Übungen wird auch das dahinterstehende Gedankengebäude des Daoismus tiefgründig erläutert, von der Schöpfungslehre über Medizin bis hin zur Sexualkunde.

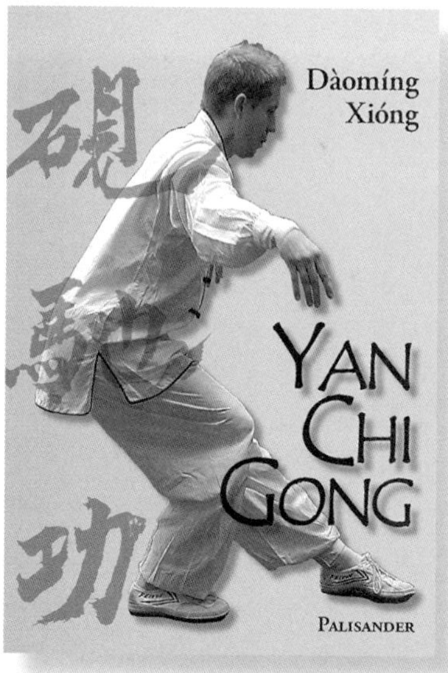

Xióng Dàomíng (ca. 1900-1986) war ein Großmeister der chinesischen Kampfkünste (Wushu). Er war Schüler des letzten Xiákè des alten China, Yáng Zuānkuí. Jener war nicht nur ein außerordentlicher Meister der alten Kampfkünste, sondern darüber hinaus ein universell gebildeter Mann. Zu den wertvollsten Dingen, die er Xióng Dàomíng lehrte, gehören das Trainingssystem und die Philosophie des Yàn Chí Gōng.

Dàomíng Xióng
Yàn Chí Gōng
Eine fast vergessene Shaolin-Tradition
Aus dem Chinesischen übersetzt und kommentiert von Maik Albrecht und Frank Rudolph
256 Seiten, ca. 280 Abbildungen
ISBN 978-3-938305-75-1
19,90 €

M. Albrecht & F. Rudolph: Tigersturz und Ringerbrücke

Ein west-östliches Trainingsbuch für Kampfkünstler und Sportler

Dieses Buch stellt einige der effektivsten Trainingsmethoden aus West und Ost vor. Der Leser lernt Übungen kennen, die eine flexible dynamische Kraft aufbauen. Übungen mit und ohne Hilfsmittel werden in Text und Bild vorgestellt, grundsätzlich jedoch ausschließlich Übungen, die man ohne die technischen Geräte und Maschinen der Fitnessstudios praktizieren kann.

Es geht in diesem Werk um erprobte Trainingsformen, die den Körper so schmieden, dass er die Fähigkeit gewinnt, sich im Kampf oder im Wettkampf effektiv zu bewegen. Vor allem geht es um Methoden, die neben ihrem Trainingseffekt den Körper auch auf Dauer gesund erhalten. Derartige ganzheitliche Trainingsmethoden erfordern Disziplin, Leidenschaft und ein umfangreiches Wissen um unser wertvollstes Gut – den Körper. Aus diesem Grund wird im Buch auch ausführlich auf die physiologischen Grundlagen des Trainings eingegangen, so z. B. auf die Rolle der Faszien – des den ganzen Körper durchziehenden Bindegewebes.

Die in dem Buch dargestellten Trainingsmethoden sind für alle Kampfkünste und Sportarten sinnvoll. Der Kampfkünstler, egal welchen Stils, wird sich in seiner Kunst und seiner Kampfkraft erheblich verbessern. Der Leistungssportler kann seine Leistungsfähigkeit steigern, und der Freizeitsportler bleibt fit und gesund.

Maik Albrecht ist Schüler eines der besten Wushu-Meister Chinas, Li Zhengua. Frank Rudolph praktiziert verschiedene europäische und asiatische Kampfkünste.

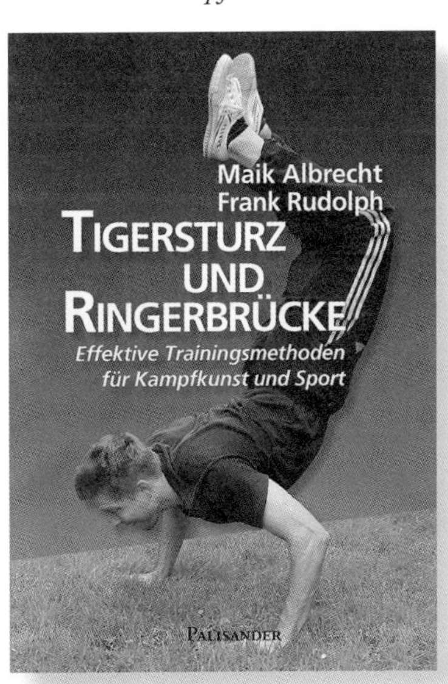

Maik Albrecht und Frank Rudolph
Tigersturz und Ringerbrücke
Effektive Trainingsmethoden für Kampfkunst und Sport
304 Seiten, 580 Abbildungen
ISBN 978-3-938305-73-7
19,90 €

Von der Form einer Kampfkunst

Die Kata als zentrales Übungskonzept des Karate

Die traditionell überlieferten Formen des Karate, die Kata, enthalten sämtliche Facetten des Karatetrainings. Doch dieses Wissen wird nur dann umfassend zugänglich, wenn die Kata auf eine Weise analysiert werden, die das Weltbild der Menschen, die sie vor langer Zeit geschaffen haben, berücksichtigt, das heißt ihre religiösen Anschauungen, ihre Kenntnisse in traditioneller chinesischer Medizin, ihr Wissen über den Fluss des Ki (Qi) und vieles mehr.

Auf der Grundlage von über 40 Jahren eigener Übungs- und Unterrichtspraxis sowie umfangreicher Forschungsarbeit gelingt es dem Autor, anhand zahlreicher praktischer Beispiele und origineller Analysen darzustellen, wie es möglich ist, die Kata so zu entschlüsseln, dass der Karateka daraus vielfältiges anwendbares Wissen gewinnen kann. Erst mit solchem Wissen kann Karate wieder zu der echten und hocheffektiven Kampfkunst werden, als die es einst geschaffen wurde.

Das Werk beginnt mit Erläuterungen zu Aufbau und Struktur der Karate-Kata und zur potentiellen Wirkungsweise der enthaltenen Techniken; die Gesetze der Physik werden hierbei ebenso berücksichtigt wie alternativmedizische Modellbetrachtungen. Im zweiten Teil wird ausführlich auf das Üben der Kata und deren Umsetzung im freien Kampf eingegangen. Im dritten Teil werden einzelne für das heutige Karate besonders bedeutende Kata beschrieben und miteinander verglichen, so z. B. die Kata Naifanchin und Bassai.

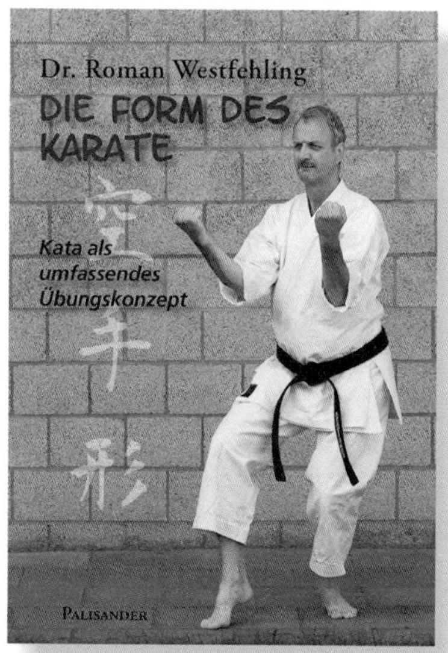

Roman Westfehling, 5. Dan, möchte den Leser ermutigen, immer wieder Altbekanntes in Frage zu stellen, damit er weiterkommt auf dem Weg der leeren Hand, dem Karate-dō. Dieses Buch richtet sich an jeden fortgeschrittenen Karateka – unabhängig von seiner Stilrichtung –, und auch dem interessierten Anfänger kann es als Wegweiser und Wegbegleiter dienen.

Roman Westfehling
Die Form des Karate
Kata als umfassendes Übungskonzept
408 Seiten mit 106 Abbildungen
1. Auflage 2015
ISBN 978-3-938305-84-3
24,80 €

Berühmte Samurai, Rōnin und Ninja

Erzählungen aus 700 Jahre japanischer Geschichte

Dem Kampfkunstexperten und Historiker Roland Habersetzer ist es gelungen, die Zeit des alten Japan auf fesselnde Weise lebendig werden zu lassen.

Der Autor entführt seine Leser in die abenteuerliche Welt der Samurai, Rōnin und Ninja. Äußerst spannend erzählt er von legendären Helden der japanischen Geschichte. In authentischen Erzählungen, die auf historischen Quellen beruhen, werden Begebenheiten aus dem Leben der »Schwertheiligen« Tsukahara Bokuden und Miyamoto Musashi sowie des »letzten Samurai«, Saigō Takamori, dargestellt. Außerdem finden sich im Buch Berichte über den blutigen Machtkampf zwischen den Klanen der Minamoto und der Taira im 12. Jahrhundert, den Aufstieg und den Fall des Klans der Takeda, den Rachefeldzug der 47 Rōnin aus Akō und zahlreiche andere berühmte wie auch nahezu in Vergessenheit geratene Ereignisse der japanischen Geschichte.

Zum Inhalt dieses Werkes gehören des Weiteren unterhaltsame Kōdan- und Dōjō-Geschichten, die Zenweisheiten vermitteln, und Begebenheiten aus der Welt der Ninja, jener geheimnisvollen Schattenkrieger des japanischen Mittelalters.

29 Farbtafeln mit Reproduktionen von Holzschnitten aus der Edo-Zeit und zahlreiche Schwarzweißillustrationen verleihen dem Buch einen besonderen Reiz.

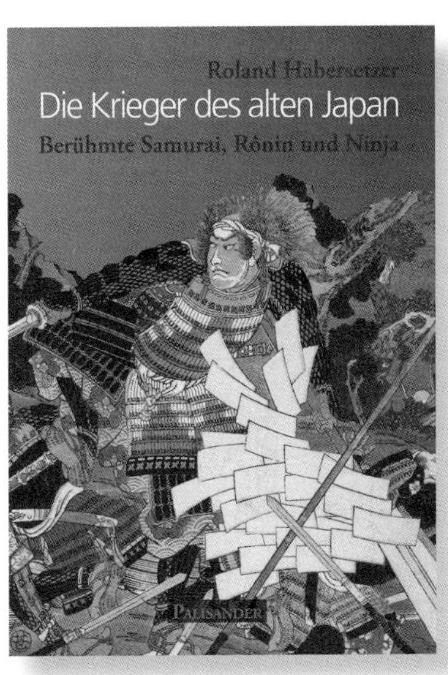

Roland Habersetzer
Die Krieger des alten Japan
Berühmte Samurai, Rōnin und Ninja
Aus dem Französischen von Frank Elstner
352 Seiten
29 Farbtafeln mit Holzschnitten
Zahlreiche Schwarzweißabbildungen
ISBN 978-3-957840-33-2
Neuausgabe 2020
€ 32,00

Enzyklopädie der Kampfkünste des Fernen Ostens

Das Lebenswerk eines Großmeisters des Budo

Diese Enzyklopädie ist das Ergebnis von fünf Jahrzehnten des Sammelns und der methodischen Aufarbeitung des Wissens über die traditionellen Kampfkünste, welche seit vielen Jahrhunderten in allen Ländern des Fernen Ostens praktiziert werden. Diese Arbeit hatte im Lauf der Zeit zur Entstehung von insgesamt 80 Werken über die Kampfkünste geführt.

Mit Unterstützung seiner Frau Gabrielle hat Roland Habersetzer es vollbracht, die Quintessenz seiner Forschungen auf dem Gebiet der Kampfkünste in Form von ca. 9 400 Haupteinträgen in einem Werk von etwa 1 200 Seiten zusammenzufassen. Die Einträge beleuchten technische, historische, philosophische, religiöse, kulturelle und biographische Aspekte der Kampfkünste aus Japan, China, Korea, Indien, Malaysia, Vietnam, Kambodscha, Birma, Thailand, Indonesien und den Philippinen. Insbesondere grundlegende Konzepte und herausragende Persönlichkeiten werden mit großer Ausführlichkeit und beispielhafter Tiefgründigkeit dargestellt.

Damit stellt dieses Werk die weltweit umfangreichste und umfassendste Darstellung dieser Thematik war. Die französische Originalausgabe erschien erstmals im Jahr 2000 und wird seither von den Autoren kontinuierlich erweitert und aktualisiert.

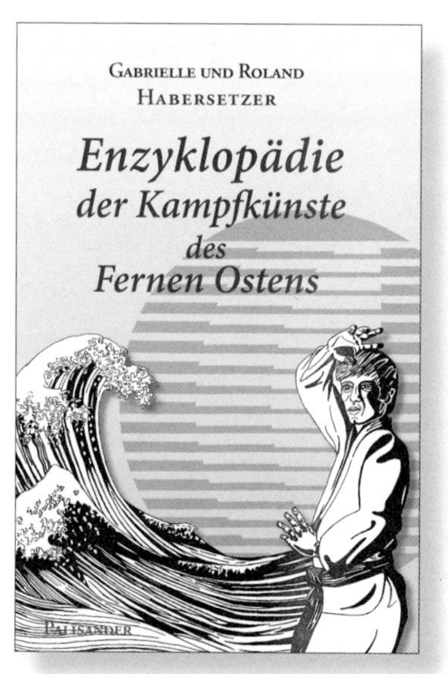

Gabrielle und Roland Habersetzer
Enzyklopädie der Kampfkünste des Fernen Ostens
Aus dem Französischen von Frank Elstner
1 214 Seiten mit über 1 000 Abbildungen
1. Auflage 2019
ISBN 978-3-957840-29-5
69,90 €

www.palisander-verlag.de